■ "厦门口述历史"丛书编辑委员会

学术顾问：李启宇　何丙仲　彭一万　龚洁　洪卜仁

主　　任：蒋先立　唐宁

副 主 任：吴松青　陈旭辉

委　　员：林朝朋　刘冲　戴力芳　张晖　章长城
　　　　　李珊　林晓玲　潘峰　肖来付　林璐
　　　　　林彦　杨艳　郝鹏飞　邱仕华　白桦
　　　　　陈亚元　龚书鑫　孙庆　郑轰轰　叶亚莹
　　　　　戴美玲

主　　编：陈仲义

副 主 编：王琰

厦门口述历史丛书 4

陈仲义 主编

邵建寅 口述
王 琰 采访整理

从鼓浪屿到马尾拉

——邵建寅的教育之路

厦门大学出版社
国家一级出版社
全国百佳图书出版单位

图书在版编目(CIP)数据

从鼓浪屿到马尼拉:邵建寅的教育之路/邵建寅口述;王琰采访整理.—厦门:厦门大学出版社,2019.12
(厦门口述历史丛书;4)
ISBN 978-7-5615-7561-1

Ⅰ.①从… Ⅱ.①邵…②王… Ⅲ.①邵建寅—自传 Ⅳ.①K825.46

中国版本图书馆 CIP 数据核字(2019)第 263163 号

出版人	郑文礼
责任编辑	韩轲轲
封面设计	张雨秋
美术编辑	拙 君
技术编辑	朱 楷

出版发行	厦门大学出版社
社 址	厦门市软件园二期望海路 39 号
邮政编码	361008
总 机	0592-2181111 0592-2181406(传真)
营销中心	0592-2184358 0592-2181365
网 址	http://www.xmupress.com
邮 箱	xmup@xmupress.com
印 刷	厦门兴立通印刷设计有限公司

开本 889 mm×1 194 mm 1/32
印张 9.875
插页 2
字数 239 千字
版次 2019 年 12 月第 1 版
印次 2019 年 12 月第 1 次印刷
定价 66.00 元

本书如有印装质量问题请直接寄承印厂调换

厦门大学出版社
微信二维码

厦门大学出版社
微博二维码

总序一

因城而生　跨界融合

唐　宁

历史如浩瀚烟海，古今兴替，尽揽其间。鹭岛厦门在千年史籍里沧桑起伏，远古时为白鹭栖所，先秦时属百越之地，而后区划辗转由同安县至南安县至泉州府，又至嘉禾里、中左所、思明州，道光年间正式开埠，光绪年间鼓浪屿成"万国租界"。1949年9月，厦门始为福建省辖市，逢今正与新中国同庆七十华诞。

七十年风云巨变，四十载改革开放，厦门始终走在发展的前列。厦门的经济建设者和文化传承者在这片热土上播洒了无数血汗，书写了特区建设可歌可泣的恢宏篇章，他们的事迹镌刻在厦门历史的丰碑之上。在有册可循的文字记载之外，尚有不少重要的人与事如沧海遗珠，未及缀补。

借此，厦门城市职业学院秉持"因城而生，为市则活"的办学信念，不仅通过专业建设主动对接厦门现代产业体系的需求，为厦门经济建设输送大量高素质技术技能人才，同时也通过多样性文化研究平台的建设，主动担当传承厦门优秀文化的使命。其中，由本校陈仲义教授领衔，汇聚校内英才、兼纳厦门名士，成立的"厦门口述历史研究中心",多年来致力于借助口述历史的形式,采集、整理那些即将消失的厦门城市记忆和历史"声音",成就了一批如"厦门口述历史丛书"这样的重要成果。

卡尔·雅斯贝斯(Karl Jaspers)说:"对人们而言历史是回忆,因为人们曾从那里生活过来,对那些历史的回忆便构成了人们自身的基本成分","人生而有涯,只能通过时代的变迁才能领悟到永恒,因此只有研究历史才是达到永恒的唯一途径"。从这个意义看,口述历史正是文字历史的多元融合形式,二者融合可以实现对文字历史的"补缺、参错、续无"之功。

厦门城市职业学院跨界组建口述历史研究团队,在对厦门城市历史的修撰补充中,通过跨界与融合,使厦门经济建设与文化传承的脉络更加清晰,使人们对过去时代的领悟更加深刻,从而使未来的发展更加稳健。陈寅恪先生说:"在历史中求史识。"而历史的叙写过程何尝不亦为史识的求证过程?历史告诉我们,发展才是硬道理;历史的叙写过程告诉我们,跨界、融合,才是通向卓越发展的道路。这正契合了厦门城市职业学院的办学理念:育人为本,跨界融合,服务需求,追求卓越!

陈仲义同志是与厦门城市职业学院一起成长的专家、教授,长期以来笔耕不辍,著作等身,受人景仰,在中国诗歌评论领域建树丰硕。祝愿他带领的新的团队,为厦门地方文化建设,踔厉奋发,再续前页。

2019 年 8 月

总序二

盾构在隧道里缓缓推进

陈仲义

2015年暑期,奉命筹建口述历史研究中心,定位于承传厦门本土文化遗产,"口述"珍贵的人文历史记忆,涉及厦门名门望族、特区建设人才、侨界精英、闽南非物质文化遗产,以及原住民、老知青、老街区等题材的采集、整理、研究工作。

以为组织一干人马,并非什么难事。物色人选,各就各位;遴选题材、规范体例、包干到户,如此等等,便可点火升帆。然而,一进轨道,方知险情叵测。这些年来,"双建"(建设国家级示范性院校、省级文明院校)目标之重如大山压顶,团队成员几近分身无术、疲于奔命。先后有三位骨干因教学、家庭问题退出,一时风雨飘摇。面对变故,我们也只好以微笑、宽容、"理解之同情",调整策略,放缓速度,增补兵源。

开工之后,"事故"依然不断:明明笃定选中的题材,因事主"反悔",说服无效而眼睁睁地看着泡汤;顺风顺水进行一半,因家族隐私、成员分歧,差点夭折;时不时碰上绕不过去的"空白"节点,非填补不可,但采撷多日,颗粒无收,只好眼巴巴地在那儿搁浅,"坐以待毙";碰上重复而重要的素材不想放弃,只能在角度、语料、照片上做大幅度调整、删减,枉费不少功夫;原本以为是个富矿,开采下去,却愈见贫瘠,最后不得不在尴尬中选择终止……诸如此类的困扰大大拖了后腿。好在团队成员初心不变,辑志协力,按既定目标,深一脚浅一脚缓缓而行。

团队从原来7人发展到10多人。校内10人来自中文、社会、旅游、轨道交通、图书馆、办公室等6个专业与部门。除本人外,皆清一色70、80后,正值"当打之年"。校外7人,分属7个单位,基本上属古稀花甲。如此"忘年交"配对,没有出现"代沟",反倒成全了本团队的一个特色。

团队阵容尚属"可观":正高2位、副高8位、讲师2位。其中硕士4位、博士3位。梯队结构合理,科研氛围融洽。特别是校外成员,面对经费有限,仍不计报酬,甘于奉献。

在学院领导的关怀和大力支持下,丛书终于初见规模。作为中心责任人,在选题挖掘、人员组织、关系协调、难题处理方面,虽倾心尽力,但才疏智浅,不尽人意。如果丛书能够产生一点影响,那是团队成员群策群力的结果;如果出现明显的纰漏不足,实在是个人短板所致!

阅读丛书,恍若穿梭于担水街、九姑娘巷、八卦坪,在烟熏火燎的骑楼,喝一碗"古早茶",再带上两个韭菜盒回家;从阁楼的樟脑箱翻晒褪色的对襟马褂,猛然间抖出残缺一角的"侨批",勾连起南洋群岛的蕉风椰雨;提线木偶、漆线雕,连同深巷里飘出来的南音,乃至一句"天乌乌,袂落雨"的童谣,亦能从根子上触摸揉皱的心扉,抚平生活的艰辛;那些絮絮叨叨、缺牙漏嘴的个人"活捞事",如同夜航中的小舢板,歪歪斜斜沿九龙江划到入海口。我们捡拾陈皮芝麻,将碎片化的拼缀、缝补,还原为某些令人欷歔的真相,感受人性的光辉与弱点;也在接踵而来的跨海大桥、海底隧道、空中走廊的立体推进中,深切认领历史拐点、岁月沧桑、人心剧变如何在时代的潮涌中锻造个人的脊梁。

历史叙述,特别是宏大的历史叙述,随着主要亲历者、见证者离去,"隔代遗传"所带来的"衰减"日渐明显。而今当下,历史开始从主流、中心、精英叙事转向边际、凡俗。新地带的开垦,将迎来千千万万普通民众汇入的"小叙事"。日常、细节、互动,所集结的丰富性将填补主流人类学、历史学、社会学、地方志的"库藏",因应出现"人人来做口述史"(唐纳德·里奇)的提倡,绝非空穴来风,而具深远意义。

口述形式,有别于严丝合缝的文献史料,也有别于步步推进的考辩据;亲切、在场、口语化、可读性,可能更易迎合受众的"普及",这也是它得以存在且方兴未艾的长处,怎样进一步维护其属性、增添其特性光彩呢?口述历史不到百年寿龄,其理论与实践存在诸多争论与分歧。作为基层团队,多数成员也非训练有素的史学出身,但凭着热情、毅力,凭着对原乡本土一份挚爱,"摸着石头过河",应该可以很快上岸。

表面上看,口述历史难度系数不大,大抵是一头讲述,一头记录。殊不知平静的湖面下藏有深渊。它其实是记忆与遗忘、精准与模糊、本然与"矫饰"、真相与"虚构"、本能与防御、认同与质疑,在"史实"与"变形"间的悄然较量,其间夹杂多少明察与暗访、反思与矫正。不入其里,焉知冷暖?

"口述性"改变了纯文献资料的唯一途径,但没有改变的依然是真实——口述史的生命。初出茅庐,许多规范尚在摸索阶段,但总体而言,第一步基本上应做到"如实照录",亦即《汉书》所褒赞司马迁的"其文直,其事核,不虚美,不隐恶"的实录精神,而要彻底做到这一点很不容易。不仅要做到,接下来还要互证(比较、分析),规避口述者易犯的啰唆重复、拖泥带水、到哪算哪的游击作风;而整理者的深入甄别、注释说明、旁证辅助、文献化解、在场还原、方言转换，尤其是带领学生社会实践的参与度，仍有很大的提升空间。

厦门历史文化，比起华夏九州、中原大地，确乎存在不够悠久丰厚之嫌，但与之相伴的闽南文化、华侨文化、嘉庚精神，连同入选国家级非遗名录的歌仔戏、高甲戏、南音、答嘴鼓、讲古等，各有厚植，不容小视。中心刚刚起步，经验不足，稚嫩脆弱，许多资源有待开发，许多题材有待拓展，许多人脉有待联络，许多精英有待挖掘。如果再不努力"抢救"，就有愧于时代与后人了。

其实，厦门出版的地方历史文化书籍还是蛮多的，大到盛世书院，小至民居红砖，成套的、散装的，触目可取。但面对拥挤而易重复的题材，何以在现有基础上，深入腹地，称量而出；面对长年养成的惯性思路，何以在口述语体的风味里，力戒浅率而具沉淀之重？

编委会明白自身的长短，与其全面铺开战线，毋宁做重点突进，遂逐渐把力量集中在四个面向：百年鼓浪屿、半世纪特区、国家级非遗名录、老三届群体。希望在这些方面多加钻探，有所斩获。

无须钦慕鸿门高院，关键是找好自身的属地。开发历史小叙事、强化感性细部、力戒一般化访谈、提升简单化语料，咀嚼馨颊间的每一笔每一划。罗盘一经锁定，就义无反顾走到底，积跬步而不惮千里之远，滴水穿石，木锯绳断，一切贵在坚持。愿与各位同道一起，继续铢积寸累，困知勉行。

最近刚刚入住东渡狐尾山下，正值二号地铁线施工。40米深的海底隧道，隐隐传来盾构声，盾构以平均每小时一米的速度推进着，与地面轰鸣的搅拌机相唱和。俯瞰窗外白炽的工地和半掩的入口处，常常想，什么时候，它还会碰上礁岩、滑沙、塌陷和倏然涌冒出来的地下水？失眠的夜晚，心里总是默数着：一米、一米、再一米……

2019年4月

访谈信息

口 述 人：邵建寅

1989年邵建寅先生担任马尼拉中正学院院长时的照片，时年63岁

邵建寅，菲律宾著名华人实业家、教育家。1926年3月出生于厦门，在鼓浪屿读养元小学、英华中学，1942年在漳浦县政府任公务员，1943年考入厦门大学电机工程系，1947年毕业，获学士学位。毕业后，曾任新加坡中正中学教师、厦门大学助教、菲律宾培元中学和灵惠中学教务主任、菲律宾中正中学教师。1956年自己创业，兴办针织厂、印染厂、钢板厂、钢管厂、大理石厂、房地产公司等多家企业并获得成功。1989年应邀出任菲律宾中正学院院长，后担任中正学院董事长、名誉董事长。1993年创立菲律宾华文学校联合会并担任指导员（咨询委员）10年时间。长期以来，以推进菲律宾华文教育为己任，取得巨大成绩，获得崇高声望，一九九二年获得菲律宾第一届"宿务引叔无名氏——优秀华

校校长奖",二〇一三年荣获菲律宾华文学校联合会颁发的"华文教育终身成就奖"等殊荣,被尊为菲律宾华文教育泰斗。邵建寅先生先后捐资厦门大学、山东大学、福建师范大学,修建馆舍,设立奖学金、奖教金,为母校和祖国教育事业做出巨大贡献,被聘为厦门大学、山东大学、福建师范学院客座教授,被授予厦门市"荣誉市民",荣获福建省"友谊奖"。

采访整理人: 王　琰

采访时间地点: 2015年6月19日、22日,厦门大学建文楼、国际交流中心、亦玄馆、怀贤楼

2016年4月1日、8日,厦门大学建文楼

2016年9月19日、22日、24日,马尼拉Manila Hotel(马尼拉大酒店)

2017年1月11日、13日,厦门大学建文楼

目 录

第一章　我的祖辈　　　　　　　／ 1

第二章　我的父辈　　　　　　　／ 10

第三章　我们这一辈　　　　　　／ 82

第四章　鼓浪屿的日子　　　　　／ 93

第五章　战乱流离与大学生活　　／ 113

第六章　南洋谋生　　　　　　　／ 151

第七章　致力华文教育　　　　　／ 178

第八章　晚晴金辉　　　　　　　／ 256

第九章　人生感悟　　　　　　　／ 292

后　记　　　　　　　　　　　　／ 295

第一章

我的祖辈

我们家族的历史是简单的。我知道的也有限,因为我从16岁就离开家庭,很早。就我自己,个人方面,我说,这篇口述历史,要不就不要做了。你们客气,坚持要做。我检讨自己,没做什么事。而且做人要低调,我一直很低调的。

如果要坚持做,最多就是经验的分享。我没做什么。

邵先生(右)在厦门大学建文楼向王琰讲述往事

先从我祖宗讲起。

我的祖宗，根据我们邵氏宗亲会的考证，是周文王①的儿子召公奭。

周文王姓姬，他有好多孩子，其中有一位叫姬奭②，是三公之一。三公，有太师姜子牙，太傅周公旦，还有太保姬奭。周武王灭了商纣之后，分封功臣与宗室。姜子牙分封在山东的东部，潍坊那一带，后来建立了齐国，发展成为春秋五霸和战国七雄之一；周公旦分封在曲阜，后来建立了鲁国，是礼仪之邦；姬奭分封在蓟（在今天的河北、北京一带），建立了燕国，后来也是战国七雄之一。齐、鲁两个封地都在山东，奭分封在河北。

可是，这三公，他们自己都没有到封地去，他们派儿子去管，自己呢，继续在镐京③辅佐周武王、周成王。

因为辅佐有功，周武王又把京畿（国都及其附近地区）之地一个叫"召"（在今陕西岐山西南）的地方，封给姬奭，所以姬奭又被称

---

① 周文王（公元前1152—前1056），姓姬，名昌，周朝的奠基者。其父为商朝的西伯侯，他继承父位，所以又叫西伯昌。史传他在位五十年，施仁政、演周易、拓疆土，为武王灭商奠定基础。他去世后十年，他的儿子姬发（周武王）灭商，追尊姬昌为周文王。

② 姬奭，又称召公奭。姓姬，名奭。周文王的儿子。姬奭跟随周武王参加牧野之战。是战击败商军，商纣王自焚而死，商朝灭亡。周武王举行祭社大礼，向上天和商朝百姓宣告商纣王的罪责，正式宣布商朝灭亡，周朝取而代之，武王为天子。史称西周。在祭社大礼上，周武王的两个弟弟，姬旦手持大钺，姬奭手持小钺，左右夹辅周武王。可见他们地位重要。周武王建立周朝后，为巩固政权，实行分封制，大封功臣与宗室。姬奭被封在蓟地，建立了臣属西周的诸侯国燕国（亦称北燕）。但姬奭没有前往蓟地就封，而是派他的长子姬克管理蓟地，自己则留在都城镐京（今陕西长安）任职，继续辅佐周王室。后来，周武王将京畿（国都及其附近地区）之地召（今陕西岐山西南）加封给姬奭，所以姬奭又称召伯、召公或召公奭。召，也写作邵。

③ 镐京，在今西安市长安区西北，是西周的首都、京城，也是中国古代最早称京的都城。作为西周首都沿用近三百年。周武王即位后，迁都镐京。西周末年，犬戎攻破镐京，标志着西周的灭亡。

为召公或召公奭。召公，也写作邵公。邵，后来就成为这一支族人的姓。这样，我们邵家的族谱里，邵公是第一位先祖。

一直到宋朝，北宋的时候，我们的祖宗，出生于范阳（今河北涿州）的邵雍①，一位易理专家，迁居到河南洛阳。邵雍的曾孙邵子厚，南宋初年的时候迁居到泉州晋江的邵厝。邵雍的十一世孙邵亨，元末为避战乱，游学长汀、漳州、惠州、潮州，后来定居同安县西山东麓的橄榄岭，就是现在的柑岭村一带，到现在，已经有650多年。

邵家离开河南洛阳，先是南移到杭州，后来其中一支又继续南移到福建的同安。留在杭州这支是邵逸夫家族。移到闽南同安的就是我们这一支。我们这一支中又有分散到泉州、福州和台湾的，所以泉州、福州、台湾和同安，这一带的姓邵的，是同一宗族的。

我的祖父叫邵子美，1871年出生于同安橄榄岭，1944年去世，活到73岁。我的祖母叫许以斯帖，Esther Kho，是英文名，简称许帖。为什么叫英文名字？以斯帖，英文Esther，是《圣经》里的名字②。因为她也信教，她是漳州人，她生于1873年，1941年过世，

---

① 邵雍（1011—1077），字尧夫，北宋著名理学家、数学家、诗人。自号安乐先生、伊川翁。籍贯河北范阳（今河北涿州大邵村）。16岁随父迁居共城（今河南辉县）苏门山。30岁游历河南，因葬父母在河南境内伊水之上，遂自称为河南人。38岁定居洛阳，以教授为生。曾经两次被人推举，得到朝廷授官，均称疾不赴。1077年病卒，享年66岁。朝廷追赠他秘书省著作郎。北宋元祐年间赐予他谥号康节。南宋理宗颁诏，称邵雍、周敦颐、张载、程颢、程颐为"道学五子"。邵雍长期研究《河图》、《洛书》与《易经》，学有大成。著有《皇极经世》、《观物内外篇》、《先天图》、《渔樵问对》，诗集《伊川击壤集》等。

② 以斯帖是《圣经·旧约·以斯帖记》中的女主角。整部《圣经》只有两卷书是用女人的名字作书名的，一卷是《路得记》，一卷是《以斯帖记》。以斯帖的意思就是"星星"。

按照《圣经》的记载，以斯帖是公元前5世纪中期的一个人物。她是犹太人，是当时的波斯王后。以斯帖不单外表美丽，内心也非常谦和，而且富有智慧；她是一名美丽、善良、聪明的犹太女英雄。她运用自己的智慧，在波斯王的面前揭露了波斯宰相哈曼的阴谋，粉碎了哈曼企图消灭波斯境内犹太人的罪恶计划。

活到68岁。

1840年代的时候,基督教美国归正会①传教士来到厦门。他们在传教的同时,前前后后,在厦门鼓浪屿,创立了专收男生的养元小学、寻源书院,专收女生的毓德女学,专收已经出嫁的妇女的妇学堂。后来,传教士又到了同安橄榄岭传教,全村一千多户邵姓人家中,就祖父邵子美一个人最终接受了基督教。

我祖父因为信奉基督教,不见容于同安的乡亲②,被人从家乡同安橄榄岭赶出来。所以年轻的时候就被迫带着家人离开家乡。从橄榄岭出来后,祖父在厦门竹树脚礼拜堂的附属小学当老师,这是他的第一个工作。那个时候大约是1895年左右。昨天(2015年6月21日),我们到竹树脚礼拜堂去看了一下,还跟牧师打了招呼,我说,我是邵子美的长孙。

后来祖父当了礼拜堂的传道,还被派到金门、安溪、鼓浪屿去传教。

我的六妹邵少蕙对祖父还有印象,祖父去世时,她七八岁。她

---

① 美国归正会(Reformed Church in America, RCA)是美国的一个基督教教派,属于归正宗(Calvinist),起源于荷兰,曾经称为荷兰归正会(Dutch Reformed Church)。归正会是北美洲最古老的新教宗派之一。早期荷兰移民在新尼德兰(New Netherland)举行宗教集会,1628年,组织了荷兰归正会。1867年正式定名为"美国归正会"。

在厦门,有人习惯把"美国归正会"称为"美国归正教",这是错误的,不严谨的。

② 不见容于乡亲:基督教教义认为,神是圣父、圣子、圣灵三位一体的神,而且是唯一的神;要求教徒只能崇拜一神,侍奉一神,不可崇拜和侍奉别的神。而中国人崇拜各种各样的神以及自己的祖宗,把逝去的祖宗也认作神。中国人信了教,要清出家里的各种神像,包括先人的神主牌,不能参加其他敬神和敬祖宗活动。这被认为是大逆不道的行为,往往受到谴责和咒骂。"信奉基督教会断子绝孙",就是基督教传入中国之初,反对基督教的人所宣传的一种言论,也是对教徒的咒骂。

记得：祖父个子不高，矮矮壮壮的，留着长胡子，满脸笑容。

大姐邵蕙卿也记得，祖父的嗓音很洪亮，很好听。大姐蕙卿说，这是她对祖父唯一的印象。祖父属龙的，他讲话声音洪亮，是洪钟声。

我们孙儿这一辈的和祖父没有很多接触。因为他不常在鼓浪屿，他在另外一个地方工作。

祖父祖母是在哪里认识的？我想是在同安。祖母是漳州人，有人介绍的。总之1895年我爸爸出世的时候，祖父已经24岁，祖母22岁。

后来祖父就到了台湾做生意了，祖父在台湾做些什么生意，我也不清楚。回来，就在同安办了同美汽车公司，就回家乡当老板了，住在同安双圳头，就是现在同安一中、启悟中学那个地方。后来家乡的人也来找他了，有什么事也请他回去，村里有纠纷的时候，也请他去协调解决。

我记得祖父抱着我的时候，我总要抓他的这个长胡须……哈哈，因为我是金孙嘛，爸爸是长子，我也是长子，我前面是三个姐姐。

祖母是漳州人。她是林语堂的父亲林至诚的外甥女，林语堂叫她要叫表姐。

林语堂的祖母，是漳州边上的天宝乡五里沙村的第一代基督徒。林语堂的父亲林至诚原来做小贩生意，二十多岁到归正会办的神学院学习，毕业后被按立牧师，在厦门竹树脚和漳州的教堂侍奉，1886年前后被派到同安堂会侍奉。

估计林至诚是在同安的时候和我祖父有交往。

祖母是第一届毓德女校毕业生，那届学生只有5个人，她是其中一个。

祖母长期和她的二女儿，也就是我的二姑母住一起。她曾经

邵氏一家,后排左起:邵蕙卿(大姐)、邵庆彰(五叔)、邵庆良(三叔)、麦邦镇(大姑丈)、邵庆元(父亲)、邵锦秀(二姑)、邵庆恩(四叔)、邵锦缎(四姑),二排左起:黄淑琼(三婶)、邵锦凤(大姑)抱麦少荣、邵子美(祖父)、邵建寅、邵许帖(祖母)、祖父的嫂嫂(大姆婆)、陈月珍(母亲)抱邵少蕙(六妹)、前排麦文华(大表姐)、麦文贵(表妹)、邵蕙瑜(五妹)、邵蕙超(四妹)、邵蕙君(三姐)、邵蕙荃(二姐)

担任毓德女中的舍监。我的老爸是毓德校长,请我的祖母去当舍监。男孩到了9岁就不能进女生宿舍,毓德女中有严格规定。我记得我12岁的时候,要到女生宿舍去看祖母,她不让上楼,她下来。12岁了,不准去了。不过我们家住在毓德校长住宅,就在学校里边,祖母要看我们很方便。

大姐蕙卿有说过:

> 祖母有件事,最近我才刚刚听何恩及牧师的外甥女何慰端说起,她说,祖母与何先生娘,也就是何恩及牧师的母亲,常常一起去走访教徒家庭。每天早上五点,她们两人就去鼓浪

屿笔架山山顶有块大石头那里,去祈祷。祈祷完,这两位老人才回家吃早饭。吃早饭完,出去探访,中午时,还得回家吃饭,因为那时不像现在,可以去餐馆吃。回家吃完中饭,继续探访。每天都这样,只有礼拜天例外。

蕙卿说:

我记得,祖母如果吃完中饭,要出去探望教会弟兄姐妹时,我的五叔庆彰就会叫:"阿奶(nà,第四声)啊,一点了。"五叔叫妈妈不叫"阿母"或者"妈妈",而叫"阿奶",我也不知道他为什么这么叫。叫"阿奶啊,一点了"也就是提醒她们,快一点了你们要出去巡访了。其实他话中有话啊,就是要提醒我祖母,出去前,要记得分饼给我和他吃啊。因为每次祖母出去探访前,都会分饼给五叔和我吃。一人一块饼。所以现在想起小时候的事,是实在有意思啊。"阿奶啊,一点了。"这句话,至今还一直萦绕在我的脑海中。

六妹少蕙记得:

祖母做毓德女校的舍监,每天到了半夜,都要提着马灯,到寄宿生那里检查学生的被子有没有盖好。楼上楼下,每个房间都去。她是个虔诚的基督徒,清晨四点起来,就跪在草垫上祷告。所以她每个晚上,睡眠的时间都很少。到了礼拜天,她不允许我们玩闹,如果我们打乒乓球,她就会把球连球拍都没收。礼拜天,早上四点,她就来敲门,让我们起床,做家庭礼拜。我们四点就起床,穿好衣服,在卧室里祷告。然后她让我们上主日学①。主日学里唱诗班是小学生组成的,怀仁小学、毓德小学的学生,轮流唱诗。司琴的也是小学生。

祖母一到礼拜六都会从毓德回家,买蛋糕回来,每个孙子、孙女一人一块。除夕她也回家,给孙辈发压岁钱。

祖母很重礼仪。小辈要出门前,必须先向她请示。要先向她询问:要出门,可以不可以。她说可以,小辈才能行动。如果小辈衣服都穿戴齐整了,只在出门前做个样子请示她一下,她就会说:你都已经准备好了,何必跟我讲。她对小辈的管教是很严的。②

祖母在1923年前后还担任过厦门竹树脚礼拜堂的执事。

祖母他们那一代人,取基督教名字的很少。因为家里的人也信基督教,才有这个名字。祖母人很好,她受到学生的崇拜,鼓浪屿人对她很好,她去世的时候,我在念初中,出殡那天,鼓浪屿很多人都来了,队伍很长。

我只记得,送殡的队伍里有一个钟,我在敲钟,因为我是长孙嘛。我不记得穿什么样子的孝服,可能是白色的,但是我们不披麻。

---

① 主日学:是基督教教会于礼拜天(星期日)早上在教堂内进行的宗教教育,一般在主日崇拜之前或之后举行。主日学的形式多样化,因教堂而异,并由教会所指定的主日学老师或牧师任教。主日学学生年龄介于六至十四岁,而且开始有分班制。在1780年英国人雷克斯创办主日学之初,课程包括学习阅读、背诵英国圣公会的要理内容,并且参加主日崇拜;宣讲圣经故事,并且侧重于故事中的道德教育。1820年,主日学已经快速传播开来。大多数的宗派都以主日学为教会事工的一部分。在中国,教会根据当时当地的具体情况开展主日学,也有在下午上课的。

② 以上蕙卿、少蕙二人的回忆选自李秋沅《校长云集的邵氏家族》(见《我的鼓浪屿往事》,厦门音像出版有限公司2011年版)。

祖父行四,他们有四兄弟。祖父的大哥,我们叫他大伯公,祖父的二哥就叫二伯公,三哥叫三伯公。

大伯公死得早。大伯祖母,就由我爸爸接到鼓浪屿,跟我们同住。我们叫她大姆婆。大伯公有个女儿,远嫁菲律宾,在 Angeles(西班牙的读法),有人翻译为"天使城"。她叫邵金菊,生了4男9女,13个。她开米粉厂,又开两家店铺,是非常能干的。这说明同安人是非常能干的。一个女的,养孩子13个,还要开两个店铺,又开米粉厂。她活到95岁才过世。临走前说:好累哦。

我的二伯公是到越南经商,很早我们就没有来往,没有消息了。

三伯公留在家乡,年老去世了。

这是上两代的事。

现在我们邵氏家族中,就是从我祖父到现在的,一共有270多人,有校长10人,教授9人,报人3人,农业专家7人,医生5人,牧师6人,传道6人。

第二章

我的父辈

祖父和祖母，生五个男的，四个女的。

长男邵庆元，字觉庐，就是我爸爸，1895年出生。他英文很好。他上的是鼓浪屿教会学校。鼓浪屿教会学校的英文教育，是从幼儿园、小学就开始培养的。所以他的英文从小就学起了。小学读的是养元小学，中学读的是寻源书院。

寻源书院的英文教育没得说的。

1921年厦门大学创立的时候，他26岁，担任厦大的出纳主任，兼任校长林文庆的秘书，又兼任厦大国学院的国文讲师。他的学生，包括后来担任厦门市市长的黄天爵，厦大人类学研究院的院长林惠祥，厦大著名的历史学家叶国庆，新加坡华人侨领陈育崧，等等。那时我爸爸是寻源书院的毕业生，寻源书院相当于中专，可以说是一个中专的毕业生教大学。

林文庆先生

厦门大学学潮①，他也参与调解。因为他作为林文庆校长的秘书，要替林文庆出面。那时候是1924年，他那时只有29岁。1924年，当时学校要解聘四位老师，而这四人都不是闽南人，于是学校里的一些宗派矛盾激化，学生组织起来罢课，校方不让步，还打起来了，僵持了很久，结果有人就带着师生一百多人到上海，办了一家叫做"大厦"的大学，把"厦大"倒过来叫"大厦大学"。后来取"光大华夏"的意思改名为"大夏大学"。这个学校后来演变为今天的华东师范大学，很有名，这个学校就是厦大的底，师资也好学生也好，最早是从厦大过去的。

1926年到1930年，他先任《民钟报》编辑，后来又做了《江声报》的总编。

1930年到1938年，他到毓德女中当校长，在毓德八年。到毓德半年后，他被送到福建协和大学读了两年。因为在当时，教育厅对校长有两个要求：一是校长必须是中国人；第二，必须有大学学历。所以，我爸爸和我二姑丈沈省愚（英华书院校长）就被送到协和大学，就读两年。头一、二年的课程免了，直接进修大三、大四年级的课程。在这期间，毓德中学由庄克昌先生做代理校长。父亲去协和大学读书，1932年毕业，回来做毓德校长，一直做到1938

---

① 厦大学潮：厦大成立不久，校内产生闽南籍与非闽南籍的宗派矛盾，有人在上海的报刊上批评厦大的管理，并有学生据此提出撤换校长林文庆。1924年，林文庆则根据合同条款，于5月26日预先通知四位非闽南籍教师：将于8月26日终止与他们的聘任关系。第二天一些学生站出来抱不平；第三天他们成立学生团总委员会，要求林文庆公布辞退四位教师的理由。被拒绝后，学生团宣布自5月29日起罢课，还成立了纠察队，阻止其他教师和学生进入教室。于是，事件逐步升级。后来，校方有人召集校外工人介入纠纷，工人进入校园发生肢体冲突，矛盾激化。经调停失败，学校宣布提前放假，要求学生在五天之内离开学校。学生团一百多人和部分教师到上海，发起筹办大夏大学。

1927年，厦大还发生一起由文科理科之间的纠纷引发的学潮。

1929年邵庆元（前排左三）与友人合影，左四可能是庄克昌先生

年。到1938年，为躲避日本人的追捕，逃亡到新加坡。

他1938年到1947年在新加坡，任教于南洋华侨中学。华侨中学是陈嘉庚先生办的，陈嘉庚先生在新加坡办了南洋华侨中学和六家小学。

1948年爸爸生病，回到鼓浪屿。

1950年2月20日，爸爸在鼓浪屿过世，安息主怀。

毓德女子中学，是厦门历史上第一间女子中学。它是从基督教美国归正会办的女子学堂逐步发展过来的。女子学堂最早是办在厦门岛的，在1870年。当时的女子学堂主要是教妇女认字、读圣经，还不是现代所说的学校，学生也是成年人为主。

清朝光绪年间，1880年，女子学堂从厦门岛搬到鼓浪屿。

1884年归正会在鼓浪屿田尾买土地建校舍,把女子学堂改办成一家具有初等教育性质的学校,取名叫田尾女学堂。归正会是美国人的教派组织,所以又有人叫它"花旗女学"。1886年,田尾女学堂改名叫"毓德女子学校",是归正会为了纪念Charlotte W. Duryee女士,她是归正会海外传教会妇女部的通信秘书。

这时候,毓德才是现代意义上的小学。因为是教会办的,所以毓德一直有宗教方面的教育。

鼓浪屿田尾路毓德女学教学楼

毓德女子学校开始只是小学。后来附设了师范班,小学生毕业后,可以进入师范班再读三年。师范毕业生多数在闽南的教会学校当老师。

1921年,毓德正式成立中学部。1925年,归正会把寻源中学搬到龙溪,也就是现在的漳州,寻源中学的校舍,在鼓浪屿东山仔顶(就是现在的音乐学校一带),就让给毓德女子中学使用。从此,毓德女中与毓德小学完全分开,成为一个独立的学校。

1928年,毓德女中的主理理莲女士退休,校长林安国辞职,学校成立了校务委员会负责学校工作,委员有传教士福懿慕福姑娘,有我爸爸邵庆元,还有朱鸿谟先生等人。福姑娘担任委员会主席。

当时,政府进行教育改革,颁布了很多规定,社会上形成了"收回教育权"的运动,归正会只能顺应潮流。1930年成立了学校董事会,由董事会接办。董事会把毓德女中和毓德小学的行政管理合起来,小学成为中学的附小,聘任我爸爸担任毓德女子中学的校长。

今天修复后的毓德女学旧址,中学部搬至东山顶之后,这里是小学部

在我们家,讲到毓德女中,就是叫"毓德"。很多鼓浪屿人也这样叫的。

父亲办毓德有自己的理念。他要把毓德学生培养成"德智体群,四育并臻的巾帼完人"。后来他又提出,毓德教育的总目标,"是集团生活中的'人'之发展",就是培养学生做个集体生活中的人,而不是只顾自己,是做群体中的一个"人"。这是他的理想,要学生有团队的精神。学生也很欣赏他的这种理念。

我爸爸主持毓德校政八年,在这期间,扩建了校舍,添置了设备,引进了一些很好的老师,实行了新的教学方法和管理办法,毓德的办学基础得到加强。他提倡人本教育的理念,为毓德提出了新的教育目标。

他从新加坡回国后,参加了毓德中学部二十八周年校庆纪念会。作为过去的老校长,我爸爸在演讲中说:

> 理想的学生是:具有(一)明敏的观察力,(二)缜密的思考力,(三)健全的判断力,(四)刚毅的致果力。更能利用这四种力企求至善、与人为善的。他们在群中生活,是要以远大的眼光,热烈的心肠、恢宏的气量,特立独行的精神,以治职事、以应世变,需表率群伦、造福社会的。我们教育的总目标,是集团生活中的"人"之发展。不忽视书本智识,前人的经验之授予,但更注重创作之启发。

他还说:

> 我们不是要养成一班"书虫",而是要养成"人",集体生活中的人。我很喜欢,我们毓德培养出来的"人",无论是在治家教子,是在机关服务,抑是在教育界从事粉笔生涯,个个都能表现我们毓德的特点来。

我爸爸认为,学生不论男女都可以成为对社会有用的人。所以他很注意培养女学生的社会实践能力。他模仿社会体制,别出心裁地在学校组织了一个"校市会",也就是把学校比作一个城市,称学校为"毓德市"。

这个"毓德市"里面,有市长,还有公安局、建设局、教育局、卫生局、出版局等"部门"。公安局负责管理学生的行为举止,如仪表、礼貌、纪律等。建设局负责管理学校环境卫生。教育局负责推行国语运动,促进课外阅读,组织作文、书法、文艺、演讲等竞赛活动。卫生局负责组织课外运动和球类比赛,管理球房及厕所卫生。出版局负责编辑出版校刊、黑板报。

毓德女中部分师生合影
第二排左起第八为福懿慕,第九为邵锦秀,右起第一为邵庆元

"公安局长"由各班的班长担任,下面有"公安局员"。"教育局长"由各班副班长担任,下面有"教育局员"。全体学生都是"市民",都在"毓德市"的管理之下。"市长""局长"和"局员",由选举产生,"晋升"要按一步一个台阶的方法,从"基层"提升。想当"毓德市市长",先从"局员"做起,"局员"推选上"教育局长",还必须做满两年,然后再任"公安局长",表现优秀的可以获得"市长""副市长"的头衔。

校市会,其实就是一个学生自我管理的组织。学校的秩序和环境,由学生自己来管理;学生的课外活动,由学生自己来策划组织;学生的大事小情,由学生自己来决定。校市会的组织形式设计很严密。做这项活动,加深了学生对群体生活中秩序观念的理解;

激发了学生的团体合作精神和个人创新意识;实践推行了我爸爸主张的"集团生活中'人'之发展"的教育理念,提高了学生的各种见识和能力。学生对社会结构更加了解,参与管理社会的素质和才能也得到培养和激发。

1934年毓德女中孤帆社合影
第三排中间有几位教职员,左起第六为邵锦秀,第七为许帖

我爸爸认为,在教学中不能忽视书本知识,但是,要更加注重启发学生的创造才能,注重实践能力的培养。比如上生物课,要求老师带领学生采集动植物标本、设计居家庭院模型,把书本知识和生活实践结合起来。毓德的家政课,教女生学习裁衣、绣花、烹饪、布置房间……直接培养学生的动手能力。

积极推广国语(讲普通话),也是毓德的一个鲜明特色。当时,厦门人都说闽南话。很多厦门人听不懂,也不会说国语。大部分学校,老师上课也是用闽南话讲课。电影院里放的影片,如果有配音,也是闽南话配音。毓德规定,学生进入校门之后,必须讲国语(普通话),不准讲方言,违反了的就要受处罚,而且由学生会来具体执行这项规定。我爸爸带头讲。这样一来,大家都讲普通话,形成了习惯。毓德的学生，母语是闽南话，在学校又学会了国语，再加上扎实的英语训练，所以毓德的学生毕业后，走南闯北，出国留洋，语言上没有问题，这是一个有利条件。

毓德的校训是"诚、洁"。简简单单的两个字，但是怎么解释，在不同时期，不同的人有不同说法。

这个校训是归正会的美国传教士定的，他们的本意，最初的意思，是指对上帝的忠贞、圣洁。理莲也好，福懿慕也好，她们的办学理念，是培养信靠、顺从、规矩的学生。福姑娘就坚持认为，毓德应该培养"淑女"。在当时的文化背景下来看，这也是一种很好的理念。

但是，我爸爸对这两个字的解释，加入了中国文化里面儒家的观念：诚，就是诚实；洁，就是高洁。在他看来，德智体群全人发展的"巾帼完人"，应当是诚以待人、洁以自善。这与他主张的"集体中的人"是一致的。

这里面，也反映了两种不同文化之间的差异。我爸爸虽然也是基督徒，是教会认可的校长，但是他受中华文化的影响非常深，他的国学功底非常厚，儒家文化的入世观念是潜在于心的。

这两种文化的差别，以及我爸爸和福姑娘之间的不同看法，虽然存在，但是1930年之后的毓德，总的来说，还是一直在按照"德智体群全人教育"的思路办下去。

不过，尽管在个人理解上有一些差别，但是在办学实践中，毓德还是始终把"诚以待人、洁以自善"的品德修养，贯穿在各个教育环节，具体要求到学生的言谈举止、生活习惯之中，培养女生在日常生活和社会交往中的"淑女"气质和风度。

毓德规定：学生穿统一的棉布校服，夏天白衣黑裙，冬天蓝色旗袍；必须剪齐耳的短发，不能烫发，不准涂脂抹粉；在街上不许吃零食；见到老师要行礼；讲究礼貌；等等。这样培养出来的学生，有一种由内心到外表的,清纯的,矜持的,美好的样子,就像毓德校歌里唱的,"兰花素兮梅花则清,方吾洁抱莹莹"。

1933年毓德女中的体操表演

还有毓德的体育。

那个时代,20世纪初,中国的女子,上身穿的是袖子和下摆都很长的衣服,下身就是拖到地面的长裙,关在家里不出门。长衫蔽体,深居简出。到了二三十年代,有了一些进步,但是女性在他人面前,还总是低眉顺眼、逆来顺受、唯唯诺诺的样子。

可是毓德的学生,体育课穿上西式的运动服,做操、跑步、跳高、跳远、打球,参加比赛。在操场上、球场上,众目睽睽之下,她们和男生一样,跑啊跳啊,大声叫喊,冲冲撞撞,汗流浃背。这在当时的环境下,可以说是惊世骇俗的。

1931年到1936年,五年里,毓德两次获得厦门市中学的女篮冠军,那时候,厦门的女子中学就有好几所,毓德啦,慈勤啦,怀仁啦,女子师范啦。1935年,厦门市第一届运动会在厦门中山公园举行。毓德凭着她长期一贯养成的优势,在运动会上取得了女子组"总优胜"的好成绩。毓德的女子排球队、网球运动员,还代表福建省参加全国运动会比赛。我大姐蕙卿,就是当时的排球队队员。

1932年毓德女队获得思明县排球篮球赛冠军

我们家的人都觉得，毓德的教育，对学生的最大影响，还有一点，就是在那种环境的培养下，校友、学生都十分爱校，以做毓德的学生为荣。

校友拥有良好的毓德精神。毕业后，到她们工作的地方，或者在家庭生活中，都按照毓德精神为人处世。她们热爱毓德，传承毓德精神。人到了哪里，就把毓德精神带到哪里。

有许多毓德校友，或者毓德校友的后代，在菲律宾做校长，做老师，或者做教会的领袖，都非常成功。因为她们有毓德的精神。因为那种爱心，那种团队精神，都传到了她们所到的地方。在菲律宾的很多校友，不管她们是做教员，还是做校长，对华人的后代，影响都很大。因为，无形中，她们把毓德的精神带到自己家里，带到那个学校了。

我们家，祖母是毓德毕业的，母亲是毓德毕业的，大姐蕙卿、二姐蕙荃、三姐蕙君、四妹蕙超、六妹少蕙也是。而我爸爸又做了多年毓德的校长。对我们来说，受到的是双重的毓德教育。我们的祖母和母亲把从毓德学来的那一套，在家里教给我们。我们的父亲，是毓德的校长，祖母又做过毓德的舍监。我们在家也好，上学校也好，接受的教育都是和毓德分不开的。

鼓浪屿有很多这样的家庭主妇。像我母亲一辈子那样，毕业后在家庭里操持家务、教育子女。有很多毓德的毕业生，就是遵循着毓德的教养方式，去影响子女。毓德教育一代代传承下去，培养出来的人，气质就有所不同。

所以，鼓浪屿人的面貌气质，经过怀仁、养元、毓德、英华培养出来的人，就都那样子，斯斯文文的，讲究礼貌，为他人着想，讲究师道尊严，都有奉献牺牲精神，有团队精神，都有一门学有所成的专业，还有几样业余文艺体育爱好。所以，走到哪里去，都让人感觉不同。

今天毓德校友散居在中国、欧美和南洋各地，都能够恪守师训，凭借"远大的眼光、热烈的心肠、恢宏的气量、创新的精神"，从事自己的职业和事业，对待自己的人生和社会环境。很多人成为社会精英人物。毓德的校风"勤、朴、诚、洁"，很早就已经闻名天下了。

在菲律宾，毓德比英华影响大。因为毓德毕业的女生，很多都去办学，而英华的学生，大多去做生意了。两个学校不同的教育方法，结果也有不同。

毓德毕业的女生到马尼拉办学的好几位：林雅秀，当过圣公会中学校长；李锦英，当过圣公会中学校长、中华基督教会嘉南中学校长和灵惠中学校长；黄宝玉，当过中华基督教会嘉南中学校长。她们对菲律宾的华文教育有很大影响。

特别是李锦英。她自己当过校长，现在她的孩子，也在办学当校长，是灵惠学院的大学校长。现在菲律宾有三所华文学院：中正学院、侨中学院和灵惠学院。这就是毓德教育对菲律宾的影响。毓德校友会在菲律宾有校友会组织，在宿务（菲律宾第二大城市）

还有分会。

1938年，我才12岁，刚进英华，是初一学生。那时我爸爸就离开鼓浪屿了，所以总的讲我们交集的时间不多。况且那时我是个小孩，他是个校长。平常他很忙。我从他身上能学习的，就是他的举止。

父亲对儿女是非常关心照顾的。他很留意我的教育。父亲的国文很好，我从他那里学到了国文真功夫，国文学识大有长进，特别是在新加坡的时候。

我爸爸的薪水当时是100块银元，70元他交给妈妈当家用，30元他自己零用。他的零用钱几乎都用来买书，他到厦门买书，包括为我买武侠小说。我喜欢的，他就帮我买。我自己有个房间，小小的，就在毓德的家里，我自己还有个书橱。我很小就看武侠小说，我小学三年级就自己看书。我看的武侠小说，有的都会背了。父亲买书给我看，我想看什么书，告诉父亲，他也会去买。

我父亲的藏书很多。想看什么书，我要自己去找。周末很多同学都到我家，做书虫，看书。因为我家很多书是其他地方找不到的。我的同学过来，要借什么书他们就自己去找。我当然不仅仅看武侠小说，我还看其他书，很杂。不一定看得明白，但总是有接触。我在英华的同学黄猷，就到我家看了很多书。

我对父亲的印象就是，他是很男子汉的。他是个严父，看起来很威严，但他也很开明，对子女也非常开明，从来不会给子女压力，也不会勉强子女接受他的理念。你有什么问题，尽可能与他谈论。他会耐心和你讨论。子女可以有自己独立的思考。

举个例子吧，他教我们游泳，他说，我把你们放在水深的地方，让你们自己解决。你要爬要站，自己解决。到水深处，没顶了，你自己想办法。到你自己没有办法解决时，他会用手掌，托起我们的腹部。这也是他教学生的办法，不会强迫你。不行再帮你一把。

六妹少蕙曾经回忆：

　　父亲带我们去游泳，都是一带五六个孩子一起去。有时他午休，姐姐想让他带我们去游泳，姐姐不敢吵醒他，总让我去叫醒他。我就叫："爸爸，水时到了。"他就起来，带我们去游泳。他在泳裤后面放一个两毛钱的硬币，到了海边，找那些"哒哒滴"，就是吹喇叭卖蜜饯的，那些人有卖李咸梅子之类的，买给我们吃。小时候他会圈个地方，让我们泡水，长大了就把我们扔下水"吃水"，他说不吃水怎么能学会游泳。

　　他买给我们的玩具，都是像弹子球那样要动脑筋玩的玩具。玩弹子球，我们要学会口算，锻炼心算。到南洋，他寄给我们旱冰车，让我们到操场上去玩，去锻炼身体。他从来不买像洋娃娃那样的玩具给子女。

　　从初中起，他就教二姐蕙荃三姐蕙君翻译英文歌。他对孩子都是鼓励的。从来不会骂。成绩不好，他也不会责备，笑笑说："真懊啊"（闽南语，读音"今噢"，"很难看"的意思）。他就是这样诱导孩子，让你自己有上进心，激发你自身的力量往前走，而不是靠强迫的。但他也是很有威严的。

　　他平常上班，晚上，我母亲都要煮一碗好东西给他吃。我们做功课时，他也做功课。他看书。

　　我记得，每天晚上，我们几个姐妹，坐在家里的大桌子旁，那个桌子很宽大，有四个抽屉。蕙超姐、蕙荃姐、蕙君姐和我坐在桌旁，我母亲就在一旁记账。我母亲是负责中学的伙食记账。每天晚上学校那个买菜的就要来家里报账，母亲就要在灯下记账，账目清清楚楚。母亲记账，我们做我们的功课。记完账，母亲就做手工活。

　　建寅兄他在另外一间房子读书。

爸爸在另外一间，一边泡茶一边看书，经常看到深夜。我们一般早早就睡了。他是非常勤奋的。他的英文、中文都很好。其实他那些学问都是靠自学的。他读大学时，有些老师都来请教他。

父亲很重视师道尊严的。他自己是校长，去拜会他的老师卢铸英牧师，到了门口，未进门前，都要恭敬地敬礼。这就是师道尊严。这对我们儿女都是有很深影响的。

大姐蕙卿回忆道：

父亲很疼爱我们，从不打骂我们。那时，我在毓德的时候，全班准备政府的会考，我们罢考，偷偷躲起来。后来他知道了，他只是笑了笑，对我说："你也会反对老爸啊。"他不打也不骂我，他就是这样的父亲。

有时候我看书，有什么字或者诗句不会的，我就去问他。他会花很多时间为我解释。有时他不解释给我听，让我去他的书房，他告诉我那个书橱哪一层的哪一本书，让我自己找来看。我就奇怪他怎么能记得那么清楚。

夏天有时候他会带我们去游泳。他随潮水，带我们去"五个牌"（地名）那里游泳。他抱我们到了水深的地方，然后放手，让我们自己在水里扑腾，沉浮。就这样，我们很快就自己会游泳了。

父亲与母亲的感情很好，我从没见他们大声过。父亲把家里大小事全权交给母亲，不论是管钱，还是吃的用的，他全不干涉，也从来不会为此生气，从来不会。

我家里每天都有客人，客人多是与毓德相关的人，毓德的老师啊，鼓浪屿和厦门的文人啊，等等。客人来时，父亲就让我去泡茶,请他们喝茶,有时他们留下吃晚饭,母亲也没不高兴。相反,她很高兴也很欢迎客人留下,她会煮好吃的招待客人,从来不应付,也从来不会厌烦。

父亲的好友有朱鸿谟先生,庄克昌先生。还有我祖母的表弟林语堂,他也时常来找父亲。那时林语堂住在鼓浪屿,有一次,我听见他对父亲说:"这个孩子(就是我邵蕙卿)以后你一定要让她读大学。"我在一旁听见林语堂这么说,很高兴。

父亲的兴趣就是音乐。他不是音乐家,不是作曲家,也不是钢琴家,但他就是爱音乐。他常常写诗让学生吟唱,然后再用 The 101 best songs(《101 首最美的歌》)那本歌集里的歌曲曲谱为曲调。学校的球队凯旋归来,他就自己写了首诗,配上曲谱,让学生排在校门口,等着那些球员回来,学生们唱歌欢迎。很有意思呢。学生觉得有趣,球员们也很高兴。这就是我的父亲。

刚才说了,我父亲既不是钢琴家也不是音乐家,但他非常喜欢音乐。有音乐细胞。他对音乐的感觉很灵敏。小时候我学风琴,在楼下练琴,他在楼上一听到我弹错了,随时下来教我改正。

他的记忆力很强,让我很吃惊。他从小到大,考试成绩总拿第一。因为老考第一,考到老师让他让让别人。因为有的家长很生气自己的孩子没考第一。有一次,他让了别人,没考第一,还被祖母打了。父亲是个很平和的人,不和人争。他口齿清晰,国语非常标准,说得很漂亮。[①]

---

① 以上六妹少蕙、大姐蕙卿二人的回忆选自李秋沅《校长云集的邵氏家族》。

林语堂和爸爸是小时候就要好的朋友。他们同龄,都是1895年生,是同学,都在寻源书院读书,也曾经是厦大的同事。同时,又是亲戚。所以,林语堂到马尼拉去,见到我,还问起我父亲,打听他的情况。林语堂的个性也强。1932年,林语堂在上海创办《论语》,1934年,主办《人间世》,1935年与陶亢德等人一起办《宇宙风》》①。我爸爸也给这些杂志撰稿,也是其中的一位主要作者。

爸爸爱书成癖,又懂得音律,还研究诗歌,几十年如一日。他翻译了很多西洋著名歌曲。爸爸的好朋友庄克昌先生曾经说过:觉庐(父亲字觉庐)单凭他的译诗,便能留名。可惜经过战乱流离,遗稿散失,现在能够找得到的仅剩七十多首。

1919年,爸爸24岁时,翻译过 Auld Lang Syne,这首歌的歌名现在被译为《友谊地久天长》。我爸爸当时翻译为《往日》:

(一)宁有故人可以相忘,曾不中心卷藏?
　　宁有故人可以相忘,曾不瞆怀畴囊?
　　副歌:往日时光,大好时光。我将酌彼觥觥!
　　　　往日时光,大好时光。我将酌彼觥觥!
(二)我尝与子乘兴翱翔,采菊白云之乡。
　　载驰载驱征逐跟跄,怎不依依既往?
　　副歌:往日时光,大好时光。我将酌彼觥觥!
　　　　往日时光,大好时光。我将酌彼觥觥!

---

① 现代文学史把《论语》《宇宙风》等刊物的主要作者称为"论语派",论语派以《论语》《人间世》等刊物为阵地、以林语堂为核心人物,以编辑陶亢德、徐訏为中坚,由经常撰稿、倾向相似的全增嘏、邵洵美、章克标等组成。论语派的其他成员还有刘半农、老舍、老向、何容、黄嘉音、简又文、姚颖、刘英士、郁达夫、沈有乾、孙斯鸣、章衣萍、林幽、邵庆元、孙福熙、孙伏园、俞平伯、章川岛、谢冰莹、岂凡、赵元任等。主张以幽默笔法议论世道人心,泛谈社会政治。

(三)我尝与子荡桨横塘,清流浩浩汤汤。

　　永朝永夕容与徜徉,怎不依依既往?

副歌:往日时光,大好时光。我将酌彼兕觥!

　　　往日时光,大好时光。我将酌彼兕觥!

(四)愿言与子携手相将,陶陶共举壶觞。

　　追怀往日引杯须长,重入当年好梦!

副歌:往日时光,大好时光。我将酌彼兕觥!

　　　往日时光,大好时光。我将酌彼兕觥!

用闽南语吟诵,更加优美押韵。比如"好梦",今天的国语(普通话),"梦"读 meng,韵母不是 ang,读起来不押韵,闽南话"梦"发音为"mang",就押韵了。

1938 年 2 月,我爸爸已离开鼓浪屿,避难到新加坡。他还重新翻译了《繁星》。歌词译自 I. B. Woodbury 所作的歌曲"Stars of the Summer Night"。这首歌曲也收录在 The 101 best songs[①],是其中的第 55 首。我爸爸是这样译的:

繁星

(一)槛外参横斗转,

　　熠烨长空漫漫,

　　金光莫入朱栏,

　　伊人好梦未阑,

　　伊人伊人好梦未阑;

---

① The 101 best songs:英文歌曲集。全名为 The One Hundred and One Best Songs,中文译为《经典歌曲 101 首》,这本歌集所选歌曲,随着歌集的流传,在美国及其他英语国家妇孺皆知、家喻户晓。20 世纪初传入中国,陆陆续续被翻译成中文,见诸多种报刊、歌本。

(二)天际一轮皓月,
　　照见悬崖清绝,
　　且请稍敛光明,
　　伊人好梦未醒,
　　伊人伊人好梦未醒;

(三)透帘飒飒西风,
　　幽香似带忍冬,
　　为请敛将风翼,
　　好令伊人将息,
　　好令好令伊人将息;

(四)斜月一帘幽梦,
　　为语伊人珍重,
　　情人时刻依依,
　　不曾稍离罗帏,
　　不曾不曾稍离罗帏。

我觉得这里面代表了爸爸当时的心情。

我爸爸藏书很多。我家的藏书,还有一段故事。在庄先生的那本《庄克昌诗文存》有写,说是有万卷书。我不晓得是不是真有万卷,总之我父亲逃难到新加坡,这些书怎么办呢?后来就分成两部分,一部分寄存在毓德中学的图书馆,一部分寄存在英华书院的图书馆。到了战后,什么都没有了。因为,学校也合并了,还有其他一些原因。家里,大概还有几百本,大多是绝版的书。

文化部不知道从哪里知道,我家有些书是绝版的,就向我母亲买,很坚决地要买。后来母亲就只好按重量称重卖给文化部了,统统被搬走了。这大约是1951年,刚解放后不久。不仅是书,还有些

今天的厦门市第二中学(原英华书院)图书馆"百友楼"

杂志,是非常珍贵的,如《东方杂志》[①]《语丝》[②]等,统统被搬走了。

后来我回国想重新买,也买不到了。至于在英华、毓德那些书的下落,估计也都毁了,烧的烧,丢的丢……

黄猷还记得他在英华时,来帮我整理我家的书,借我爸爸的书看。他说:

[①] 《东方杂志》1904年3月11日创刊于上海,该刊由商务印书馆编辑发行,商务印书馆之创办人夏瑞方主办,徐柯、孟森、杜亚泉等编撰。以启导国民,联络东亚为宗旨。初为月刊,曾改半月刊。1948年12月停刊。该刊是中国近代史上最为悠久的大型综合性杂志。其所刊载的中外大事记、中外时事汇录和各类汇志,皆按月详尽辑录当月中外重大政治、经济、文化事件和要闻,后人翻检,极为便利。其所刊言论,大多倾向于改良、立宪,呼吁爱国救亡,提倡发展实业,主张普及教育。该刊初期是一种文摘类性质的刊物,后经几次大的调整和改革,逐步成为以时事政治为主的社科类综合性刊物。

[②] 《语丝》周刊,1924年11月17日创刊,1930年3月10日停刊。孙伏园在北京创办,主张提倡自由思想、独立判断和美的生活。以鲁迅、周作人为中坚作者,还有钱玄同、刘半农、林语堂、孙伏园、川岛等。这些作者组成语丝社。

你父亲的藏书中,有全套的《新青年》、全套的《向导》。藏书中让我印象很深的是鲁迅和周作人的《合味小说集》的原版,上下两册。我借了这两本书看,鲁迅和周作人用文言文来翻译西方小说。

六妹少蕙记得:

父亲就曾经说,我没有什么财宝,我的财宝,就是我这七个子女和这些书。我记得还有一函一函的线装书,摆在书橱的上面。有很多书都是绝版。

1937年抗战开始,我父亲担任了厦门市抗日后援会委员。妹妹少蕙还记得:

国军奋战抵御日军,学校捐背心。那些背心就是在毓德的校长楼里,也就是我家里做的。我那时还很小,就记得我母亲裁剪、铺棉絮,家里的大桌子上,一叠叠,几件几件捆一起,是深蓝色的棉背心,前面还用红线绣字"祝捷""厦门毓德"。很多人一起在我们家里,做慰问抗日国军的棉背心。那是卢沟桥事变后。

1938年5月日本人占领厦门,那时我12岁。日本人要抓我爸爸了。

少蕙也记得:

父亲离开时,进行得很隐秘,怕走漏风声,母亲连我们都没告诉。当时三叔被抓,回来时告诉父亲,日本人在监牢对他说：你哥哥我们也认识。三叔到我们家时我也有印象，全身都是红药水，被打得很厉害。日本人没上门抓我爸爸，估计是因为我们家在毓德里面，而毓德女校挂了美国旗，门口写着"美国国民产业"。但出了学校，就有很多日本特务了，父亲很危险。后来偷偷离开，就是怕被日本人抓去。①

三叔那天晚上偷渡成功，走之前他劝我爸爸快走。泽重信②说你哥哥我认识，意思就是说，你（指我爸爸）也跑不掉。我爸爸就赶快预备要走了。

我们设法买船票，两个礼拜之后逃亡安南，也就是现在的越南。

毓德中学是基督教美国归正会办的，教会的福懿慕姑娘是毓德的主理。她就来陪爸爸上船，也就是护送我爸爸。爸爸的行李从毓德女校前面的大门出去，人从毓德女校后面的小门出去。福姑娘就一直陪他，先走到码头去坐小船。小船是那种可以坐六个人的，摆渡的舢板，有大船进来，渡洋的时候，要坐个小船到大船那里去。所以福姑娘就陪我爸爸上大船，在里面守着，等到船要开了才下来。结果我爸爸安全地离开了。

爸爸从小门出去，因为一路上都有台湾浪人做日本人的密探。

---

① 以上六妹少蕙的回忆选自李秋沅《校长云集的邵氏家族》。

② 泽重信：1899年生于大阪，陆军士官学校毕业后转入陆海军特种训练班，长期在总部设于台北的"大日本南支派遣特务机关"工作，担任日军在中国东南沿海一带的陆海军特务系统总负责人。1939年9月，厦门特务机关长田村崇则被中国特工刺杀，泽重信赴厦门公开担任厦门兴亚院负责人、地方理事官、台湾总督府驻厦门嘱托、海军总部嘱托、日本亚洲共荣会事务嘱托、华南情报部部长等职务，是日方在厦门的最高指挥人员。1941年，泽重信发现厦门有中国重要的特工机关，着手侦破。军统决定派出杀手汪鲲、苏群英刺杀泽重信。10月26日，汪鲲从泽重信经常去的蝴蝶舞厅跟踪泽重信到《华南新日报》门前，连开两枪，均中泽重信胸胁部位，泽重信应声倒地，当场毙命。汪乘乱撤离。

"文革"期间的厦门二中高中部校园，位于鼓浪屿东山顶，原为寻源书院、毓德女学中学部。今为音乐学校，照片上的建筑为 1930 年代末期原貌，现已拆除

那时候是厦门沦陷，日本人只占领了厦门岛，鼓浪屿是公共租界，日本人还不敢乱来，到了 1941 年 12 月太平洋战争爆发日本人才占领鼓浪屿。

那艘船先开到安南，就是现在的越南。可是船开到安南，我爸爸上不了岸，因为他走得匆忙，没有办手续。船长人很好，他告诉我爸爸说，我的船要到新加坡，你可以跟我去，到新加坡没有手续也没问题，是可以上岸的。所以我爸爸就只好跟着船继续往前，到新加坡上岸。

上了岸就找薛永黍。薛永黍以前是厦门大学的总务长，也做过厦大附中的校长。1930 年春天，毓德成立"立案筹备委员会和学校董事会"的时候，薛永黍是首届董事会成员和董事长。我爸爸和他很熟悉。

当时薛永黍在新加坡南洋华侨中学当校长。新加坡南洋华侨中学是陈嘉庚先生办的。薛永黍就请我爸爸到南洋华侨中学教书,所以就留在那边。一直到日本人占领新加坡,华中停办。

1948年,我爸爸小中风,才回到鼓浪屿。

我们兄弟姐妹有七人,他的负担很重。

我21岁厦大毕业,学校保送我去很多地方,一是台湾的电力公司,二是上海农机公司,三是南昌空军维修厂,我都放弃了。我就选择去新加坡看我爸爸。

1947年我到新加坡,当时没有飞机(航班),我坐了七天的船。我到新加坡时,他接船。

厦门码头工人是很凶的,下船你是不能自己拿行李的,得让他们扛,然后你付钱。自己拿了,他们就会强迫你放下。他们有三派,丙洲陈、石浔吴、后礱纪,三大姓各霸一方,争抢地盘,常常打架。我以为到新加坡会一样,结果很平静啊。父亲接我下船,简简单单,平平静静,没有人来强拿行李。

他接我,帮我提行李。放下行李,从口袋里掏出一支烟给我,我说我不会抽烟,他说我是好孩子。哈哈。爸爸以前抽的是卷烟,我七八岁时,我看他卷,自己也偷偷卷过,但没抽,我不喜欢烟。

我去找我爸爸,同时也找工作做。爸爸帮我找到新加坡中正中学的工作,当国文老师。

我在新加坡一年时间,周末跟爸爸在一起。我任教的中正中学在市区,爸爸任教的华侨中学在北边的一个地方,两个学校有很远的距离,估计有十来公里,我要骑脚踏车(自行车)去,差不多半个小时。我在国文方面遇到的问题,就问爸爸,他记性非常好,也不用查书,就说,这个是什么意思,出处在哪里,怎么用,人们平时讲到,容易出什么错,要注意,等等。所以我受他的教育,特别是国文方面,是在那一年的每个礼拜天。

我爸爸为新加坡华侨中学写的校歌歌词采用了H. S. Thompson作曲的调子,就是美国康奈尔大学(Cornell University)校歌的调子：

（一）海天寥廓 云树葱茏 中有我华中
　　　礼门义路 时雨春风 吾侪托帡幪
副歌：猗与华中 南方之强 我中华之光
　　　雄立狮岛 式是炎荒 万世其无疆

（二）人生茫茫 学海洋洋 吾侪当自强
　　　朝乾夕惕 日就月将 莫负好时光
副歌：猗与华中 南方之强 我中华之光
　　　雄立狮岛 式是炎荒 万世其无疆

（三）迨予庶士 笃实辉光 斐然已成章
　　　膂力方刚 经营四方 前途浩且长
副歌：猗与华中 南方之强 我中华之光
　　　雄立狮岛 式是炎荒 万世其无疆

大姐蕙卿回忆说：

　　1940年，我大学毕业后，就去新加坡找爸爸。那时候，他常在礼拜天，一周也就一次，中午带我去餐厅吃饭。我们一起用午餐后，他就带我去海边看海。他一个人坐在海边，一句话也不说，坐了好久。我也不知道他在想什么，我觉得，他应该是想家了，想母亲了。坐很久才回去。

父亲在新加坡时,常常与母亲通信,他是用罗马文写白话文①。虽然我母亲也识字,她也是教员。因为我父亲是用打字机打的信,也许这样打起来快点。他们通信,和现在的青年一样,是有编号的。第几号第几号信。所以我们在旁边看着,觉得很有趣。母亲她是用白话字写,而父亲是用打字机打。

六妹少蕙记得:

爸爸给妈妈的信,开头的一句都是:"dear 珍"(母亲名叫陈月珍)。每次爸爸来信,我们都要妈妈念给我们听。妈妈念信,开头的那句话是不念的,我们就开玩笑,替她念。剩下的内容,她都会原原本本念给我们听,我们就围在她身边,听她念爸爸写来的信。②

大姐到新加坡以后,在新加坡南洋女中教书,后来回国,去上海的私立公益机构"普益社"工作。

我到新加坡,和爸爸在一起,就那么一年时间。1948 年他 55 岁时小中风,生病回国。爸爸回到鼓浪屿养病,我在新加坡完成 1948 年上学期的教学工作,也回厦大教书。虽然都在厦门,但我们相处的时间不多,因为我每周只回家一次。当时他生病,我也不好多打扰他。我回厦大一年半后,又离开了,去马尼拉。

---

① 所谓白话文,即采用罗马字母,稍加变更、制定 23 个字母,联缀切音,按照闽南方言,拼成白话字。这是传教士罗啻和打马字等人于道光年间共同创造的。最初目的是帮助不认识汉字的闽南人学习《圣经》,后来成为闽南话的一种拼音读写方法,大陆闽南地区、台湾、南洋华侨社区不少人会使用。

② 以上大姐蕙卿、六妹少蕙二人的回忆选自李秋沅《校长云集的邵氏家族》。

父亲在我去菲律宾的时候,写给我一段孟子的话:

> 故天将降大任于斯人也,必先苦其心志,劳其筋骨,饿其体肤,空乏其身,行拂乱其所为,所以动心忍性,曾益其所不能。人恒过,然后能改;困于心,衡于虑,而后作;征于色,发于声,而后喻。入则无法家拂士,出则无敌国外患者,国恒亡。然后知生于忧患,而死于安乐也。

这是《孟子·告子下》中的一段话。

六妹少蕙回忆说:

> 1949年,我在福州上大学。父亲当时小中风,开始右手不能写字,后来慢慢恢复了,父亲给我写了一封信,信上说,要我们努力学习。他用《中庸》里的"五之"勉励我们:博学之、审问之、慎思之、明辨之、笃行之。这是他最后给我们的教导。这句话我记得很清楚。①

第二年爸爸就去世了。1950年2月20日,爸爸在鼓浪屿过世。他57岁过世,就是因为胃病。胃溃疡很厉害,出血,在鼓浪屿不治去世。大姐蕙卿那时在马尼拉培元中学教书,我在培元中学和灵惠中学。姐弟两个人都无法回来奔丧,非常遗憾不能回去见父亲最后一面。这也是我们一生常常内疚的憾事。

他的墓原本在鼓浪屿美华墓区,后来迁到薛岭了。

我爸爸有胃病。这胃病和他当了几年的主笔和总编有关系。晚上他一定要喝浓茶,一定要抽烟。他的烟抽得厉害,茶也喝很

---

① 六妹少蕙的回忆选自李秋沅《校长云集的邵氏家族》。

浓。晚餐时,一定会喝杯酒。所以从年轻时他的身体就不是太好,胃有问题。

对于茶,爸爸喜欢安溪铁观音,对于酒,他喜欢清溪老酒。因为他在报馆,后来又当总编么,先是《民钟报》,后来在《江声报》,熬夜写作,他非得浓茶和香烟不可。

我的印象中,爸爸他是一条汉子啊,真的是男子汉。很负责任的,为朋友两肋插刀,为朋友做事不会后悔的。很可惜,55周岁就过世了,我们中国民间应该是算57岁好像吧。

那个年纪,他应该是可以开始做一个人生总结的。他可以写书么。他翻译了很多诗歌,英文的诗歌翻译为中文。他以《诗经》跟宋词做基础,来译英文诗,所以译的诗比较典雅。很可惜就是那个时候他身体不好。人生五十几岁六十几岁正是写作著述的时候。

爸爸翻译的歌曲,现在我们手里的大多是文字稿子,有很多找不到曲谱。我手里大概有七十几首,将近八十首。里面有好几首校歌。当时厦大的校歌有两首,好像还有林文庆校长写的一首。寻源的校歌也是爸爸写的。我现在也开始做这个工作了,出版爸爸的文集。可是我还有一些找不到曲谱。他翻译的歌跟别人是不同的。他还翻译了《陇头云》("Aloha Oe")、《只消酢我以眼乎而》("Drink to me only with thine eyes")、《我怎能离开你》("How can I leave thee")、《盈盈凌波去》("Juanita"),以及 Stephen C. Foster 的《老黑枣》[①]("Old Black Joe")、《我坎特基老家》("My

---

[①] 老黑枣:又译为"老黑乔""老黑奴",是史蒂芬·柯林斯·福斯特(Stephen Collins Foster,1826—1864)创作的一首美国民歌。1860 年,福斯特将要离开家乡彼得斯伯格前往纽约,亲人或故去或远嫁或迁居,妻子也已经离婚。福斯特离开之前写了最后一首歌"Old Black Joe"。歌中的"老黑乔"确有其人,于 1860 年去世。乔生前要作者为他写一首歌,作者答应了。作者福斯特与乔有着多年的交情,乔的去世使作者深感悲痛。这首歌旋律优美、亲切而又哀婉动人,寄托了福斯特对乔的哀思,也融进了对自己境遇的哀叹。

Old Kentucky home")，等等。

我爸爸曾经对他的好朋友庄克昌先生说过：翻译外国古典主义的作品，一定要用旧诗词的句调才配。比如《往日》的原作者是古典主义诗人，一定要用《毛诗》①或者宋词的句法，才觉铢两悉称。这就是他翻译诗歌的秘诀。庄克昌先生对我爸爸说："你的作品，仅译西洋民歌那部分便可永垂不朽了。"我爸爸听后点点头。

爸爸还有其他译著和著作，据庄克昌先生在《邵庆元学长》一文中的回忆，爸爸译有蔼理斯的《性心理学》；还著有《鸦片入华史料》和《中英鸦片战争史料》。庄克昌先生认为，爸爸"搜集的材料都是极翔实丰富的"。

爸爸还写过很多旧体诗。在鼓浪屿的时候，爸爸"杯中不空，茶汤不竭，命俦啸侣，时开诗酒之会"②，朋友之间经常聚在一起喝茶喝酒吟诗。他回到鼓浪屿养病的时候，还把他在新加坡所写的绝句十多首，给庄克昌先生看。庄先生读后觉得"风韵悠然，声调铿锵，便知一别十年，同作海外逋逃客，而其诗之进步竟至于斯"。对爸爸的诗歌，庄克昌先生给了很高的评价。

父亲过世一周年，大姐和我在马尼拉召开父亲的追思会，参加的主要是毓德校友会的人，有两百多人参加。在嘉南大礼堂。有秩序单。

后来在英华（二中）也有一个追思会，那是很多年之后，1980年代。我回来参加了。

---

① 《毛诗》即《诗经》。是中国文学史上的第一部诗歌总集，共305篇。因西汉时期毛亨和毛苌为《诗经》训诂作序的版本流行于世，毛苌所讲解的《诗经》，世称"毛诗""毛传"。东汉经学家郑玄为"毛诗"所作《毛诗传笺》问世后，其余几家所传的《诗经》本子逐渐失传。现今我们见到的三百篇的《诗经》就是毛公所传的本子。所以，也有人把《诗经》称为《毛诗》。

② 见庄克昌《邵庆元学长》。

我的二叔父,庆亨,七岁的时候早逝。

三叔父,庆良。1938年的时候他是《华侨日报》的采访主任。

他有个日本"朋友",叫做泽重信,当时也在厦门办报,叫《全闽新日报》,实际上这是日本的一个宣传机构。泽重信跟三叔很熟很要好又是同行。这个泽重信是谁呢?他不一般,他是日军在大陆东南沿海一带的陆海军特务系统总负责人,是差不多跟土肥原①一个级别的特务。他的公开身份是厦门兴亚院②负责人,兼全闽新日报社社长。

泽重信在厦门报界活动是有目的的,当时就是预备几个种子在那边。他表面上对三叔非常友善,但是实际上他是要争取三叔,为他所用。所以1938年5月12日,日军占领了厦门,他派一些浪人来收买,收买厦门的报人。我三叔当然明白他的意思了,没答应他。

三叔没答应他,所以他就一个装白脸一个装红脸,先动用台湾浪人把三叔抓去,用了刑,三叔满身受伤,两只脚上都是伤,两个膝盖重伤,又被迫喝放了辣椒的汽油,弄得胃部严重出血。然后泽重信又做好人出面来劝说。所以泽重信就去对我三叔做工作,希望

---

① 土肥原贤二:日本特务头目。长期在中国华北、东北主持日军情报工作,他以豪爽重义的面目现身于旧中国官场,是在中国从事间谍活动的日本第三代特务头子,是建立伪满洲国和策划"华北自治"的幕后人物。"七七"事变后,他率领日军第十四师侵入华北,直接介入屠杀中国人民的侵略战争。1941年晋升为陆军大将。1945年9月被驻日盟军总部以战犯嫌疑逮捕,1948年被远东国际军事法庭判定为甲级战犯,被处以绞刑。

② 兴亚院:抗日战争时期,日本内阁设立的专业负责处理侵华事宜的机构。办理有关政治、经济及文化等事务,并监督在华特殊公司的经营。1938年12月成立,首相任总裁,外相、藏相、陆相、海相兼任副总裁。在中国北平、上海、青岛、汉口、广州、厦门等地设有分支机构。军部除全面参与对华政策外,还有许多军人直接担任行政事务。1942年11月日本设立大东亚省,兴亚院废止。

邵庆良婚礼，站在新娘前面的小男生为邵建寅，时年三岁

他跟他们合作。

三叔向泽重信请假两天，讲：我哥哥在鼓浪屿，我要去看我哥哥一下。泽重信说：你哥哥我认得（其实他并不认识我爸爸），你看了他明天就得回来。

那天三叔到我家的时候是中午，我看见他的脚，两脚都受伤很厉害，身上涂满了红药水，而且也不能吃东西。他对我爸爸说，哥哥你要赶快走，泽重信说认识你。

我们都在着急，怎么办呢。刚好有朋友介绍，在黄家渡有一家在包船，可以偷渡到同安，当时同安没有被日本人占领。当天下午，那时我十一二岁，我就和三叔到黄家渡福州路，有家店铺关着门的，我们向他租篷船，当夜偷渡到同安。

三叔走的时候看上去还没事，到了同安就发作了，没办法了就死在同安了。三叔很能干，口才很好，善于交际，能饮酒，外表英俊，算是个名报人。很可惜的一个人才，可是就这样没了。

后来泽重信被我们的特务人员暗杀,被国民党特务打死在厦门。

黄猷先生讲过,泽重信在1935、1936年的时候,就准备在厦门筹组一个"华南国"伪政权。

三叔生了两个女儿一个儿子。三叔去世后,长女蕙瑜过继给我爸,儿子建辉过继给四叔,次女蕙珍过继给五叔。

四叔父,庆恩,厦门沦陷之前,是中央日报驻厦门的记者。他在厦门沦陷时,逃避到同安,所以他没发生什么事。但是后来"文革"的时候,他就有事了。

五叔父,庆彰,1944年毕业于福建协和大学历史系。1942年全国大学生有一个竞试,他代表协和大学去参加,考了历史专业的全国第一。1949年他得到奖学金,到美国密歇根州西方神学院(Western Theological Seminary)读书,读硕士学位。在神学院读书期间,他参加全校希伯来文考试,得到第一名,学校还奖励他一本希伯来文的《圣经》。毕业后担任纳卯教会牧师,后来又担任马尼拉中华基督教教会会正。五叔2012年正月四日安息主怀,在世生活96年。

再说我的几位姑姑。

祖父对于女儿是非常着意栽培的。

大姑母锦凤,毕业于北京师范大学家政系,民国时期做过同安县妇女会会长。

二姑母锦秀,字友文,1932年毕业于南京金陵女子大学英文系。她做过怀仁女中的校长。怀仁女中是初中,收的是初中学生。怀仁的女生毕业上高中,上的是毓德女中。怀仁是鼓浪屿最早的女校,比毓德还早。鼓浪屿还有一个怀德幼稚园,是中国第一家幼稚园。我二姑友文1928年从毓德毕业后,到金陵女子大学读书。那时候,女子能读书是很难的事,能读金陵女子大学就更难了。她

邵子美长女邵锦凤麦邦镇夫妇和他们的两个女儿

的英文非常好。她和福懿慕是很好的朋友,她们不打电话,就通信,我做她们的 messenger(送信人)。每天上学,把福姑娘的信带给二姑;放学回家,把二姑的信带给福姑娘。每天都这样。

二姑1949年做怀仁女校校长,她的办学受二姑丈的影响很大。她办学,与二姑丈做了个配合。怀仁收女生,英华收男生。英华后来与毓德合并,才男女生同校。

三姑母锦英,字友云,毕业于上海两江女子体专①。17岁就被选为篮球队队长,远征日本,年轻时就风头很健,代表国家出国打球。三姑从小活泼。后来,在1946、1947年曾到厦门大学做过体育教授。篮球、排球都打得很好,口才也很好。1976年我回国时,她已经退休。六十八岁在鼓浪屿去世。

我妹妹少蕙记得:

> 三姑锦英到日本打球,中国队打了几场,都赢了。最后一场比赛前,日本人派人对她说,最后一场球让日本队赢吧,不然太没面子了。她们不干,结果,全赢了。这事在1982、1983

---

① 两江女子体专:起初为"两江女子体育师范学校",1922年创办于上海。1928年改名两江女子体育专科学校。是中国第一所女子体育专门学校。创办人陆礼华(1900—1997),女,上海青浦人。早年就读于中国第一批体育学校中的中国体操学校,毕业后在多所学校任体育教师。她赞同当时社会上"强身健种,繁荣我中华民族"的主张,用自己的全部积蓄创办了两江女子体育师范学校并自任校长。学校以"致力于中国妇女解放,强健妇女体格,培养女子体育师资,为中国开展女子体育运动训练骨干"为办学宗旨。学制两年。学生毕业后担任中学体育、音乐、舞蹈教师。学校在当时各类女子竞技运动中享有盛名,尤其是女子篮球队,为中国之最。1931年5月陆礼华应邀率领女篮赴日本访问,开始了中国女子篮球的第一次国际交往。女篮队长为邵锦英,队员有向大威、杨仁、石琛、王兰、庄渡玉、尤竞雄、杜云生。该队在日本进行了十场比赛,成绩九胜一平,轰动日本和中国。比赛期间陆礼华和全体队员拒绝了日方有辱中国国格的无理要求,坚持唱中国国歌、升中国国旗,维护了国家、民族尊严。1935年陆礼华又率队出访南洋,行程遍及菲律宾、荷属东印度(今印度尼西亚)、新加坡、马来亚和越南的十五个城市,其中与男子赛十二场胜负各半,与女子赛二十八场获全胜,再一次引起轰动。以两江女子体专篮球队员为主力的上海女子篮球队,在民国时期的第五至第七届全运会上,连获冠军。

抗战期间,陆礼华为恢复两江女体校,曾在重庆郊区租借山地动手建校,不久,被当局勒令停办。抗战胜利后,陆礼华返沪,经过两年努力,要回旧校舍,勉强办起中学。上海解放后,学校由政府接办。陆礼华晚年担任上海文史馆馆员。

年,厦门市政协办的刊物吧,专门刊登了她们到日本比赛的情况。

她是邵家四个姐妹中,最活跃的一个。论漂亮,是四姑锦缎的五官最漂亮,但是,三姑是最有风度、最时髦的一个,也非常勇敢。原本要她嫁给漳州一个大户人家,结果她逃婚到上海读女子体育专科学校。她的字也写得很漂亮。

四姑是一个非常温顺的乖乖女,而三姑算是"造反派"。①

毓德女中部分教职员合影
后排左起第五为许帖;前排左四邵锦秀,左六福姑娘

四姑母锦缎,字友哲,1943年毕业于福建协和大学生物系。所以祖父对于女儿很用心栽培,她们都受高等教育。

我的妈妈名叫陈月珍,字和煦,厦门禾山人,1895年生。22岁的时候嫁给我爸爸。

---

① 以上六妹少蕙的回忆选自李秋沅《校长云集的邵氏家族》。

三姑邵锦英、三姑丈和孩子

妈妈去世后,我写了一首《慈母颂》的歌词,来纪念我的妈妈。我妈妈是1984年4月12日过世的。两年之后,1986年,我们家里又开了一个追思会,纪念妈妈。我记得我们开会的时候有秩序单,有我写的《先妣事略》。

我写的《慈母颂》是有调子的。这个调是新加坡华侨中学校歌的调子,也是康奈尔大学校歌的调子。很好听,所以我用这个调子填词。歌词是:

> 光风霁月,超凡出尘,懿范凤同钦。顾我复我,茹苦含辛,蓼莪感人深。寸草春晖,欲报无因,游子泪沾襟。立身行道,克守芳箴,毋负慈母心。

这是在纪念会上我写的,这是我的一点心意。

歌词的出处我都写出来,印发给大家,更明白。比如:

光风——雨已日出而风,草木皆有光也。

霁月——雨后之明月也。《宋史周敦颐传》:"胸怀洒落如光风霁月。"

超凡——超然物外。

出尘——出离烦恼之俗尘也。

顾我复我——见《诗经·小雅·蓼莪》:"蓼蓼者莪,匪莪伊蒿,哀哀父母,生我劬劳;蓼蓼者莪,匪莪伊蔚,哀哀父母,生我劳瘁!父兮生我,母兮鞠我,拊我畜我,长我育我;顾我复我,出入腹我,欲报之德,昊天罔极。"

寸草春晖,欲报无因,游子泪沾衿——唐孟郊《游子吟》:"慈母手中线,游子身上衣。临行密密缝,意恐迟迟归。谁言寸草心,报得三春晖?"无因——无由也。

立身行道——《孝经》:"身体发肤,受之父母,不敢毁伤,孝之始也。夫孝,始于事亲,中于事君,终于立身。"立身——独立不倚也。行道——行于正道,不越轨,不妄行也。

箴——规戒也。

毋负——不辜负,不背恩忘德也。(李陵《答苏武书》:"陵虽孤恩,汉亦负德。")

下面是我写的《先妣事略》全文:

先妣事略

1895.6.7—1984.4.12

先妣陈太夫人,名月珍,字和煦,厦门禾山人,一八九五年生。年廿二来归先考庆元公。上事翁姑,温顺淑婉,与妯娌处,雍雍穆穆;下待儿辈,宽严并济,虔信基督,终身不渝。笃善行,乐施与,推食解衣,周贫济急,未尝有吝色,而自奉甚薄。

以是在邻里间颇有善名。

一九一五年毕业鼓浪屿毓德女学。之后,又任教母校。兰质蕙心,聪明颖悟,而记性特强,至老不衰,儿女辈迄无出其右者。育五女二男,合内外孙曾孙七十有九人,芝兰挺秀,丹桂腾芳。长女蕙卿、次女蕙荃,克绍箕裘、献身教育。三女蕙君早逝,有女陈彦如,现任教福州华南师范大学。四女蕙超,六女少蕙学农技,今福建省蔗麻柑橘专家。长男建寅从事实业,任数大机构总经理。次男建华悬壶济世,今山东省名医。三叔庆良英年早逝,其女蕙瑜由先妣抚育成人、视同己出,位列五女,学护理,现任晋江地区卫校教务长,儿辈皆学有专长,微母教无以致之。

一九三八年,日军占领厦门,时先父长鼓浪屿毓德女子中学,又任厦门抗敌后援会委员,日寇搜求甚力,亟欲得之而甘心,乃南渡星洲。一九四一年秒,太平洋战争爆发,日军占领鼓浪屿,星厦连系断绝,先妣保家教子,独当一面。一九四二年作避秦之计,率家逃难漳州,寒晦痞塞,颠沛困顿,犹然坚忍负重,苦撑家计。卒而剥极必复,否极泰来。儿辈之有今日,皆先母含辛茹苦之功也。回首前尘,曷胜唏嘘!

者番母病,姊妹兄弟,千里奔波,回乡省亲,睽违卅载,复聚一堂,重温孩提旧梦,融融泄泄,其乐无穷,慈母感召之力使然。

先妣治家,井然有序,虽年届九秩,而洗涤炊爨,犹躬亲操持,家用器物、厨房炊具,每日必予清理,不尘不垢,依次排列,诚室靡弃物,家无闲人。此次回家,见髫龄时所用瓷杯茶壶、镜台壁钟,率完整无损。其俭约、惜物及整洁之美德,弥足为后辈楷模。

缅怀先妣毕生,闵斯鸒子,恤贫乐善,没世遗爱,永留人间,欲报之恩,昊天罔极。为人子者,惟有顺意承志,立身行道，以慰父母。大雅云："无念而祖，聿修厥德"。儿辈敢不终身奉行乎？

我妈妈是一个孤儿，所以我没有舅舅没有姨母，我妈妈这边的亲戚都没有。她是被教会养大、由教会栽培、送学校念书的。

妈妈一辈子虔信基督，真正做到了终身不渝。不管是在生活安定的时候，还是在战乱年代，每次她得到爸爸给的家用或儿女寄来的钱，第一件事就是拿出10%放在一边，说这是教会的钱，很快就送到教会。

她是鼓浪屿毓德女校毕业的。

1870年，归正会在厦门竹树脚那个地方，设立了一个给妇女念书的地方，叫做妇学堂。后来搬到鼓浪屿田尾，大家叫田尾妇学。

妈妈就在田尾妇学受教育。当时妇学分为两组，一个中文组，一个英文组，那时候就有人在学习英文的。林屋的林碧凤是读英文班的，而我妈妈是读中文班的。妇学堂后来一步一步地办成了西式小学和中学，演变为毓德女学，成为全日制的正规学校。一间小学，在田尾路；一间中学，后来迁到东山顶。

妈妈说，她在毓德读了九年书，也就是小学六年，再加上三年初中。她是1915年20岁的时候毓德毕业的，所以她一毕业就能留在学校教书，初中毕业就留校做老师了。两年后和爸爸结婚，后来就在家里操持家务。

后来我老爸做毓德女中的校长之后，我妈妈也在毓德教家政，给学生上家政课，义务的，义务的老师，很长的一段时间，她教手工、裁剪、育儿、管理家务包括财产等等。母亲操持家务，很能干的，她有经验。

我妈妈很伟大。家里大大小小11口人，她一个人操持家务，每个礼拜还要到毓德义务教两三次手工课。

邵庆元(后排左一)与妻子陈月珍(前排左一)及子女合影
前排右一为邵建寅

妈妈非常整洁,待人非常好,左邻右舍都是她的好朋友。东西送给别人,都是要最好的。

我小时候那段时间,从1928年,我两岁,到日本人占领鼓浪屿,我12岁,我们家住的是毓德女学的校长住宅,学校专门给校长建的房子。那是一个两层的楼房。父亲到新加坡后,毓德还让我们住了好几年。到毓德之前,老爸在报社工作时期,家里住在内厝澳。

1942年,我们家逃难到漳州,是租房子住。胜利了,回来鼓浪屿之后,有很长一段时间我们家没有房子,我们是租的。

现在我们家在鼓浪屿的这个房子,是到1980年代才买的,是买给妈妈住的,就是现在鼓浪屿的房子,在复兴路,两层楼,有八个睡房,大小四个客厅,老式的,还有八个小间,小书房啊,吃饭的地方,小小的。

我妈妈劳苦一生,后来妈妈自己住的时候,在鼓浪屿没有请工人,一个原因就是我妹妹少蕙就在附近,可以帮忙。妈妈非常善良。我内人她做儿媳妇,跟妈妈感情很好,但在一起时间也不多。

我的父母没有和祖父祖母住在一起。因为祖父后来到台湾去经商,后来回同安乡里,到同美汽车公司当经理,那段时间他住同安,没有在鼓浪屿。那祖母呢,就待在鼓浪屿了。祖母做过毓德中学女生的舍监,一直到年老,她跟我二姑母同住。

1938年5月12日,日军占领了厦门。因为我老爸是抗敌后援会的委员,所以日本人想要抓他。可是当时鼓浪屿还是万国租界,日军不好明目张胆,只好差遣台湾浪人来监视我爸爸。三叔庆良被害,我爸爸就赶快预备要走了,两个礼拜之后离开了。

爸爸离开,一家都放给我母亲了。母亲就挑起重担。既要负责家计,又要兼顾子女的教育。母亲是个外柔内刚,很有魄力,有远见的人,处事非常精明。所有这些事呢,包括子女以后成家立业,都是靠着她的,都是她的功劳。太平洋战争爆发后,她带着我们一家离开厦门,到漳州、漳浦。

我跟我的三姐蕙君先走,先去安置一下,大概是1942年5月离开鼓浪屿的。我跟三姐先到漳州,后来就有人介绍到漳浦。我去找了漳浦县政府的工作,三姐到漳浦中学教书。我暂时和陈秀夔住在一起,他是五叔在协和的同学和好朋友。我三姐就在另外一个地方跟她的一个同事住。

我母亲也是这样,先到漳州,再到漳浦。她带着我二姐和四妹、六妹,还有弟弟,去那边。母亲带了四个儿女一起过去。五妹蕙瑜在同安。

抗战期间逃难,我母亲责任很大,带着一群儿女,但是她又很有办法,先到漳州,又到漳浦。

妈妈他们大约是1943年秋冬到漳浦的。他们到漳浦的时候我去了长汀。我是1943年龙溪中学毕业,他们还没有到漳浦我就离开了,他们具体哪个月到漳浦我记得不太清楚。一直到1945年他们才搬回来,胜利后才搬回鼓浪屿来。

妈妈是很整洁的人,她如果营商一定是很成功。我们打开过她的衣橱,里面的这个衣服是有角的,叠得有棱有角的,放得整整齐齐。打开她的抽屉,那些信啊什么纸张啊,整整齐齐排着。睡的床也是整整齐齐,一点都不乱。

她记性非常好,你如果要问她,妈妈,什么时候发生的什么事;哪一年哪一月哪一号几点发生,怎么样,她都记得清清楚楚。连几点都记得。

她记账,父亲给的钱、子女给的一点钱,都记着,十分之一给教会,其他怎么开支,一清二楚。

妈妈是一个很有思想、很有魄力、很有远见的人。我们儿女的成家立业都是她的功劳。她对于儿女也没有加以限制,培养儿女有创新的能力。

她以身作则,非常整洁的,很整齐。再举个例子,她晚上临睡前一定要整理好厨房,什么东西都要安置好,我们用的东西,厨房用具,刀啊铲啊,这个东西要这样放,那个东西一定要放上边,摆成十字形,砍柴的刀和锤子一定要摆好才能睡觉。我妹妹少蕙成家后,住的房子在斜对面,很近的,我妹妹清早要到妈妈那边去看她,请安啊。有一次妈妈问:"少蕙啊,你昨晚来过吗?""是啊,你怎么知道?"妈妈说:"我早上起来,这个东西不是这样放是这样放的。"一定要很整齐,有一点变样她就知道。我们做儿女的就没有办法像她这样子。

我以前没有时常陪在她身边,很可惜了。16岁那年我离开家了,那是1942年。他们后来逃难到漳州、漳浦,我又已经去长汀上学。

1945年抗战胜利后他们搬回厦门,在鼓浪屿内厝澳租房子住。我一直到1946年才回家。所以只有那段时间跟母亲比较有接近了。1946年我回厦门,住厦大,每个礼拜回家一次。

　　那后来我在菲律宾,有一段时间我也接她到菲律宾去。1961年,我接她到马尼拉,住了两个月,因为手续的原因,不能住太久,不能延长签证。

　　所以妈妈大部分时间住在鼓浪屿。她生病的时候我们回来看她,她很高兴。她很喜欢我内人彦珍这个儿媳妇。说她又美丽又温和,她很满意。

　　妈妈自己烧菜,烧得几道好菜。比如有时候会煮嘉剌鱼、海蛎煎等。庄克昌先生还说,我妈妈做的炒面很好吃。

　　家里人多的时候,11个人。有爸爸妈妈,我们兄弟姊妹7人。还有亲人跟我们长期住在一起。

　　有我祖父的大嫂,我们叫她"大姆婆"。我祖父他们兄弟4个人,祖父最小。祖父的大哥——大伯公去世后,"大姆婆"跟我们一起住,因为她身旁没有亲人。大伯公的女儿已经远嫁到菲律宾,我爸爸就把"大姆婆"接到家里住了。我们服侍她到过世,八十几岁。大姆婆也帮忙照顾四妹和六妹。

　　这位"大姆婆",她有个女儿,是我们的姑姑辈,嫁到菲律宾,姑丈是厦门禾山人,住在马尼拉附近的一个城市,是美国的空军基地。这个姑姑我们叫堂姑母,很能干。她和姑丈一起,白手起家。她没有受什么教育,可是她能经营一个工厂,做米粉,还经营两个店铺,养13个孩子。她不但把13个孩子抚养长大,还经营了三个企业,也办得很成功。她栽培她的长子陈守国成为菲律宾国立大学教授。她是虔诚的教徒,给教会做了很多奉献。她是辛劳一世的,真的很忙。她到95岁的时候过世,临终前,我去看她,她说:阿建啊,我活得好累啊,想早点走啊。我说不要,你不要这样想,你一生做了很多好事，帮忙很多人，要好好的，安心地休息。

还有五叔庆彰。五叔叔只比我大姐蕙卿大一岁。他还没有到协和大学念书的时候，一直和我们住一起。他从协和大学毕业的时候比我大姐迟了几年，因为他在大姑丈担任校长的中学教了几年书，在同安启悟中学。大姐1940年毕业的，五叔叔是1944年毕业，那是我在长汀的时候。

家里吃饭有11个人，有个饭厅，饭桌是圆桌，坐不下，小孩子第二轮。

当时住在毓德校长的住宅，两层楼的。我们有两个书房，我的四个姊妹，大姐、二姐、三姐、四妹用一个书房，可以在那里自修。我自己一个房间，我自己一个书橱，我爸爸总是会买书给我，我也喜欢看书，从小就喜欢。

母亲理家很节俭，因为爸爸工资不多，我记得当时薪水是100块，他把70块交给母亲。30块干什么，买书。他自己的书很多，万卷。我记得礼拜天周末时间，时常有人到我家借书看，包括黄献，他当时还念初中，到我家里借书看。还有现在从厦门检察院退休的林华院长。林华在英华中学，我第五号，他第六号，坐隔壁的，他小时候个头比较小。还有个叫张文法，他后来是博士啊，在美国。好几位总是来我家里看书。

1986年这次回家，看到小时候家里用的瓷杯、茶壶、镜台、壁钟，都完整无损，这些都是容易破损的东西，经过几十年战乱流离，还能保存下来，真不容易。妈妈节约、惜物、整洁等美德，是我们后辈永远的楷模。

我爸爸这一代的，我还要多讲讲二姑丈。

我二姑丈沈省愚，是英华中学（1938年又改为书院）的校长，就住英华。

他字写得很好，很会教书，很会讲话。他厦门中学堂①毕业，和我爸爸一样是中专毕业。

后来去协和大学念教育系，和我爸爸同时。当时教育部规定，中学毕业不能当中学校长，一定要大学毕业才可以当校长。他们两位中专毕业生一起去福建协和大学(今天的福师大)念。协和校长林景润说，你们当校长的来这里不要念四年，两年就够了。前面一、二年级不用念了。他们念了两年，拿到毕业文凭，就回来当校长了。

我二姑丈，他也有自己的个性，非常实干。他什么都会。他有这个本事，什么都能自己做。我们开学的时候不都要报名吗，他会去办公室帮那些负责报名的工作人员写收据；早上升旗礼，如果负责吹号的童子军教练人没有来，他会拿起喇叭自己吹；他会打拳、会写字。

他是很威严的，学生都很怕他。

他懂得很多，教书是非常有经验的，很有特点的。他的特点就是，重视分析。他的教学不是填鸭式的，而是启发式的，启发学生自己学习。这样才记得长久。

中西方文化对他的影响都很深。他英文很好，中文传统文化的修养也深厚。他有个别号叫"了一"。同时，他还在协和接受两年的大学教育，协和是教会办的。

---

① 厦门中学堂：是厦门第一所公立的现代学校。1906年，时任兴泉永道(驻厦门岛内的最高级别官员)和玉屏书院(厦门岛内的官办书院)等筹备开办厦门中学堂，成立了"厦门中学堂董事会"，筹集资金，聘请周殿修为监督(学堂堂长)，于农历四月初四日正式开学。1912年国民政府实行学制改革，学堂改为学校，不久又改名为"思明中学"。1917年，福建省议会议决将全省公办中学一律收归省立，由省库拨款充实经费。省政府因此在全省各地设立十三所中学。思明中学改名为"福建省立第十三中学"。1951年，省立厦门中学与市立厦门中学合并，校名"厦门第一中学"。

他和我二姑结婚后，安定下来。他们的婚礼就在英华中学的洋教师 Peter Anderson（中文名字：胜安得）的花园里面举行的，我二姑33岁，他大约40。二姑丈后来才信基督的，是受二姑的影响。他本来不是出身于基督教家庭。

沈省愚、邵锦秀一家，后排右一为沈道香

他们结婚后生下沈道香。道香比我小7岁。她也算是我的学生。1946年，厦大复员，到了11月份才上课。所以我从长汀回来，几个月没事做，就去怀仁女中兼课。正好教到道香，我教她化学和数学。道香唱歌唱得很好，钢琴也弹得好。她是鼓浪屿"三一堂"唱诗班的台柱，二姑也很会唱。

我姑父写了很多歌，如《英华校歌》《辞别歌》《青年会会歌》《英华创校四十周年纪念歌》，这些歌道香会唱，我听她唱过，唱得很好听。

二姑丈当年写的英华的校歌是：

1. 乐群敬业，荟此良材，
   专诚尽智，着意培栽，

英华,勉哉英华!
信不厌不倦,有心哉,
英雄胜迹剩此荒台,
狂澜谁挽,慷慨予怀!
当今之世,敢不勉哉?
英华!

2. 驼峰雄耸,鹭海展开,
山明水阔,学子胸怀,
英华,勉哉英华!
要高瞻远瞩,踊跃驺骀,
登高自卑问学无涯,
诚唯敬一,智从学来。
当今之世,敢不勉哉?
英华!

二姑丈在英华的高年级,开了"O four"课。每个礼拜都有。O four,写下来是"O_4"。这门课是针对高中年级的每一个人。学生每个礼拜写一篇报告给他,你生活上有什么问题,你在知识上有什么问题,一切问题,你都可以写在册子上,每个礼拜交一次。他都利用自己的工余时间在册子上批复,来回答你,个别回答。每个礼拜的"O_4"课上,他会挑典型的问题,在课上做解答。

他用了很多功夫,每个学生的需要他可以了解。我们的思维我们的问题,他都可以了解。这是另外一个方式的教育,我认为是很好的。

我到现在还记得当初他回答的问题。不是单单学课本,课本死板板的。高中生你生活上也要照顾到,育人嘛。大家提出的,什么问题都有,还有问恋爱问题的,总之包括生活上奇奇怪怪的问题,二姑丈会帮他解答,以他的人生经验。

"O_4"是一个自己创造的词语。"O"是氧分子。氧分子很活跃。"O_2"是氧气,"O_3"是臭氧。二姑丈要学生自由交流思想,让学生提出课堂里没有的问题。他也可以因此更多了解学生。

1960年代的厦门二中校园,1930年代英华书院的老建筑仍在,左侧为百友楼,上面的题字依稀可辨

二姑丈在鼓浪屿沦陷后,先被日本人抓去,放出来后,继续当了一段时间英华(当时被日本人改为"厦门市立第二中学")的校长。他暗中支持国民党军统特工谢炳煌,以英华书院图书馆"百友楼"为基地,用一个箱子形状的发报机发报。二姑丈在保护谢炳煌。谢炳煌实在是不怕死。他是英华1936年毕业的,和五叔同班。他还让学校的图书馆馆长张奋武,做他的通讯员通风报信。后来那张奋武手下的校工,被日本人抓去了,打个半死。他(谢炳煌)也差点被抓,没抓到。

黄猷先生在鼓浪屿沦陷的时候,留下来一段时间。他说他亲眼看见谢炳煌就睡在图书馆(百友楼)里,就知道他在做特工。黄猷先生说:"图书馆馆长张奋武掩护谢炳煌在那里活动。后来,张奋武也没法在鼓浪屿立足了,日本人要抓他。他只好到菲律宾去了。"

我在菲律宾还见到过张奋武。

百友楼北面墙上嵌着一块沈省愚先生题写的石碑

黄猷先生说："那时候，军统在英华的关系很多，还有一位同学，姓黄，也是军统的人，被日本人抓去，但后来放出了，没啥事。"

黄猷先生记得：

沈省愚做校长到日本人接管后再一学期，到1942年。日本人和平接管英华。日本人事先准备得很好，该抓的人全抓了，后来只有两个日本兵过来，就接管了英华。沈先生当天就被抓去，到了中午回来，我就在他的家里等他。

学校复课后，我们就都走了。日本人来后，停了一个来月，就复课了。沈先生原不想再当校长，日本人要他当，僵持了很久。后来沈先生就想，如果他当校长，也许还能维持点局面。但后来发现不行，所以他也消极了，用"Juanita"的歌曲填了歌词，里面就讲到他这种心情。

做了一学期，日本人觉得他不听话，就把沈先生调到厦门市教育局中学科当科长，一直到抗战结束。因为这一点，为日本人做过事,所以他战后离开厦门和这个有关。因为当时教会要他出来当校长,但还有其他人想要当,所以有人反对他。所以后来胜利以后闹风波,说他这个那个的。

黄猷先生在研究民国时期鼓浪屿教育的时候,曾经比较过我爸爸和二姑丈。他认为:

> 英华书院校长,你二姑丈沈省愚先生,与毓德校长,你父亲邵庆元先生,是不同的。沈先生受的教育,最早,是中国传统士大夫教育。他是厦门中学堂的学生。厦门中学堂是学堂,但是是从旧式教育转到新式教育的过渡。后来,沈先生和邵先生一样,又到协和大学接受现代西式有系统的教育。而邵庆元先生,受的是洋教育,是教会学校培养的,所以他比较开放、宽容。邵先生认为,要爱人,要奉献,相信什么人都可以用爱来感动。沈先生就觉得,这个社会复杂,不是像邵先生想象的那样简单。
>
> 1938—1941年,是沈先生办学最得意的时候,因为那时候,他正好有充分的时机发挥他的教学思想。在厦门沦陷到日本人接管鼓浪屿之间这三年,是很特别的。因为没人管他了。鼓浪屿是租界,日本人也管不到;英国人也不大管英华的教学了,中国校董也不大管事了,国民党也没得管了,所以教学学制、教学内容设置,他可以按自己的意愿自己来发挥了。因而这三年,是沈先生在英华,可以充分体现他办学思想的三年。
>
> 沈先生的教育思想,就是以我们中国传统的士大夫精神"天下兴亡,匹夫有责"为体,以个性解放个性教育为用,二者相结合的。

他教育思想的核心，就是培养有社会责任感的人。沈先生身上的士大夫精神，从他两次以"驼峰"（就是日光岩）为主题写的歌词也能体现出来。一次是1938年他写的英华校歌，歌中有"英雄胜迹，剩此荒台，狂澜谁挽，慷慨于怀！"的句子；另一次是在日本人占领鼓浪屿的时代，1942年，他写的《驼峰怀古》，填的是"Juanita"的调，他写道："而今只暮鼓晨钟，换得几许迷茫，无数英雄梦……驼峰，危哉乎驼峰。"在这首歌词中，他感慨的是，胸怀大志却无法有所作为。这两首歌词，从思想上都有一贯性。

沈先生是很威严的，他重"师道尊严"，但又尊重学生的个性发展。他从高一开始，给学生开"O_4"课，目的就是给学生新鲜的养分，补充他们书上学不到的学问，这就是个性化教育的表现。

他尊重学生自由意愿。当时教会对英华书院有条规定：基督教家庭的孩子，必须要加入基督教青年会。但这条规定在英华没有执行下去。就有人质问沈先生为什么不执行，当时我也在场，我听见沈先生说："订立这条规定，是顾及基督教家庭家长的感受，但是，愿不愿意加入青年会，要由学生自己来决定。"所以，你看，沈先生是十分尊重学生的自由意愿的。他反对学生跟风、赶时髦，提倡学生有自己的主见，有个性。当时小群聚会很盛行，也吸引了一些英华学生。他曾提醒他们不要"糊里糊涂"地跟风。

尊重学生自由意愿，也体现在他对学生组织社团的宽容。除了英华传统的教会社团"青年会"外，他也容许学生组织的那些非主流的，不公开的社团。如厦门沦陷后，厦门有许多学生到英华念书，他们组织了一些不公开的组织，比如我就参加了他们的"晨曦会"，初中学生还组织了"友联会"。沈先生容许这些社团存在。当时,英华的学习氛围很好。

沈先生培养学生"德智体群"全面发展。沈先生通过组织各种各样的课外活动来对学生进行"群体"教育的。从初二开始,每个学生可以选择参加一项课外活动组织。英华有话剧社、艺术社、京剧社等等活动组织,学生可以学打拳也可以唱京剧。但学生最多参加两项活动,如果要参加三项,要经过他的批准。

那时候,为什么英华、毓德都有职业教育性的课程,比如簿记啊,家政啊,因为那时候念大学的人很少,都准备着这些学生念完中学,就出来做事了。当时升学的人极少,以至于英华、毓德的培养方向都有这个准备。

在厦门沦陷之前,就那时候,邵先生、沈先生他们还是按照国民党的学制来办的。立案后,还是会受一定的约束的,如课程等。有些地方是自己无法发挥的。

他们当时与教会有点距离,不是那么的驯服。之后国民党的党化教育来了,他们同样地也不太赞成。因此矛盾又来了。他们在办学初,就遇到这两方面的矛盾。以后鼓浪屿沦陷,日本人来了,国民党的党化教育又失去影响了;抗战时,国民党党化教育压力少了,但对日本人的抗争又来了。所以不要认为鼓浪屿是世外桃源。它也并不太平。

而在鼓浪屿生活的教徒与非教徒,在各个时代的感受,在大的方向上实际是一致的。他们在某些方面是有差别,但是他们的共性是主要的,差别是次要的。因为他们同样生活在那个社会环境,他们不能脱离开当时的环境影响。

邵先生与沈先生,办学遇到什么压力,我们来探讨。我感觉,在两个时期,有两个困难。开始时的压力就是:中国旧的教育思想,还很浓,这是一种压力。到了后期,抗战前,也就是国民党的势力真正进入福建,那就是国民党开始要搞党化教育了。那时候面临的压力就是(他们的办学思想)与国民党党化教育(的矛盾),如要军训、新生活运动等矛盾就来了。沈先生就是反对军训,反对国民党政府的一些做法,受到了批评。①

还有四姑丈李来荣,是很有名的园艺家和教育家。

四姑丈1908年出生在南安,五岁那年,村里流行鼠疫,他母亲带着三个孩子到厦门谋生,在鼓浪屿毓德女学做工友。三个孩子就在教会的学校和幼稚园读书。因为家境贫寒、母亲信教又在教会学校做工,四姑丈读幼稚园是免费的。他读养元小学,放学后打扫教室,也不要交学费了。四姑丈在班上年龄最小,但是读书很用功,考试总能考到前三名。中学读寻源中学,也是教会学校,四姑丈学习成绩很好,常常得到奖学金,减轻了家里的负担。中学毕业时,四姑丈英语程度、对英国文化的了解,各科学习成绩,都已经很好了。所以,他考上福建协和大学,在协和大学,一年级开始,就被选为学生助教;三、四年级,还当了一位美国教授的助教。

1930年协和大学毕业,1931年他到岭南大学教书,同时读研究生,1934年读到硕士,留校教书。1935年和我四姑结婚成家,成为我的四姑丈。1938年以交换青年教师的身份,到美国宾夕法尼亚州立大学留学,1941年夏天,读到宾州大学的博士学位,得了"金钥匙奖",还被选为美国全国科学研究荣誉学会会员。然后,他选择了回国。

在回国途中,太平洋战争爆发,四姑丈到了新西兰,被新西兰皇家植物研究中心录取,工作了两年,取得不少研究成果,解决了

---

① 以上黄猷先生的回忆和评说选自李秋沅《校长云集的邵氏家族》。

1935年李来荣邵锦缎(二排中)婚礼，摄于毓德女中。二排左一为邵子美，三排左四为许以斯帖，二排右一为沈省愚，三排右一邵锦秀，后排左二为邵庆元、左三邵庆良，前排右一为邵建寅

新西兰一些急需解决的问题，比如说，为驻岛盟军解决蔬菜的生产供应问题，解决大面积油桐树不结果问题，等等，得到很高评价。他提出在奥克兰大量种植油梨的建议，被当局采纳。这些，为他赢得了尊敬，新西兰希望他留下，但是，他没有留下，1944年2月，搭一艘英国货轮，打算经印度尼西亚、缅甸回国。

船走了一个月，在去印度尼西亚的时候，被日本的巡洋舰打沉了，四姑丈被日本人抓上船，送到万隆的集中营关起来。从此没有了音讯。四姑丈和四姑是1935年结婚的。沉船后，报纸上说四姑丈失踪了，家里人都以为他不在了，几个姑姑常在一起哭。

1945年日本投降后，四姑丈坐盟军的船到了新加坡。到了新加坡南洋华侨中学去找我父亲。看见他，我父亲吓了一大跳，以为死了的人又出现了。当时家里的人都以为四姑丈不在了。

四姑丈后来取道香港回到厦门。

回国后，他一直从事植物研究和教学。他针对南方特点，进行红壤丘陵山地利用的研究和实践，1950年就提出果树上山的主张，对福建的果树资源进行普查，对农民种植果树的经验进行总结，开展亚热带果树的引种驯化研究、山地土壤改良研究，成为我国亚热带果树学研究的奠基人之一。他还担任过福建协和大学农学院院长，后来又任福建农学院院长。1978年，他自己要求调回厦门，担任设在厦门的福建省亚热带植物研究所所长。

四姑丈1979年带中国科学院植物学代表团去新西兰考察，受到热烈欢迎，被授予新西兰皇家学会名誉会员。

1980年9月，当时的新西兰总理马尔登来中国访问，到了外交部，说要找李来荣。新西兰总理也是学农科的，他的老师，是四姑丈的朋友和同事。因此，马尔登把四姑丈也看作他的老师。

外交部的人说，可以派人将李来荣请到北京来见他。马尔登说，不行，他要亲自去鼓浪屿见老师。因为这也是中国人的礼节。所以后来，马尔登专程到了鼓浪屿，拜会老师李来荣。这也是一段佳话。

总理想到了他的老师，要过来拜访。所以一定要到厦门鼓浪屿来看他。这是件很有意思的事情，学生不论身份，都是学生，都要遵从师生礼仪。这是中国人的美德，他学到了。

1988年，新西兰外交部副部长怀尔德女士和新西兰驻华大使华德先生一起，专程到鼓浪屿，看望四姑丈。在晚宴上，大使说：中国有斯诺，我们新西兰有李来荣。

四姑丈访问新西兰之后，从新西兰引进了奇异果，就是猕猴桃的优育品种，在福州种植，效果很好，土壤很适合。奇异果是新西兰很重要的出口水果。

四姑丈在寻源中学的同班同学，有12个是鼓浪屿的孩子，后来都成为著名的专家。有山东大学生物系的曾呈奎教授，海洋专家；有北京协和医院的黄桢祥医生，病毒学家；等等。比他们高几届的还有文学家林语堂、天文学家余青松，等等。说明寻源书院还是栽培了不少人才的，寻源书院的教育为他们的成长打下了很好的基础。

我爸爸有一个很要好的朋友，庄克昌先生。

庄克昌先生是惠安人，出生于1900年。他家是书香门第，也信基督教，他的父亲是牧师。庄先生家学渊源很深，小时候在家乡读私塾，有深厚的国学基础。12岁随父亲迁居鼓浪屿，先读养元小学一年，再读寻源书院。他是我老爸在寻源书院的同班同学。寻源书院毕业后，他先在福民小学任教，后来在几家报社担任

庄克昌先生 摄于1943年

过编辑、主笔、总编辑。1923年，他到双十中学担任教务主任兼代理校长。后来又担任厦门女子师范学校教职并参与校政。在报社，在毓德，他曾经是我老爸的同事。1930年他担任毓德的教务主任和图书馆主任。后来我爸爸到协和大学去深造的时候，他是毓德代理校长。所以庄先生跟我们一家关系是非常的密切的。

1938年厦门沦陷，庄先生和他的弟弟庄馥冲老师，逃亡南渡。先在香港半年，后应王泉笙先生的邀请，兄弟二人又到马尼拉普智中学当老师，后来还参与了筹办中正中学。

我到马尼拉，有一段时间在中正中学兼课当老师，庄老师当时也在中正，所以也可以说，我跟他也曾经有两年是同事。

庄先生在中正，一直做图书馆主任和国文、历史两科老师。他经营的图书馆到现在还是马尼拉最好的中文图书馆。庄老师他们兄弟俩都在中正，他在中正当图书馆主任，他弟弟当中正的教务

主任。

1985年6月他回到鼓浪屿,只一年半,1986年12月就过世了,享年87岁。

他是一个大才子,小品文写得很好,字也写得很好。

我当中正董事长的时候,把中正图书馆冠名叫做庄克昌图书馆,现在到中正可以看到。

他的文章,收在《庄克昌诗文存》中。里面有一篇《林文庆博士》的文章,写了他和我爸爸(我爸爸字觉庐)去林文庆家里拜访的事:

> 林氏构园宅于鼓浪屿笔架山上……平生尤嗜历代文物,收藏甚富,然却秘不示人。我曾以花时良夜,与邵觉庐兄数度登笔架山叩扉过访,林老欣然出迎,于是晤言书斋中,每焉絮谈至午夜才归来。有时谈到高兴时,他就眉飞色舞,掀髯大笑;然后入室,袖出孤本及名画,张幅展卷,批评置议,声震四壁。其中如仇十洲的《汉宫春晓图》,初刻的《聊斋志异》(为黄公度所赠的),摩挲玩赏,啧啧不置。
>
> ……
>
> 林老先生平生极为推崇孔子……
>
> 有一天,我与觉庐兄又往访林老。途中约好,以今天见林老宜大捧孔子,看他有什么反应。入门,坐定,我就提起孔子来了。他掀髯说:"你也尊孔的吗?"觉庐兄接着说:"念过四书五经的人,怎能不尊崇孔子呢?"我就接着说:"大哉!孔子之道,洋洋乎……"
>
> 林老马上提起精神来,高呼:"密西斯,泡好茶来!"觉庐兄说:"我国几千年来只有一位孔子,四万万同胞也只知有这位大圣人。"我说:"大圣人就可以为教主的。"林老又高呼:"密西

斯,淡巴菰拿出来,久年的勃兰地陈酒斟来;再备些小菜来。"

这期间,好茶、陈酒、好烟、精致的小菜排在桌上,林老才郑重其词地说:"我想要在闽南组织孔教会分会,和香港的孔教大会联络,两位以为何如?"我俩满口赞成。

最后,他连装在真空管里的淡巴菰也捧出来。其实我们是阿其所好,对于孔教的创立却是满不在乎的。关于这一点,我和觉庐兄事后思量,未免有套骗陈酒、名烟、好茶的嫌疑,但在林老却是正中下怀的了。

……

在《忆及故园圣诞夜》一文中,庄先生还记了这样一件事:

尚记得有一年的圣诞夜,觉庐、音林与我入教堂赴赞美会之后,二更向尽,夜气严寒,乃相将入小馆子,开五加皮一大罇,呼来煎蚝饼一大盘,三人对酌。寒威虽略减,而酒兴正浓,乃再开两罇,复佐以蚝饼,座上载谈载饮,不觉尽四大罇五加皮①三盘煎蚝饼,至是三人才狼狈相依地把臂挤肩而行。途间但觉街灯分外光明,夜气特别凄清,蹒跚彳亍,穿小径、越高岗,不知路之远近,也不辨明方向,更认不得家门了。我们仍是把臂挤肩前进,途间彼此均觉得有醉意,却又交口声明"不醉"。大约已近四更天,酒力似已多少失却权威,才逐渐苏醒过来。觉庐居东山之上,音林寓所在笔架山之巅,我则住于古

---

① 五加皮:这里指五加皮酒,又称五加皮药酒,在中国汉族民间广泛流传配制的传统药酒。一般以白酒或高粱酒为基,加入五加皮、人参、肉桂等中药材浸泡而成,具有行气活血、驱风祛湿、舒筋活络等功效。五加皮,中药名,为五加科植物细柱五加的干燥根皮。《本草纲目》记载:五加皮"补中益气,坚筋骨,强意志,久服轻身耐老",民间更盛誉"宁得一把五加,不要金玉满车"。

榕树下。彼此在路左乘醉意商量,理应归去。音林必欲送我俩归家,我俩一定要送他返寓。于是三人又在路上拉拉扯扯,揖让多时,突闻鸡声唱晓,晨光熹微,彼此相视,陡然大笑,才挥手道别,欢然而散。

从这些事可以看出他们之间的友谊。

庄克昌先生在鼓浪屿的住所搬了三次,前面两次住的房子,都在古榕树下,后来搬的房子,在木棉树下。我爸爸就对庄克昌先生开玩笑说:"君前为古榕斋居士,今且为木棉庵主人矣!"

我爸爸去世后,庄先生写了一篇回忆的文章《邵庆元学长》,文章中他这样写道:

邵庆元学长字觉庐,同安人。在学侣中与我的关系可以说是最悠久的。彼此之间,计同窗两年,同事八年(包括学校与报社);其他如邻居过从之密,可说是情逾手足。每逢春秋佳日,月夕花辰,促膝谈心,分曹射覆,敲诗拈韵,拍几放歌,极群居交游之乐。

他楼居一椽,辟书斋,藏书万卷。斋中陈几砚、列酒器、供茶具,杯中不空,茶汤不竭,命侪啸侣,时开诗酒之会。我们都是鼓浪洞天之下的寓公,君家郇厨以炒面擅场,山妻则以煎蚝饼拿手,彼此过从,必得相约以这味菜色为下酒物;这么一来,可以清谈半日,消一天的尘梦。先生对于茶道好安溪铁观音,酒则头抽清溪老酒,——两者可以终身行之而无憾。惟因有"不可一日无此君"之嗜,胃口也就逐渐不佳了。所以我常常笑他已沦入"酒食地狱",而翻成"茶鳖";但他于胃病起时每学"西子捧心"姿态,却毫无戒绝之意。我曾举王渔洋"酒人方落拓,名士半离忧"之句赠他,他拜而受之。

觉庐于学无所不窥,对于文学、历史、词曲多有新见解;惟自恨不工诗,但对于译外国诗歌则极为精切准确,神韵悠然,可读可诵,倚声按谱,无不入拍应节,窃以为当代译西洋民歌者,当以他为巨擘。即如译"Auld Lang Syne"一诗,今人有不少译作,无能出其右者……

……

民二十三年,我与先生虽不再共事,但文、酒之会尚未消歇。到倭寇进占白鹭洲之日,我即悄然离家到香港来,他不久亦南渡星洲,设教于华侨中学;惟对于译诗及作曲的精神仍不减当年。战后归去,大抵是民国三十六年吧,他已从星洲返鼓浪屿养疴。相见之下,虽在床笫间,仍是谈诗词无倦容,且旁及海外酒事。我不禁私许此"酒人"的豪兴尚未全消焉。但这次是与他最后的一面了。

迨我重返菲岛后之翌年夏,得乡讯,惊知觉庐因胃病不治已归道山,从此故交中又弱一个,怅惘者久之。他的哲嗣及令媛在菲岛,曾为开追思会,会中我义不容辞地叙其生前行述,并期望后嗣能辑其译诗遗稿付梓。壬辰春月,先生令媛蕙卿袖先生译诗一册示余,计五十余阕。翻阅之后,旧情款款,友谊拳拳,即书乙跋如左:

觉庐先生精音律,研究诗歌数十年如一日;于译西洋名歌尤擅胜场,忆当年登东山小楼烫酒烹茗,朝夕相对,引吭击节,唱予和女,几不知人间何世。今先生归道山且三年,日者从其令媛蕙卿女棣处得读其遗作。予怀怆然!缅想当年,不胜山阳闻笛之悲。先生已矣,来者难期;倘此集而能行世,庶乎无广陵散之叹矣!

——壬辰年初春之月蔚蓝跋

但他在世之日,所译诗歌,应不止此,搜集编纂,尚须费一番工夫，历不少时日的。……

觉庐虽已逾大衍之年，恰是著述的时候，徒以病魔相侵，遽而溘然长逝，惜哉！倘天假之年，其著述岂限于此耶？犹忆他养疴鼓浪屿之日，曾举其在星洲所写绝句十余首示余，读之，风韵悠然，声调铿锵，便知一别十年，同作海外逋逃客，而其诗之进步竟至于斯，倘移此工力转而对译诗方面努力，其成就宁有涯涘耶？胡天不永其年？惜哉！

2007年，我主持中正学院校董会做出决议，将中正学院中学部图书馆命名为"庄克昌图书馆"，庄克昌先生的同事、学生纷纷写文章纪念，这些文章合辑成为《庄克昌图书馆》一集。我写了一篇"弁言"，也就是序言。

我是这样写的：

庄克昌先生字蓝田，惠安人，生于一九〇〇年，卒于一九八六年，毕生奉献教育事业，先后任教于鼓浪屿福民小学、厦门双十中学、厦门女子师范、鼓浪屿慈勤女中，曾任双十中学、毓德女中代理校长。其间并主笔政于厦门民钟日报、思明日报、华侨日报及江声报。

一九三八年来菲任教普智学校，一九三九年菲律宾中正中学创立，礼聘先生为文史教员兼图书馆主任，一九七〇年退休。三十年间殚精竭虑，扩充设备，搜罗典籍，庋藏之丰为菲律宾华社图书馆之最。成绩斐然，遐迩同钦。除施帐中正中学外，亦执教鞭于马尼拉圣公会中学，课余主编马尼拉中正日报副刊"语林"，又在大中华日报撰写"人生小简"及"笔谈"专栏，笔名仲祥、蔚蓝、启时。

一九七一年先生七秩晋一寿庆，出版《蔚蓝文存》散文集。

包括"感旧录"、"炎荒梦忆"、"松岭梦痕""炉香斋小品"及"绿尘集"。一九七五年先生七十有五诞辰,门生再度献书祝嘏①,在《蔚蓝文存》五帙之外,益以"海上语林"、"笔耕余谭"、"椰风蕉雨丛谈"、"宝岛屐痕"再加上《蔚蓝诗存》合为乙函,颜之曰《蔚蓝诗文存》。一九八七年先生仙逝翌年,门生刘天佑君又整理先生旧作,纳入"古今中外谭"及"南溟清话"二集,合并出版,以《庄克昌诗文存》行世,计散文六百一十篇,诗作三百六十三首,都一百万言。

先生博古通今,见多识广,法眼洞察入微,笔触轻灵简练,文采粲然,挥洒自如,刻画人生百态,亦庄亦谐,妙趣横生,又取材命题,自成一格,所谓"好鸟枝头亦朋友,落花水面皆文章"庶几近之。

先生设绛授课,旁征曲引,雅谑并陈,学子闻道则喜,如坐春风。为人公私分明,言传身教并重,恒迁善于潜移默化之中。

先生与先君为同窗又是同事,先君任鼓浪屿毓德女中校长时,先生为教务主任,又共执笔政有年,朝夕过从,情逾手足。先生工诗及小品文,先君则专擅音律、填词及迻译西洋古歌名曲,寒舍藏书万卷,时开诗酒之会。二老偶有佳作,必字斟句酌,互相切磋……

一九五四年迄一九五六年,予任灵惠中学教务主任兼中正中学数学教师,与先生同事二年,对于填词倚声偶有疑难,辄请益于先生。一九七〇年拙作《百年树人颂——灵惠中学建校二十年纪念歌》即蒙先生斧正。此歌歌词如下:

(一)满园桃李　生意盎然　灵惠缔造二十年

---

① 嘏:gǔ,音古,义同"福"。

　　　　　　寻根求本　饮水思源　言念神恩浩无边
　　　（二）宫墙数仞　广厦万间　学子弦颂俱欢颜
　　　　　　勿忘前修　创业维艰　筚路蓝缕仗仔肩
　　　（三）树木十载　树人百年　春风时雨被大千
　　　　　　行看来日　玉笋班联　灵惠声教遍南天
　　至今追味清旨，不去于心。

　　先生爱校情殷，一九六八年慨捐介寿馆课室一间，命名"蔚蓝"，一九八七年逝世翌年，门生故旧以先生名献款菲币二十万作为扩建图书馆之需。如今小楼一角，謦欬犹在，没世遗爱，人间长存。中正学院董事会于焉决议在先生往生二十周年之际，将中学部图书馆冠名为"庄克昌图书馆"以扬潜德而垂久远。是为序。

邵建寅谨识
二〇〇七年十月三十日

　　1938年日军占领厦门前夕，庄克昌先生和他的弟弟庄馥冲先生一道，乘坐厦门到香港的最后一班轮船，逃难到香港。仓皇之中，他还带了几本心爱的书，有《清稗类钞》和《清代笔记小说》等等。

　　在香港待了半年时间，庄先生寄信给菲律宾的惠安同乡、马尼拉普智学校的校长王泉笙先生，请他帮忙介绍，谋一个菲律宾侨校的教书工作。等了一两个月，正在着急的时候，收到了泉老寄来的普智学校聘书。

　　普智学校当时有初中一、二年级两个班，但是学校地方不大，发展受到限制。泉老计划办一所完全的中学，就和马尼拉侨界热心人士商量，决定筹备中正中学。庄克昌先生和其他几位老师都参与了筹备工作。

1939年,就在普智中学的楼下进门的地方,摆两张书桌,设立了一个报名站。同时,他们一面四处去找校址,一面筹措开办经费。当时,庄克昌先生和黄澄秋先生二人负责招生事项。庄先生还负责草拟和办理向国内教育部及侨委立案的手续,又负责撰写了校歌。

由庄先生执笔撰写的中正校歌,歌词如下:

（一）于赫我中正　巍然卓立南方
　　　景仰我领袖　功业昭彰
　　　建国复兴民族　楷模伟大堂皇
　　　济济我多士　中心卷藏
（二）于赫我中正　蔚为邦家之光
　　　效忠我宗国　永矢勿忘
　　　德智体群四育　相勖①日就月将
　　　济济我多士　南方之强

这首校歌,今天还在唱。

筹备工作进行之中,校址的选择一直定不下来,而开学的日期迫在眉睫,如果错过了,就可能要再等一年。黄先生就和庄先生商量,先把招生广告登报。

于是,两个人拟好广告,没有请示泉老,直接交给各报刊登。

第二天,泉老看见报纸上的广告,大为着急,马上把他们两位叫去。后来也只好承认既成事实,加紧寻觅校址。这一下,居然在很短的时间里找到了地方,赶上了开学的日子,中正中学如期在1939年6月正式开学。因此后来还有人说,是这则广告催生了中

---

① 勖:xù,勉励。

正中学。

中正中学开办后,庄先生任图书馆主任和国文、历史两科教师。

1939年中正中学刚开办的时候,侨界热心人士捐赠了很多设备。捐赠的图书,最多的是林珠光先生①的家藏中西书籍,数量不少。后来学校又不断添置,两三年间,就有了一定的规模。可惜,1941年底太平洋战争爆发,中正中学的校舍和所有图书、设备被日寇轰炸毁坏,荡然无存。教职员也四处逃亡。

战后,学校复办。庄先生和学校的其他老师都平安地回到学校,在泉老的带领下,一边教课,一边从头做起建设学校。庄先生继续担任图书馆主任兼国文、历史课的老师。他的弟弟庄馥冲先生,担任中正教务主任。庄克昌先生的妹妹庄淑玉,毕业于上海两江女子体育专科学校,也在中正教体育。

1948年学校迁入新校舍,地方比原来宽敞。学校从上海、香港购买了大量图书和仪器设备。庄先生积极扩充图书设备,他以私人情谊向菲华侨界儒商、闽南乡贤庄万里先生募捐,动员庄万里

---

① 林珠光:又名林聚根,祖籍福建厦门禾山镇,1901年出生于菲律宾。其父林云梯,因家境贫寒,十三岁赴菲谋生,后来自营胜泰布庄,有"棉布大王"之称。父亲病逝后,林珠光继承父业,不仅将布庄打理得井井有条,而且参与菲律宾华兴银行的创办,因而积累了相当资产。有了钱之后,林珠光一是捐资兴学,捐款在家乡创办云梯学校,并长期担任厦门双十中学董事长,出资建校。二是兴办体育,充当菲华体育活动的积极倡导者和热心组织者。他先后担任菲律宾中华青年会会长、菲律宾青年会体育部田径队主任等职,1920年出资组建华侨男子篮球队,1936年出资组建第一支中华女子篮球队。三是支援祖国抗战和救灾。抗日战争初期,林珠光率菲华女篮到香港等地义赛,将全部门票收入用于救济抗战伤病军人和难民。1948年,他又率菲律宾华侨群声篮球队访问厦门,将四场友谊赛的一百二十九万元门票收入捐作救灾款。1975年林珠光病逝于菲律宾,享年七十四岁。

先生将自己珍藏的一批《四库全书》①线装原本图书，连同放置《四库全书》的楠木书橱，一并捐给中正中学。这批《四库全书》成为校图书馆的"镇馆之宝"。

庄先生本来就爱书成癖，那些名家著作在他眼里胜过黄金美玉，见到那些"孤本""善本"，更是爱不释手。课余时间，他经常到街上各类书店淘书，发现有新书、好书，马上采购回学校。在他的努力下，校图书馆藏书日益充实，很多专家学者来校参观时，都纷纷称赞中正图书馆藏书丰富，说是"海外学府第一家"。庄先生从1939年起担任中正图书馆主任，到1970年退休，任期32年，在他手上收藏了五万多册的中文图书，还有数万册的英文图书，为中正图书馆建立了一个厚实的基础和主要的框架。

有人说，庄先生毕生的成就，有三个方面：一是著书立说，二是教书育人，三是中正图书馆建设。这个评价是中肯的。图书馆是知识宝库和学术殿堂，图书馆主任是知识的看护人和学术的守望者。所以，我任校董会董事长期间，在2007年中正建校68周年的时候，也就是庄先生逝世20周年之际，把中正图书馆命名为"庄克昌图书馆"。

庄先生还兼任国文、历史两门课。

---

① 四库全书：《四库全书》是中国历史上规模最大的一套图书集成。清乾隆三十八年(1773年)，在乾隆皇帝的主持下，由纪晓岚等三百六十多位高官、学者编撰，三千八百多人抄写，费时十三年编成。丛书分经、史、子、集四部，故名四库。共有三千五百多种书，七万九千卷，三万六千册，近二百三十万页，约八亿字，基本上囊括了中国古代所有图书，故称"全书"。当年，乾隆皇帝命人手抄了七部《四库全书》，下令分别藏于全国各地。《四库全书》完成至今的两百年间，中国历经动乱，《四库全书》现只存四部，其中保存较为完好的一部文渊阁本藏台北故宫博物院，文溯阁本藏甘肃省图书馆，文津阁本藏中国国家图书馆，而残缺的文澜阁本则藏于浙江省图书馆。其他多在战火中被毁，部分散落民间。庄万里先生所藏应为散落民间的一部分。

据他的学生回忆,他上中国文学史课,不但把中国文学的发展演进历史,做一个纵向的连贯叙述,还在每个发展阶段,运用历史背景和作家轶事,做横向的补充扩展,有骨有肉,使学生得到全面的知识营养。他讲很多故事,学生爱听。

他教的历史课,话语幽默风趣,还有指手画脚的肢体动作,像说书讲故事一样,把古人古事活生生搬出来,学生听得津津有味,甚至捧腹大笑,就在这样的气氛中,让大家"究天人之际,通古今之变",完成了历史课的学习。

庄先生一直是中正最受学生欢迎的优秀文史老师。

当时,中正中学上午上中文课,下午上英文课;不远处的圣公会中学,则是下午上中文课,一些老师就到圣公会中学兼课,庄先生也去兼课。直到1961年,菲律宾教育部规定,菲律宾的所有侨校一律在下午教中文课,庄先生才不再兼课,专职在中正教书。

1963年庄克昌(左)、庄馥冲合影于菲律宾碧瑶

1970年,当时的中正校董会颁布了教职员退休条例,规定教职员年满70岁就要退休。庄先生兄妹三人都在退休名单中。当时,他们兄妹三人虽然已过70,但是身体很好,他们走路步子轻快，耳聪目明，更重要的是他们已经积累了几十年的教学经验，是菲律宾侨界知名的资深教师，是非常宝贵的人才资源，很多校友听到这个消息，都为他们感到惋惜，而庄先生兄妹三人却泰然处之。

当时庄克昌老师在中正做图书馆主任和文史教员，庄老师的弟弟庄馥冲在中正做教务主任，妹妹庄淑玉在中正教体育。他们有三十多年的教学经验，当时身体都还很健康，是华文学校求之不得的好老师。隔壁的圣公会中学听说了，立刻请他们过去当老师。还有一位厦大毕业的，林雪英老师，教数学，也过了70岁，也被退休了。她是非常好的数学老师，圣公会巴不得，赶快请过去。

圣公会中学得到消息，捷足先登。直到十年后的1980年，他们才从圣公会中学离职退休。这时候，他们已经是80岁的老人了。

这件事校内校外都有很多议论。

后来，中正校董会认识到，这个退休条例没有照顾到老一辈的资深教师，执行起来，也没有考虑到年轻教师的接替情况，一下子造成了后继乏人、师资短缺的局面。于是，在1971年（也就是退休条例颁行的第二年）停止实施，后来又作了修改，70岁可以不退休了。但是这几位优秀的老师就没回来了。

庄先生做过报纸的主编、主笔和编辑，又长期在报纸开辟专栏，为报刊写稿。一直到1972年菲律宾政局变动，实施军人统治，禁止报刊出版自由，他才停笔。因此他的文章很多。从1962年起，他开始整理历年发表的文章，陆续结集出版。到1968年他七十寿庆，已经出版了五本散文集，1971年汇集一函出版，取名《蔚蓝文存》。后来又出版散文四集、诗词一集，再合为一函，取名《蔚蓝诗文存》。此外，还有《古今中外谭》《南溟清话》两集。庄先生决定把它们连同过去出版的《蔚蓝文存》和《蔚蓝诗文存》合在一起，内有十二集，取名《庄克昌诗文存》。但是这件事在庄先生手上没有做完。

庄克昌先生的三弟庄馥冲先生，曾经担任中正中学及中正学院教务主任，前后32年(从1939年至1970年)，做得很好，他人很高，很正派的，气质很好，是有大家风度的。他在1984年7月因病逝世。从此，庄先生更为孤独。在家人的不断催促下，庄先生1985年6月回到鼓浪屿，1986年12月30日过世。庄先生过世一周年时，1987年12月30日，《庄克昌诗文存》由他在菲律宾中正中学的学生刘天佑等人整理出版。

庄克昌先生的妹妹，叫庄淑玉，她跟我三姑母是同学，是上海的"两江"(两江女子体育专科学校)毕业的。她们都是两江女子篮球队的主力。我三姑母锦英是队长，庄老师是队员。她们一起去日本比赛，那是中国的女子篮球队第一次出国比赛。

庄淑玉老师在中正教体育。

我爸爸还有一个好朋友，吴家驹先生。

吴先生字里千，是漳州云霄县白塔乡人。吴姓是云霄三大姓之一。据说吴先生在家乡有不少良田，房子也很大，是殷实人家。吴先生在家乡也算是知名缙绅。但吴先生并没有在家乡享清福，他一直在厦鼓之间教书，在鼓浪屿教书二十多年，当过毓德女中、怀德幼稚师范学校的老师，还曾经在江声报社做过编辑。他和我爸爸同过事，也是好朋友。

吴先生曾经下功夫研究汉字，对于小学[①]造诣很深。他擅长隶书。他教课，每个字，一点一画，每一笔都一丝不苟，一音一韵，每一声都音正声清。

---

① 小学：我国古代把研究文字训诂音韵方面的学问叫小学。每个汉字具有三个部分：字形、字义、字音。宋代研究者把它们分成体制(字形)、训诂(字义)、音韵三类学问，清代《四库全书》把有关小学的书分为训诂、字书、韵书三类。

据说吴先生生性好客，不论住在什么地方，都能够随遇而安，交结朋友。他还把自己的住所取名为"客斋"，自号为"客斋主人"。吴先生喝酒不多，但是对茶却特别喜好，说"不可一日无此君"。课后工余，有客人来访，他一定会泡功夫茶招待。

听说，吴先生"客斋"中的座上客，一直就是三五个人，有沈亨九、我爸爸邵觉庐、林语堂的大哥林孟温，还有蔡音林、庄克昌，他们都在鼓浪屿教育界服务，也是文人。每当学校下午放学，海天之间暮霭沉沉的时候，大家就挟着课册来到"客斋"，坐在一起，吸烟品茶，谈古论今。房间里面烟气缭绕，大家或者纵谈天下时事，或者分享读古书的心得，还常常评论一下当时的人和事。

吴先生的"客斋"，在日光岩边上，就是几间平房，但是非常幽静。门前有一小块空地，种了一些菜。房子边上还有一口古井，井水很清很甜，被"客斋"的文人评点，号称为"鹭门第四茶水"。他们认为，厦鼓间的泉水，如果排名一下，第一，要算郑延平的"山腹井"；第二，是"石泉"；第三，是南普陀的"虎乳泉"；接下来就是"客斋"边上的古井水了。有了这么好的泉水，在"客斋"中品茶就成为高雅的享受了。

据说吴先生泡茶最有工夫，他对泡茶用的火炉、水壶、茶杯、茶叶罐，都非常讲究，泡茶时放茶叶的分量，也是非常讲究的。他认为要用活火、活水、活杯、活罐，才能泡出茶的色、香、味来。吴先生泡茶的招式也很讲究，有艺术性，洗小杯子的时候，动作娴熟，发出一阵"当啷、当啷"的清脆声音，边上的人看了，都赞叹不已！

有时聊到夜里，茶喝得差不多了，吴先生就叫家里人到门前的菜地里，剪一把春韭、摘几棵蔬菜，加上海鲜，或煎或炒，有汤有菜，大家喝起清溪老酒或绍兴花雕。借着酒兴，聊天再一次进入高潮。

喝酒的时候大家频频举杯，酒过三巡，聊天起来就有说不完的话，有时到深夜才尽兴而归。这几位朋友，不但是茶侣，还结为酒伴,更是文友,聚在一起,非常快乐。

据说,林孟温先生,也就是林语堂的大哥,每次来"客斋",总是穿着长衫,手里握着山柑树杆做的旱烟袋,翩然就座,有仙风道骨。他喝酒聊天时,议论风生,有名士气派,谈论事情常常有理论有分析,表现出学者的专业水准。林先生谈论国家大事,愤懑激昂,感慨很多,有那种知识分子的视野和胸怀。在朋友群中,大家都把他当作畏友,推举他为"祭酒"①,很有威望。

沈亨九先生原籍诏安,他是清朝的秀才②,对中医很有研究。他写诗,尤其是绝句写得好,还写了不少杂文。他四书五经钻研很深,会写八股文。他是诏安人,家乡离潮州不远,喜欢潮州戏文。他在毓德女中教书,课余时间,他会在家里关起门来朗诵《离骚》,声音抑扬顿挫,很远都可以听到。

每年暑假,吴先生都会回云霄老家,到了初秋再来鼓浪屿。从故乡回来的时候,他一定会带云霄有名的特产"中秋饼",还有下河村特产贡柚,分送给各位朋友。

我爸爸的这些朋友,还曾经组织"归石诗社",是在1920年到1928年间的事。林安国、贺仙舫、鄢铁香、沈亨九、吴里千、张兰溪、庄克昌、赵醒东,都是社员。每逢星期六晚上,大家就聚在一起,灯光之下,或者吟诗,或者唱词,你唱我和,互相点评,真是极尽诗酒之雅谊。每逢春秋佳节,大家又带上好吃的、好喝的,到有山有水的地方,先游览风光名胜,再作诗,常常是相同的题目,相同的

---

① 祭酒:本为祭祀风俗之一。后成为宴席礼仪,古时饮食聚会,必推长者先祭,长者立主位,面南醻酒祭神开席,凡同辈之长,皆曰祭酒。又引入官名,意为主管。较为常见的有国子监祭酒、博士祭酒、军事祭酒等。

② 秀才:本义为秀异之才。汉代时开始与"孝廉"并为举士的科名,东汉时避光武帝刘秀讳改称"茂才"。唐初年间与明经、进士并设为举士科目。后来,唐宋间凡应举者皆称秀才,明清则称入府州县学生员为秀才。

韵脚,每人一首,叫做"联唱",相互之间还要点评。这样的诗社活动,对于提高大家的诗作水平,是很有帮助的。

日军要占领厦门的时候,"客斋"中的座上客就各奔东西逃难去了。吴先生回到故乡,后来在平和县中学当老师,据说他曾经想过到南洋去,但没有去成。沈亨九先生到云霄中学教国文,还有人说他回到原籍当了医生,1939年去世。林孟温先生听说后来去了西南大后方,到了昆明、重庆,后来和他的弟弟林语堂一起编辑《宇宙风》杂志,1942年去世。庄克昌先生先到香港,后来去了马尼拉。我爸爸到新加坡。

第三章

我们这一辈

邵建寅姐妹兄弟七人

现在讲我们这一代。

大姐邵蕙卿，1936年毕业于毓德，1940年协和大学教育系毕业的，毕业后到新加坡教书，担任新加坡南洋女中的老师，1947年回厦门。后来同我一起到菲律宾，担任中正学院、灵惠中学、嘉南中学的老师。大姐读书做事很认真，一生都是第一名。大姐后来一直在菲律宾。今年(2016年)已经98岁,如果按中国民间的"闰三年"的算法,就是101岁了。

大姐夫陈振兴毕业于厦门大学化学系,曾经任教于马尼拉中正中学和嘉南中学。

大姐结婚后,有四个孩子。老大有仁,现在是菲律宾名医,很受人尊敬,肺科教授。老大有一个儿子也念医科。老二有达,土木工程师,做生意。女孩,有慈,念数学,菲律宾大学毕业,担任一家华人的会计公司的董事,他们公司叫薛华盛会计公司,在东南亚都很出名的。现在她退休了。她会弹钢琴。最小的,叫有纯,留学美国,是神学院博士,现在在亚洲神学院教书,做过副院长,现在做教授。他的脚先天有点问题,手术了几次。现在未婚。也是很能干的。四个孩子都不错。

大姐她最好命,闽南话说"ho mia",一路顺风,从幼稚园到大学,毕业就做事。这些弟妹啊都很苦。她一直很顺,学教育的,身体很好,年轻的时候是运动员。

我的三个姐妹是运动员,大姐是篮球、排球、游泳(运动员)。1936年,她和毓德排球队一起,代表福建队的,参加第六届全国运动会,在上海。四妹蕙超、六妹少蕙,她们两个是福建省参加东南五省运动会的短跑选手。

二姐蕙荃,毕业于毓德女中,抗战时期,曾经担任过福建周宁中学的英文教师。

三姐蕙君,毕业于毓德女中,抗战时期,曾经担任过福建漳浦中学的教师。三姐夫陈秀夔,毕业于福建协和大学农业经济系,担任台湾台中雾峰农校校长,又担任台湾东海大学、中兴大学、逢甲大学的教授。大约在1942、1943年,三姐夫曾经参加国民政府漳浦县长的竞选,有人要暗杀他,结果错杀了睡在一起的三姐。据说枪手是在旁边的一座房子屋顶向他们的卧室开枪。三姐夫非常伤心,就去了台湾。

四妹蕙超,毕业于福建协和大学农学院,四妹夫林伯达,也毕业于福建协和大学农学院。

五妹蕙瑜,就是三叔庆良的大女儿。三叔被害之后,蕙瑜过继到我家,等于我的妹妹,我们叫她五妹。她是我们一个非常非常好的妹妹,现在还健在,住同安。她毕业于鼓浪屿救世医院护士学校,曾经担任福建泉州卫校的教务主任。五妹婿,胡启宽,毕业于华侨大学,在华侨大学图书馆任职。

三叔三个孩子,长女蕙瑜,现在还在同安,85岁,身体还好,她本来是泉州卫校的教务长。三叔的次女现在在平和小溪,没有做事。现在也八十岁了。三叔的儿子建辉,我们叫他三弟,也是协和大学毕业,也是个人才,很优秀的。他身体不太好,早逝了。建辉学农,他有两个孩子,一个女的,叫邵真,是同安旅游局局长,很能干。一个男的,叫邵忠,现在是厦门集美平安银行的副行长,还年轻。在教会里面也有活动,是竹树脚礼拜堂的执事。三叔的第三代,两个孩子都很杰出。

六妹叫邵少蕙,毕业于福建协和大学农学院。六妹婿陈代华毕业于协和大学农学院,在漳州一家农场当所长。他们都过世了。

1990年代开始,我们兄弟姊妹之间,有一个家庭的聚会,每两年一次,聚了有十多次了。由六妹少蕙主持做这件事,最小的妹妹,她很能干,可惜去年过世了。她是厦门市、福建省的人民代表(注:即人大代表),是福建农学院副研究员,研究柑橘,后来到亚热带植物研究所做四姑丈李来荣的帮手。我两个妹妹,两个妹婿,一个表弟,都是副教授级的。另一个妹妹研究甘蔗,表弟研究茶叶。他们每个人都有自己的个性,但是大家感情非常好,一直到现在。

去年10月,我们到山东济南看我弟弟,少蕙也去了。十天后回来。12月少蕙就过世了。没想到。

少蕙经常到医院检查身体,那是香港的一家大型医院。检查完,没事,可以回去了。医院打电话给我外甥,说你来接你老妈吧。九点打电话,说没事,接回去就好。过了一会又打电话,说,不行,你赶快来,你妈妈病变,心脏病变,在抢救。就一个小时啊。……

她84岁,也算高龄,但是她还有很多事要做。这个没办法的,大家心里都很沉痛。家庭聚会,是她从头到尾,一手操办的。

邵建寅与弟弟邵建华

弟弟邵建华,毕业于山东齐鲁大学医学院,现任山东医院心肺科主任医师,还兼任山东医学院的教授,我就只有一个亲弟弟,他是排行最小的。今年(2015年)也82岁了。他现在还在行医,因为山东医院不放人,所以每天早上还要去医院上班。重要人物看病,都找他。北京有重要的人来,要他跟着做保健医生。有时候还被请去北京帮人家看病。他的学生,山东大学毕业的,现在都是全国各地医院的骨干、名医,很有名的。去年10月份,我们跟六妹去看他,在济南待了十天。弟媳戴文丽,是山东青岛人,她毕业于山东齐鲁大学医学院,现在是山东省人民医院皮肤科的主任,也兼任山东大学医学院的教授。

还有我的"总司令",内人林彦珍,她毕业于马尼拉菲律宾国立大学教育系,曾经担任菲律宾圣公会中学、灵惠中学的老师。

我,邵建寅,1926年3月1日出生。

邵建寅先生十个月留影

我小学念鼓浪屿养元小学,中学念鼓浪屿英华书院。

没到高中毕业,太平洋战争爆发,日本人占领鼓浪屿,接管英华书院,我离开鼓浪屿,到漳州,停学一年做事,在漳浦县政府做科员,当时只有十六岁。

后来政府有一个沦陷区学生的甄别考试,考你的学力而不是学历。因为我停学一年,高二(下)、高三(上)没有念,所以就去考高三(下)。考试通过了,得到一个资格,我就到龙溪省立第八中学去念高三(下)。因此我中学只念五年,实际上没有耽误。当时龙溪的省立第八中学,是迁到靖城,南靖的县政府所在地。

1940年英华书院1940级学生毕业纪念,前排坐者右起第四为沈省愚

高三毕业之后就被保送到厦大,那是1943年。

1947年我毕业于厦门大学机电工程系。

1947年毕业,我到新加坡去看爸爸。当时学校有保送我去好几个地方,我都没有接受,就只选择到新加坡去看爸爸,到那里教书。6月毕业,9月份到新加坡,在中正中学(那个学校也叫中正)教书,主要是看父亲。教书教了一年。

1948年就回到厦门,在厦大当老师,助教。还去兼课,担任国立第一侨民师范的老师,教的是数理化。

1949年我到菲律宾。本来是要回新加坡的,可是因为在菲律宾的五叔叔有一件事情要我做,他要到美国留学,没有人代替他的职位——菲律宾培元中学教务主任。他叫我不要去新加坡,改去菲律宾,因为如果我不去他就不能离开。美国的神学院他已经联系好,预备将来当牧师。结果我只好半是自愿半是从命地去办马尼拉的手续。办了好几个月,就到马尼拉去了。

在马尼拉,我一边教书一边上学,读的是 University of Santo Tomas(圣托马斯大学)。这是一家1611年西班牙人创立的学校,比美国的哈佛还早,到现在有400多年历史了。我在这个学校研究所念数学,读的是硕士学位。

那时候我上午在培元中学当教务主任，下午到灵惠中学也当教务主任，晚上再念书。比较忙。

就在灵惠中学，我碰到了我的内人林彦珍。当时她在当老师。上午在圣公会中学，下午在灵惠中学教书。

马尼拉的华校，上午上中文，下午上英文。但灵惠的校长聪明，反过来，上午上英文，下午上中文。这样才请得到中文老师。

我在培元中学做了将近两年，因为教育理念方面的一些原因，我不到两年就离开了。1954 年，除了在灵惠中学担任教务主任外，我还到中正学院去兼课，每天上午去中正兼课做数学老师。

到了 1956 年，我就没有做教育工作了。1956 年离开教育界，学做生意，做几种不同的生意。我先在一家椰干出口公司和椰油制造厂做销售经理，做了十年。

1968 年和亲友集资做钢铁加工，钢板镀锌，锌板厂。

又做针织厂。

再做印染厂。

1978 年又做钢管厂。

还做大理石厂，开矿采石，再加工切片。

此外，也还做轮胎买卖、土地开发。总之都是小生意。但厂子多，也很忙。

1989 年，中正学院的董事会找到我。刚好前任老院长要退休，董事会就想到了我。可能因为我过去在中正兼课两年，教过书，又对海外华文教育发表过一些想法，他们要我去当院长。

我说你想错人了，我是个忙人，事很忙。心里挣扎了一段时间，要不要接受？去了还要花时间整理，要费几个月时间。考虑了很久。

最后我说我试试看，负起这个责任。做一任，三年。我感觉复兴华文教育,是我的责任。因为当时是教育菲化①,很多校长是很失意的,说华文学校不容易办了。没人愿意做了。所以最后我接受了挑战。

我说试试看,我做一届试试看。因为我太忙了。可是我有一个条件,不要领薪水。最后就去了,经过一段时间的整理,当然也做了很多事。

任满之后,又要我延长两年,一共做了五年。

1994年10月,我写了一本书,书名叫《中正五年》,里面的很多文章,是写那五年经历的事情。这本书可以当作菲律宾华文学校的历史了,因为里面反映了教育界发生的事和一些难题。

1994年我从中正退休下来,回到我的岗位做生意。但是还做着"校联"的工作,担任指导员。

---

① 菲化运动:1946年菲律宾独立后,掀起了"菲化运动"。独立后菲律宾的华侨总人数不多,约占全国人口的将近2%,但是占外侨人口的90%以上,而人数次之的美国侨民、西班牙侨民享有与菲律宾公民几乎同等的权利,因此,实际上"菲化运动"主要针对华侨。"菲化"首先在经济领域,政府通过立法手段对本国人的经济发展提供扶植和保护,某些行业限制或禁止华侨涉足,目的是让本国人最终取代华侨的经济地位。1946年有公共菜市摊位菲化案;1948年有银行与专门职业菲化案;1951年有进口统制与外汇统制法案;1954年有零售商业菲化案等等。菲政府既施行经济菲化政策,又严格限制华侨加入菲律宾国籍,许多华侨被迫放弃受到限制的家族产业,转行经营或离开菲律宾。华侨被菲律宾社会边缘化,处于生存艰难的不利境地。"菲化运动"后期,菲政府把教育菲化作为重要的同化政策,致使华侨学校危机四伏,面临被关闭的危险。

战后的东南亚,缅甸有"缅化运动",印度尼西亚有"印化运动",越南有"越化运动"等,基本都是针对华侨。相比之下,这些国家的华侨较容易加入所在国的国籍,"运动"对华侨来说冲击不严重。但菲律宾一边推行"菲化运动",一边又严格限制华侨入籍,迫使众多华侨陷于无路可走的艰难窘境。这种状况直到1975年中菲建交后,才得以改善。当时的菲总统马科斯决定,华人可以集体加入菲籍,成为菲律宾公民。

到2004年，他们中正董事会又来，代表董事长说，邵先生在国内有很多关系，一定要来帮忙，让我参加董事会。第二任就被选为董事长，后来又做名誉董事长，一直到现在。

我们姊妹兄弟，差不多都当过老师。

我大姐邵蕙卿，1940年到新加坡，在南洋女中教书。然后1949年到菲律宾，在马尼拉培元中学、中正学院和嘉南中学教书。教中文。

二姐蕙荃，也从事教育，在福建周宁中学当英文老师。

三姐蕙君，在福建漳浦中学当过老师。

我，从在长汀乐育小学兼课开始，后来在几家中学、厦门大学都担任过老师，后来做了菲律宾中正学院院长。

四妹蕙超、五妹蕙瑜、六妹少蕙都当过老师。

弟弟建华，是山东大学教授。

我们邵家从我爸爸这一代开始，两代有10位校长，9位教授。

大学校长有4位：

第一位，四姑丈李来荣，任福建协和大学农学院院长，后来又担任福建省农林学院院长。

第二位，我，担任菲律宾中正学院院长、董事长、名誉董事长。中正学院是海外最大的华文学校，有幼儿园，有小学，有中学、大学和研究所，学生在我当院长期间是7160人，教职员有600人。

第三位，堂弟，五叔叔的儿子，邵晨光，他担任菲律宾圣经神学院院长，他的学生大部分是大陆的学生，念神学的。

第四位，是大姑母的儿子，麦少明，任山东海洋学院校长。所以当大学校长的有4位。

担任中学校长的有5位：

先父邵庆元任鼓浪屿毓德女中校长。

大姑丈麦邦镇任同安启悟中学校长。大姑丈先在印度尼西亚从事教育,做校长。然后回国,去办同安启悟中学。

二姑丈沈省愚任鼓浪屿英华书院校长。

二姑母邵锦秀担任鼓浪屿怀仁女中校长。

三姐丈陈秀夔任台湾台中市雾峰农校校长,因为他是念农业经济的。

小学校长有一位,二姐丈王义振任漳浦盘陀小学校长。

以上就是大学校长4位,中学校长5位,小学校长1位,一共10位。

那9位教授是:

四姑丈李来荣,任福建协和大学农学院和福建农林学院教授。

三姑母邵锦英,任厦门大学体育教授。

五叔父邵庆彰,任菲律宾圣经神学院的教授。

三姐丈陈秀夔,兼任台湾东海大学、中兴大学、逢甲大学的教授。

我担任厦门大学、山东大学、福建师范大学的客座教授。

堂弟邵晨光,担任菲律宾圣经神学院的教授。

堂弟媳庄秀美,担任菲律宾圣经神学院的教授。

我的弟弟邵建华,是山东大学医学院的教授,心肺科主任。

我的弟媳戴文丽,任山东大学医学院教授,是皮肤科主任。

一共9位。

如果加上我的外甥,大姐蕙卿的儿子陈有仁,他是菲律宾东方医学院的教授,现在是马尼拉名医,那就是10位。只不过他晚我们一辈。

总计起来,邵氏家族,从祖父下来的,家族成员270多位。

当初祖父离开家乡的时候,大家说你们信奉基督教会绝子绝孙,可是后来证明没有,反而人丁兴旺。在同安家乡族人里面,我们人算最多。很多都是从事文教,也有很多服务教会。

讲到服务教会，五叔父的家庭很有特色的，有牧师6位、传道6位。

五叔父自己是牧师，唯一的儿子是牧师，4个女婿都是牧师。

然后，五叔母杜秀宝，儿媳妇庄秀美（晨光的妻子），4个女儿都是传道。

一家人分散在美国、澳洲、菲律宾和台湾地区。长子邵晨光和儿媳庄秀美在菲律宾神学院，晨光任院长，也做牧师。神学院有200个学生，大多数是大陆学生，由大陆教会介绍过去。

五叔年轻的时候，1948年，自动要奉献给基督教，马尼拉培元中学教务主任不当了，去读美国的神学院。我们家也支持他，他兄弟姐妹都有鼓励他。我就去马尼拉接他的任。

五叔的大女儿晨星和大女婿马庭柏牧师，是国际差传会的宣教士，在菲律宾和香港。二女儿晨晖和二女婿罗德麟牧师，在澳洲悉尼天恩基督教会。三女儿晨心和夫婿许书义牧师，在菲律宾圣经神学院教书。四女儿晨雨和夫婿王景福牧师在美国信心教会。

我的兄弟姊妹都很孝顺，对爸爸妈妈都很孝顺。

在战乱年代，他们也吃了很多苦，还帮妈妈照顾家。当时三姐在漳浦中学教书。不久，四妹蕙超初中毕业，怎么办？我说，我回去，我辍学工作，帮忙家计，让她读书。她说哥哥你不要回来，你念厦大，不要回来。她说不要，你念你的书。她去教书。她初中毕业去教书啊！在漳浦乡下。蕙超停了一年。少蕙15岁，去替她，也去当老师。四妹蕙超就到漳州三中，进德女中，继续她的高中学习。她们两姊妹为家庭奉献很多。她们说哥哥你不要回来。她们会照顾母亲，两个都很孝顺。她们才14岁、15岁呀！

第四章

鼓浪屿的日子

我小学读鼓浪屿养元小学,跳级,直接上二年级。在1933年,我7岁的时候。所以我小学念五年。

1980年代,我曾经和一个同班同学去拜访养元小学,这个同学叫庄幼纯,是北大毕业,学兽医的,后来在内蒙古工作,做到厅级干部,是计量局长,他太太是内蒙古的党委副书记。

养元小学也是教会学校。美国归正会牧师打马字,他的大女儿,中文名字叫清洁·打马字姑娘,1889年,她在厦门办了一所私塾式的、只收男孩的学堂。后来这所学堂搬到鼓浪屿田尾,在田尾女学堂的附近,就叫田尾小学。到1905年,田尾小学改名为"养元小学"。1911年,搬到鼓浪屿鹿礁路的新校舍。听说1952年改为公办小学,校名改为鹿礁小学。后来到2001年吧,鹿礁小学的老师和学生分到其他学校,学校就没有了。

这个学堂最初只有两位老师,课程以读《圣经》为主,还学一些简单的读和写。当时还不是现代意义的学校。到1905年改名养元小学后,教学才逐步规范起来,学生也增加到200人左右。学校还有50个寄宿床位,给泉州、漳州来的学生住。养元小学的毕业生,很多都升到寻源中学读书。寻源也是归正会办的。林语堂就是先读养元,再读寻源。1905年,他从老家漳州的平和县,插班到养元小学读书,毕业后到寻源中学读书。我的四姑丈,也是养元毕业读寻源。他们是前后同学。

1925年,寻源搬到龙溪(现在的漳州)。

我读养元的时候,全校学生有260多人,设初小四年,高小两年,兼收男生女生。每天从毓德的家里走路到鹿礁路养元,只要五分钟。

养元是教会学校。每天早上,上第一节课之前,有一个大概30多分钟的"朝会"。朝会上老师会讲《圣经》,然后是祷告、唱圣诗。之后才开始一天的课程。上午四节,下午三节。课外活动的时候,老师会带我们做游戏,讲《圣经》的故事,发一些西方名画的小图片,比如"耶稣受难"啦、"使徒活动"啦、"摩西十诫"等等,都是基督教内容的,彩色的,印得很精致,很好看。下午放学前,要举行"夕会",也是全体学生参加,唱赞美诗,祈祷,还要讲《圣经》故事或者背诵《圣经语录》。

到了礼拜天上午,有主日学。

闽南教会学校(小学),早期的主日学,在没有教堂的地方,或者是只有低年级的学校,经常是教会学校的老师(大部分是传教士的夫人),在礼拜天的上午,把班上的学生,带到学校的一个大教室里,或者大一点的地方,举行一些活动。有唱歌,背诵《圣经》的金句,分发画片,集体游戏,等等。有时候,老师还会编一些歌词,谱上英美民歌的曲调,教学生合唱。

在鼓浪屿,养元每个礼拜天的主日学,从1934年开始,学生都要去三一堂,一个多小时。

养元小学,在国民政府统一规范学校教育之前,曾经设立过八个年级,初小四年,高小四年。到了我读书的时候,是六年学制了。我们的课程有,英语、修身、国文、历史、地理、数学,等等。英语的课本是从英国买来的。

养元小学二年级就开始学英语。学了一年后,英语课由洋教师授课。洋教师不懂得中国话,直接讲英语,总是叫大家背课文,还有其他文章。慢慢地,大家开始能听懂了,也体会到一些语法的门道。但是主要还是学会一些句子,日常的简单会话。

我的小学老师,印象最深的,是邵仁敏校长。他是我的堂伯伯。在闽南,我们邵氏家族中,服务教育界的有两支,他们家是一支,我们家是一支。我念养元小学的时候,他是我们小学的校长。同时,他也教算术,特别是珠算,打算盘,我的印象很深。他有一个孩子在北京,在空军做测量,现在也70多岁了。

还有龚婉婉老师。已经过世了。她是菽庄龚家①的人,和舒婷有亲。以前我每年回来都要去看她。她教语文。她1934年,教我们一年。她是毓德中学毕业的,非常负责任。

还有一位英文老师 Helen(海伦),是救世医院夏理文院长的太太。

鼓浪屿有一家救世医院,是美国归正会办的。最早的院长是郁约翰医生,他有一次给一个厦门的鼠疫病人看病,被感染,去世了。郁约翰有五个学生,后来都是厦门的名医,其中一位是陈五爵,其他几位是陈天恩、黄大辟、林安邦等。我们兄弟姊妹都是陈五爵医师接生的,他住在竹树脚。

郁约翰去世十年之后,夏理文医生来做院长。夏医生很忙的,救世医院有100至150个床位,在现在也算是大医院了。夏医师出门骑马,因为教会在龙岩、平和也有医院,他要到龙岩、平和去巡视。他和他的马一起坐船离开鼓浪屿。夏医师人很好。

我们养元小学很好,很早就有英文老师。我从小学三年级就

---

① 菽庄龚家:指鼓浪屿菽庄花园主人林尔嘉的原配夫人龚云环的娘家家族。我国当代朦胧诗的代表作家舒婷,鼓浪屿人,本姓龚,是龚云环的后辈亲戚。

开始正式学英文,上英文课。Helen穿高跟鞋,走路鞋跟很响,听到"嗒嗒嗒"的声音,我们就知道她来了,同学们就说"H来了,H来了"。她是很严厉的。Helen的开头字母是"H",所以,同学都叫她"H""H""H"的。我小学三年级上她的课,一直上到小学毕业。

Helen老师的家就在学校附近,走路三分钟就到。她很负责任,上课她有课本的,有会话,要用英文对话。上课是用英语教学,讲英语,你听不懂的时候她讲闽南话,但她只会讲一点闽南话。一开始听不懂不要紧,慢慢就听懂了。我觉得这个很好,学英文,就是要实用。

我从小喜欢看书,是自己乱看书。在鼓浪屿毓德的家里,我有自己的书房。我老爸喜欢买书,所以我有自己的书柜。

看的书,就多是旧小说,《三国演义》《红楼梦》《水浒传》《西游记》之类的。老爸买给我很多书,《说岳》《七侠五义》《粉妆楼》《小五义》一大堆。看不懂的,自己找字典。然后再看一次。

读小学的时候,我跟二姑丈学拳。他告诉我爸爸,建寅这个孩子身体比较瘦一点,我来照顾他。

我二姑丈沈省愚,当时是英华的校长,住英华。

我家住的是毓德中学的校长住宅,走到英华,差不多要半个小时。

所以我暑期,清早五点就要起身,走路到英华,在二姑丈的院子里学武功。我八岁开始学。学了五年。学的是少林南拳,还要学刀、学剑、学枪、学鞭、学棍……

和我一起向他学拳的,还有工部局的印度巡捕和北方巡捕(警察)。有好几个北方巡捕和我一起学。有的学刀,有的学枪。

二姑丈规定:你学拳之后,再给你学刀、学剑。这个剑不容易,要看对方的剑在哪里,要跟着目标旋转,剑最难。我喜欢学棍子,棍子防身,我们童子军都有棍子。我小时候瘦瘦的,可是身体不错。

在二姑丈那里,每天练武功一个小时。

一个小时之后学写字,我学他的字,以他写的字做字帖,差不多半个多小时,不到一小时。写《吊古战场》,一天要写六张大楷,半张小楷。这是每天的功课。小楷比较难写,六张大楷很快就写好了,半张小楷要写好久。有时候心急要离开,因为潮水到了,我要跑去游泳。但来不及也只好晚上去游。二姑丈对我很严格的。

我最喜欢的是早上六点、下午六点的潮水了,这样我就可以一天游两次。我游泳还不错,可以横渡厦鼓。

游泳时我们一般是几个人结伴去游,最少三个,四五个最好,以防万一有人抽筋,可以互相帮忙。我们平时游泳的路线,就是从美华海滩游到港仔后。那里有漩涡的,得小心。游好了从港仔后上岸,走路回家。偶尔也从鼓浪屿游到厦门。我也曾经从大德记游到港仔后。这不容易游的。我游几千米没问题。我的身体是那时候练拳打下的基础。

我的二姑丈,让我每天打拳,完了要写字,不能逃学的。他是校长啊,很严厉的,很威严的,大家都怕他,都敬他畏他。有次我父亲就很奇怪地问我:"怎么你们大家都怕二姑丈啊,你们怎么不怕我。我比他凶啊。"

我后来,自己也当校长,我从来没有训过同事或者学生,但他们都说,邵先生很威严。

二姑丈教我打拳,叫我打他肚子。二姑丈发功,让我用力打他的肚子。我用力打,他还嫌太轻。"这样打!重一点!"他个子瘦瘦小小的,但全身的肌肉非常结实。很结实。他说:"还不够,再用力!再打!"这样。

二姑丈让我学他的字。有一天他回家,眯眯地笑。不说话,只

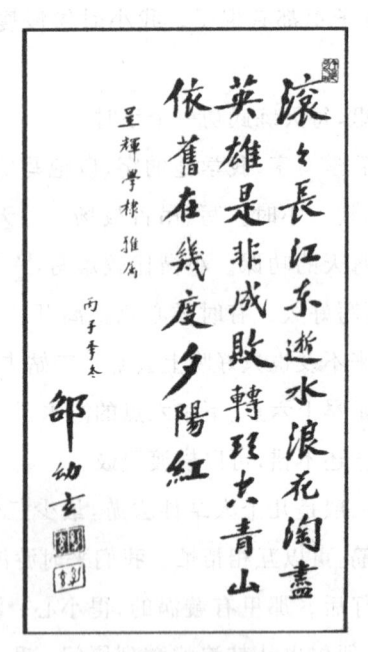

> 滚滚長江東逝水浪花淘盡
> 英雄是非成敗轉頭空青山
> 依舊在幾度夕陽紅
> 呈輝學棣雅屬
> 丙子季冬
> 邵幼玄

邵建寅先生书法作品

微微地笑。因为他平日不苟言笑，喜怒哀乐不形于色的，很严肃。二姑母就很奇怪，问他："你今天有什么事？一直笑，你笑什么啦？"他说："有啦有啦，我今天在路上看到我自己写的字。"

原来，他是经过怀仁女中，那时候二姑母还没有担任校长，在夏天，学校开夏令会——闽南基督教青年夏令会，贴了一个会标，写着"闽南基督教青年夏令会"几个大字。

二姑丈看到那些大字很高兴。他告诉二姑母，看到了自己写的字，一想他从来都没有写这些字，为什么会有那些字？后来想通了，一定是建寅写的。二姑丈看到我写的字和他一样，他很高兴。

那是1946年，那时候我已经从长汀回来，大学还有最后一年，我在怀仁临时教课。

我八岁到十三岁，学二姑丈的字。二中（英华中学后来改为厦门市第二中学)图书馆"百友楼"80公分大的楼名,原来是二姑丈写的,"文革"时被填平了。后来二中校友会找到我,让我重写,因为我的字就是向二姑丈学的。

邵建寅先生题写的"百友楼",摄于2017年

在上个世纪,太平洋战争爆发之前,鼓浪屿的宗教气氛非常浓厚。市民百姓信基督教的人很多,卖肉卖菜的小商贩很多都信教。到了礼拜六,屠宰场要宰好十头猪,菜市在傍晚要开夜市,方便信徒们采购;一到礼拜天,商贩们按照教规,大都全天休息,参加礼拜,不做生意。

到了一年一度的圣诞节,宗教活动就更加热闹。

12月24日晚上,是平安夜,有"报佳音"活动。在半夜12点之后,每个教会学校,都有自己组成的"报佳音游行团",以学生为主,一般是几十个人,沿街游行,各走各的路线,每支队伍都高举着蜡烛,沿途欢呼;甚至有的连风琴也抬出来伴奏。到了亲友的门口,便停下来,高唱庆祝圣诞的诗歌,还会呼叫一些庆祝圣诞的口号。

这个时候,户主一定要打开窗户,讲一些喜庆的话,做回应,或者放一挂爆竹,报答学童报佳音的美意。比较体面的大户,早早地在自家厅堂点起蜡烛,摆出饼干啦糖果啦,还有水果香茶,等报佳音队伍唱圣诗呼口号之后,打开中门,请他们到厅堂用茶点,主人宾客互道祝福,欢聚一堂。

回应互动之后,全队又去下一家。就这样一家一家走过去,有时候到天快亮了才散。

我在养元、英华,都参加过报佳音游行。

每到圣诞夜,教堂里一定会举办赞美会,由本教堂信徒组成歌咏团,唱赞美诗。歌咏团的团员,是从信徒中挑选音乐素养较好的人员组成的。当时主要是教会学校的学生。教会学校学生的音乐素质较高,他们平时有训练的。教会学校,早晚有崇拜会,礼拜天上下午得到教堂去,而且每星期最少有两次的圣乐训练,不但口中要唱,还要心中领会,边唱边听,潜移默化,久而久之,对于抑扬顿挫的圣诗,不仅能够唱好,而且大都能够体会其中意思。

我中学读英华书院。

英华也是百年老校。1898年,基督教英国伦敦会的山雅谷牧师,租用鼓浪屿荔枝宅附近的民宅,办了一所学校。不久,苏格兰人巴伯博士建议,教会应当在鼓浪屿办一所中学,用英语介绍现代学识,培养具有现代新思想的青年。过去,教会在中国办学,以初等教育为主,渐渐地,他们感到需要办与英国中等学校相类似的学校,可以为小学的优秀毕业生提供接受更高水平的教育机会。在巴伯博士的游说之下,基督教英国长老会同意与伦敦公会一起合作,把山雅谷创办的学校办成中等学校,还新租了校舍,学校取名"英华书院",又叫"中西学堂"。

两家合办一年后,伦敦公会退出,由长老会单独承办。

所以英华书院也是一所教会办的学校。

早期的英华,仿照英国的高等学堂学制,中学四年,附设大学预科两年。课程开有基础、商业和科学三科。基础科有英文、中文;英文课有英语Ⅰ、英语Ⅱ、语法、朗读、翻译和演讲等,内容很多,单独成课;中文课有四书五经、古文、唐诗、尺牍等等课程。商业科有书写信函、速记、打字、记账，还有政治、经济与商业的会话等课程。科学科有化学、天文学、自然科学、数学、教育和心理学等课程。此外，还开了音乐课、体育课、击剑课。完全是英国式的教育。

那个时期英华使用的教材课本，除了中文课教材之外，全部是英文。英文课本全部从英国购买。上课除了中文课之外，都用英语上课。教师大部分是英国人。所以英华的学生英语程度很高，毕业生可以进入洋行、海关、电报局等等，和"洋"有关系的公司和机构，谋一个高薪职位（这些机构的薪水比较高）。也可以到教会学校教书，取得比较高的社会地位，当时教会学校的老师很受人尊重。少数预科八年级毕业生，可以免试升入英国的大学读书。

英华在教学安排上，重英轻汉，上午英文，下午中文。但是中文课的老师，也都是当时闽南的名儒、报人、私塾先生。英华专收男生，有走读，有寄宿。我就是走读。

长老会的想法，是在中国的东南部，建立一所传播西方现代文明观念和基督教理想，加上英国生活方式的教育中心。1900年前后，中国有好几个地方有英华学校，福州也有，都是英国的教会办的。厦门的英华，在办学的头30年，名气很大的，不仅闽南，香港、南洋都有人送孩子来读，英华的学费还是不低的。不过到了1920年代，情况就有一些变化。到了1930年代，英华又达到一个高峰。可惜太平洋战争之后就大变样了。

到了1920年代，国民政府推行《学校系统改革案》，英华按要求于1924年改名"英华中学"，实行"三三制"的"新学制"，初中三年，高中三年。后来全国掀起轰轰烈烈的"收回教育权"运动，英华在1926年聘任了第一位华人校长郑柏年。从那以后，外籍老师陆陆续续走了不少。1927年国民政府颁布《私立中等学校及小学立案条例》，英华成立校董会，申请立案。1930年郑柏年校长因为年

1929 年英华书院童子军

纪大了要辞职,董事会任命我二姑丈沈省愚担任校长。

英华的校训是"诚、智",简简单单的两个字。和毓德的"诚、洁",好像是对应的。"诚、智",在不同时期也有不同的解释。不过,大体上不会差太远。到了二姑丈当校长的时候,他认为,诚,不只是单纯信仰上帝、追求真理,还是"栽培有德智体群并基督精神之人才,以服务国家与社会"。他要求学生"专诚尽智""乐群敬业"。智,就是要培养求知、思辨和实践的能力,发展自己的个性,主动探索,获取知识。

英华除了英语和英国文化的特点,还有一个,就是足球。

从办学一开始,英华就非常注重开展足球运动。在福建,英华是最早开展足球运动的学校,所以,鼓浪屿是福建最早开展足球运动的地方。英华看重足球,与校长和老师都喜欢足球有关系。首

1980年左右拍摄的厦门二中（原英华书院）校园
左侧的小楼为百友楼，墙上"百友楼"三字已经不见了

任主理（相当于校长）的英国人金禧甫，以及他的继任洪显理（也是英国人），都是足球运动的爱好者。为了方便踢球，学校还建了一个标准的足球场，组建了校足球队，聘请了专门的足球教练，制定严格的训练制度，从球员的基本训练和培养着手，推动足球运动开展。

教练员把校队运动员分成"虎""豹""狮""象"四个队，每个礼拜三和礼拜六的下午，进行训练，从"传球""掩护""冲刺""防守"这些基本的动作开始，打好基础。当时足球队有自己的球衣，白色和蓝色相间的条纹，那个时候很时髦的。1910年，洪显理带领校队到泉州培元中学（也是教会学校），同它的校队比赛，赢了。后来又到汕头、福州等地，与当地学校的球队打友谊赛，都获得好战绩。这也进一步推动了足球运动在英华的开展。那时，英国军舰到厦门，水兵球队会邀请英华的球队踢一场。同人高马大的水兵比赛，也让英华的球员学到不少技术。

足球运动不仅成为英华体育课的正式科目,而且成为英华的第一运动。上体育课,老师要留出一段时间让学生踢球。足球也成为英华学生最喜欢的运动,参加踢球的学生越来越多,学生先是自发地组织了跨班级的"民间"球队,后来又有以班命名的球队。球队多了,球场只有一个,于是几个队同时在一个球场进行比赛。边上的人只看到好几个足球同时在场上飞来飞去,几十个打着赤脚的学生在场上跑来跑去,根本分不出是谁和谁在比赛。当然了,场上的球员是清楚的。

英华足球队获1920年全厦足球公开比赛锦标纪念

英华的另一个特色,就是社团组织活动较多。

最初,书院刚创办的时候,成立了基督教青年会,主要是在青年学生中传播基督教教义。英华基督教青年会,有正副会长、秘书,设立了德育、智育、体育三个部。德育部协助教会工作,负责督促读《圣经》;智育部负责主办各种演讲会、讨论会、辩论会等等;体育部负责体育训练。青年会最初是围绕这"三育"来开展工作,到了1920年代,它的宗教色彩逐步淡化,演变为以推进"德、智、体、群"四育活动为宗旨的青年组织。

黄猷先生认为：当时的青年会，起了相当于学生会的作用。青年会有文书、出纳等骨干，每礼拜天下午，这些骨干就要在沈先生家聚会。实际上，到沈先生家聚会，沈先生的目的就在于了解学生的动态。

到了1930年代，学校的学生社团，在二姑丈主政的校方鼓励下，多了起来，各种各样的。英华有话剧社、艺术社、摄影科、园艺科等等，二姑丈当校长的时候，强调中西文化并举，艺术社分为中国书画和西洋画两个部分，话剧社里面也有京剧组。从初二开始，每个学生可以自己选择一到两项课外活动组织。学生的潜在能力在这样的环境下被充分激发出来。

二姑丈非常尊重学生的意愿。学生要成立社团，他比较宽容，还允许那些非主流的、不公开的社团存在。对于教会的一些规定，比如教会子弟都要加入青年会，他也尊重学生本人的选择，不搞强制。二姑丈说，信仰是不能强迫的，到他们长大了的时候，可以自己做出判断。

我是1938年十二岁的时候，养元小学毕业，考上英华的。

读初中的时候，英华的英文课还是放得很重，一周有十七节英文课。还要看英文课外书，不仅仅读课本。还要阅读23 Stories，50 Famous Story Retold，其中有托尔斯泰等人的作品。有拼写课，写作课，还有对话课。

我们初中毕业，英文语法基本都通了。

我在英华读书，三四年时间，中午就在二姑丈那儿吃午饭。回自己家要走很远。二姑丈少林拳打得很好，因此他也买了很多武侠小说。我没事就去看，中午吃了饭，午休有一个多小时，我就去看二姑丈的书。

我二姑丈是英华的校长，但他还兼我们的地理课。在班上，他教的功课我学得很认真。他什么都能教。他教的地理我到现在都还记得。他教地理不带书,他从东三省讲起。今天讲辽宁,就在黑板上画一个辽宁的图,明天讲黑龙江,再画一个,再来吉林……一堂课里可以讲两个省,这省有多少面积、人口,多少特产,有什么特色,文化方面有什么贡献……一个省一个省接下来,往西接到新疆。一省连一省,我们都会背的。

二姑丈他懂得很多,教书是非常有经验的,很有特点的。他的特点就是,重视分析。他的教学不是填鸭式的,而是启发式的,启发学生自己学习。这样才记得长久。

现在讲我的中学老师。

我们有很好的英文老师。

有两位英国老师。

一位是英格兰人彼得·安德森(Peter Anderson),他在第一次世界大战中受过伤,在腰上,所以他的身体是弯曲的,不能伸直,走路这样子,弯着腰。他教我们英文。他上课也是以学生为主,提问题让学生回答。我们上课要背美国诗人的诗。

还有一个是罗伯特·塔里(Robert Tally),中文名字叫李乐白,是苏格兰人,有苏格兰口音。"today",他读起来是"图代儿",口音很重。他是路透社的记者,经常给路透社写稿,所以日本人一进鼓浪屿,就直接去抓他。

这两位英国老师都很踏实,非常温和,对学生非常好。大家也很尊重他们。

安德森的中文名叫胜安得,他基本上每个礼拜,都会挑一天晚上,邀请学生到他家里,举行"tea party"(茶会)。在他家里,胜安得老师夫妇一起招待大家。给每个学生一杯清茶,几块饼干,你还可以自己在茶里加一点牛奶和方糖。大家先是喝茶聊天,当然都是讲英语了,接着由胜安得老师主持做集体游戏,然后三五个学生一组,在胜安得老师事先放好的室内器械上玩,也就是拉力器、哑铃这些体育器械。玩这些不是为了体育,是要在运动过程中进行交流。这个"tea party"非常受学生欢迎,大家都很喜欢胜先生。参加"tea party",大家在英国传统的文化背景中,体验英国人的生活方式,学习社交礼仪,感受西方文化,它不仅仅是练习一下交际口语。所以英华毕业的学生,不但口语地道,而且还有英国绅士风度。我参加过胜安得老师家里的"tea party"。

黄猷先生讲过他记忆中的一件事:

Robert Tally(罗伯特·塔里)的中文名字,叫做李乐白。Robert Tally很厉害啊,他在第一次世界大战中是飞行员,给打下来的,所以拐腿了。这些人,都是有经历的。所以日本人进来,赶快就要抓他,就因为他以前是路透社的记者。日本人上鼓浪屿后,外国人都要去日本人指定的集中地集中。有的后来放回家,但是受到各种限制。我记得一件事,那是我亲眼看到的。那时,Robert Tally算是战俘了,吃的用的都被限制了,但还没有被集中关起来。住在自己家里。我看见方老师站在英华后门,在通往洋教师住所的那个路口等着Robert Tally过来。要知道,方老师平常与洋教师交往不深的,他看见Robert Tally来了,就走过去,拿了四个鸡蛋给Robert Tally。这就是人情啊,人和人之间的关心与同情,在这关键时候体现出来了。

英华的人情味是很浓的。身为校长的夫人,我二姑母对校工都很有礼貌,都称呼他们为"某某伯""某某兄""某某嫂"。从她开始,后来大家也都这样称呼校工了。

还有中国老师教英文的。我们很幸运也有。

一位是王秀桐,是上海圣约翰毕业的,现在已经过世了。二姑丈离开英华后,他被日本人委任为代理校长,那时,英华被日本人改为"厦门市立第二中学"。他有个儿子叫王灵智,美国西岸加利福尼亚大学的名教授。

一位是刘锡三,是燕京大学毕业的。燕京大学英文非常好。他是牧师的儿子,栽培到燕京大学,不容易。他的教法是互动又实际的,我英文得道最深的是他。他着重翻译,教法很互动的,英译汉,汉译英,我学到了很多。他用英文、中文两种语言讲课。

还有一位非常好的老师傅从德,香港大学毕业的。他教英文文法,是整本书的。所以英华的英文很好,素质高,就是无论你讲的还是写的,都要照文法来,也就是语法。傅老师他教得非常好,我印象非常深。他后来到台湾去当教授,是成功大学文学院的院长。我记得1975年我到台湾,去看他,他非常非常高兴。他第一出口成章,第二非常注意语法。是一个很好的老师,现在过世了。他也教过厦大。

以前厦大英文系几位主任都是英华毕业的。厦门大学复员,英华的学生到厦门大学,有三位做了外文系主任:巫维涵、黄希哲、刘贤彬。还有吴宣恭、陈国强等一班人都到厦门大学任教。

还有一位黄镇坊老师,是菲律宾侨生。他的英文很好。

我很幸运,这些好老师帮我打下很好的英文基础,终身受用。

我们有很好的数学老师。

陈绍德老师。

庄吉甫老师,数学老师。他是很好的老师,同时也兼教我们体育。

王世铨老师是我们的数学老师,教我们几何,很棒的。他画圆不用圆规,一画就是一个满圆。我们称他的经典圆叫九点圆。黄猷先生讲过:"如果说起和教会的关系,王世铨老师更有优势做英华校长,但是他年纪大了,所以他就没被送去(协和)学习。"王世铨老师后来在鼓浪屿过世。

我们的化学老师邱继山,协和大学毕业的,又在岭南大学得到硕士学位。现在一百多岁了,还健在,住美国。

我们的生物老师吴俊英,也是协和大学毕业的,是邱继山老师的太太。

中文老师有好多,很出名的。

有位乔杰臣老师,他是北京人,他讲话慢慢的,都是京片子,我们学了很多。

有位老师叫许声骏。

有位老师叫黄镜湖。他是厦大英文系黄希哲系主任的爸爸。

还有位老师是陈允洛。陈允洛老师的大舅子郑柏年,是英华第一任华人校长。他是郑柏年的妹婿。

陈老师曾经和人一起创办厦门的《民钟报》,做过报社的经理,是主要负责人。鼓浪屿沦陷后,陈老师去新加坡《中兴日报》当主编。

他的字写得非常好。他88岁的时候,参加日本举办的中日书法比赛,一万多人参加比赛,他第一名。我有他的字,很小的,写得非常整齐。

黄猷先生说:"陈允洛老师有个伟大的创造发明。华文报纸刊登婚丧喜庆启事,是陈允洛老师他发明的。因为他看到,报馆同仁们要出去应酬,无以回报,那就'秀才人情纸半张'。以后这种做法就慢慢传开了,成为华文报纸的一大收入了。"

我们在英华读书时,陈老师是很严厉的,大家都很怕他,大家用闽南话叫他"四十九日黑",普通话的意思就是"一连四十九天都是阴天",都不笑的。后来我到了新加坡,我们熟了,我在教书,他在办报,我们有时见面,对我就很好了,再不像当老师时那么严厉。

回来厦门,我们像父子一样,就非常好了。

他有三个儿子,起的名字都是出自《中庸》,大儿子叫时中,抗战时参加到缅甸作战的远征军,他开的是坦克。他很温和的,和爸爸完全不同。二儿子叫致中,三儿子叫倚中。

当时一些老师除了上课,在课外和同学不交往,他们很严肃,学生都有点怕。其实他们人很好。

还有林孟温老师,林语堂的大哥。他是一位中医,也是我们的老师。他还是我祖母的表弟,我该叫他大舅公。他学名林景良,又名和安,字孟温,从小熟读十三经,国文功底很深。

他的祖父祖母是漳州第一代基督教徒,他的父亲林至诚年轻时做过小贩,后来成为牧师,到厦门等地方传教。家也搬到厦门,几个孩子都在鼓浪屿。

林孟温老师在鼓浪屿救世医院学医。毕业后,在英华中学当国文教员,还曾经在厦门大学国学院当编辑。

那个时候林语堂大学毕业去留学,先在美国读哈佛,后来到德国,1923 年 28 岁读到博士就回来了。他留学回来后跟他大哥学中文,加强中文。是林孟温老师指点他学中文的。林语堂是养元小学毕业生,中学是寻源书院毕业的,大学在圣约翰毕业,读的都是教会学校,英文比中文好,所以他要加强中文。林孟温老师文笔很好,字也写得很好。

有一位老师是举人,叫胡军弋。

还有一位贺仙舫老师,他也是一位举人。[①] 仙舫是他的字,他名叫贺仲禹。贺老师是惠安人,出生于 1890 年。小时候在惠安的教会学校读书。后来到鼓浪屿澄碧书院(又称澄碧中学)读书,这是英国伦敦会办的一间教会学校。

[①] 有说是秀才,从口述人。

贺老师喜欢中国古典文学，他的骈文和律诗写得很好。1910年，从澄碧书院毕业后，因为古文造诣深厚，被英华书院聘为国文教师。当时他才20岁。1913年闽南教会主办的《道南报》创刊时，他被聘请担任总编辑。1922年，《道南报》由周刊改为《道南日报》，他仍然被聘为总编辑。这一年，他还兼任双十中学国文教员，并为双十写了校歌，双十校训"勤毅信诚"，就出自他写的歌词。

他有一个女儿叫贺逸女，和我大姐同班，在毓德。贺先生以前教过寻源，是庄克昌先生的老师。我们读英华的时候，他身体不好，不怎么上课了，要我们有问题去找他。

英华出了很多人才，包括台湾的陈奇禄，他做过台湾国民党政府"文建会主任"。他是台湾人，就读英华书院是寄宿生，后来他留日了。他对英华很有感情。他的书法、绘画都很有名。奇禄后来中风，就退休了。我曾邀请他来中正学院作学术演讲。

我们英华的老师，都是一级的好老师。

在英华我们四个是很好的朋友，我、黄猷、邱继善、林荣忠。林荣忠后来到了南美，已经过世了。邱继善福建学院（福州师范大学的前身）毕业，做教授。他比黄猷和我大两岁，他的爸爸，邱思志，是福建拳赛的第一名。他们新坂人，很会打架。新坂人在鼓浪屿打架有名的，一言不合就打。黄猷是不会跟人打架的。

还有一段故事。杨启泰先生（英华校友，菲律宾富商、侨领）在1940年，我初中毕业那一年，在英华设立了一个奖学金，奖励学校成绩最好的，第一名。1940年，我初三毕业，考试全校第一名。所以我得到这个奖学金，他来奖的。我得奖之后，因为战乱，这个奖没有继续办了，变成绝后了。我得奖，也是空前的，第一次颁发这个奖。杨启泰先生在马尼拉经商，做钢铁业，瑞隆兴铁业公司，后来做到全菲第一，是菲律宾商联总会的理事长。王泉笙请他一起来办中正中学。他后来担任了菲律宾中正学院的院长兼董事长。

我也一样，担任过菲律宾中正学院的院长和董事长。依照中正学院董事会的规定，担任过中正学院院长和董事长的，是中正学院的"永远荣誉董事长"。我们两个都是，这也可以说是一种巧合吧。

第五章

战乱流离与大学生活

我中学只念了五年。一般是读六年,初中三年,高中三年。1941年12月8日鼓浪屿沦陷,我正在读高二(上)。1942年,我因为不甘愿当日寇顺民,就离开鼓浪屿,到内地①去了。因此,我高二(下)、高三(上)没有念。离开英华,为什么?因为不甘愿当日寇的顺民。

那时候,日军只占领了厦门岛和鼓浪屿,岛外的大陆地区还是国统区,当时叫"内地"。

那时,厦门和鼓浪屿的粮食供应,要靠漳州。厦门和鼓浪屿都不是产粮食的地方。每天要靠漳州的船运米、面粉和其他供应品。而漳州又是国民政府管辖的内地。日军的供应线受到限制,所以鼓浪屿粮食供不应求。日军允许部分岛民疏散到龙海②一带。

离开,要在晚上从厦门乘船,先到浯屿,再转乘小船到海门——九龙江入海口的一个岛。从海门到海澄,然后再到漳州。

家里商量,我和三姐蕙君先走。

---

① 内地:抗日战争时期,人们称日军未占领的地区为内地,也叫国统区。在解放战争期间,指国民党统治区域。
② 龙海:位于福建省东南沿海九龙江出海口,为漳州下辖的一个县,由龙溪县和海澄县合并而成。1993年撤县设市。西距漳州市区十九千米,东与厦门接壤。

我们先到了漳州①。

在漳州没多久,又到漳浦。我在县政府做科员,做了一年。没事的时候会看书。县长,姓黄,黄明日,海南人,他有时候到办公室来转,巡视,看到有人闲着打瞌睡,有雇员喝茶、看报,他要打手心,用戒尺。到了我的座位,他看看,摸摸我的头,翻一下我的书,问,你在看什么?我说,大代数。他说,你念大代数干什么?我说,我还得升学。他点点头,还鼓励我。他说,哦,很好很好。他容许我在办公时间复习数学。

秘书长姓郑,所有的行政都是他在管。我记不住他的名字,他非常爱我,当时我 16 岁,很小,他教我怎么写公事(就是公文)。他时常来说,建寅啊,有个公事,你来写,你替我写。

公文有上行的、同级平行的、下行的。

第一行起头,你要写给谁,给上级的,就是上行的,要写"……等因,奉此";如果是同级之间,比如县与县之间,平级单位,要写"……等由,准此";如果是下行的,给下辖区域或机构,要写"……等情,据此"。

第二到第七行,是你的主体。你那个主体的六行里边,要提到他们所请求的事,要求我们要做什么,然后一转,你应该这么做,很简单很扼要。如果有一些细则写不完,六行写不下,你可以附另纸,写那个细则,就是另外写一个拣附。可是这个本体公函要写好。

第八行,落款,就是你的名字,我们是漳浦县政府。

我就在秘书长的指导下,写一个初稿,写好了,然后交给他。在他手里,就帮你改,这里这样子,那个应该那样子。重点在这里,

---

① 漳州:位于福建闽南地区,东邻厦门。唐垂拱二年(公元 686 年),陈元光将军请建漳州获准,始设漳州州治,后又改称漳州郡、漳州府等,民国二十三年设督察区,辖龙溪、漳浦、云霄、诏安、东山、海澄、长泰、南靖、平和、华安十县。

起承转合,八行书①,尽量做八行书。

改了再改,你再重抄。好像大人教自己孩子一样教我。这让我学到很多,无论是文字上,还是规则,都学到很多。可是一年之后,我还是去读书了。但是我非常高兴又非常感激有这么一个好老师。

我在漳浦,就和后来成为我三姐夫的陈秀夔住在一起。陈秀夔是我五叔在协和大学的同学,他也是我五叔父的好朋友。当时他也在漳浦县政府做事,在县政府对面找了房子住,五叔委托他关照我们,因此我和他住在一起。

那时候他还不认识我三姐。后来他看中我三姐,他们俩互不认识,所以就让我五叔介绍。

我三姐当时就在漳浦中学教书,住一位女同事的家里。这位女同事的家,是漳浦的世家。女同事的爸爸,后来我还和他成为好朋友,我后来路过漳浦,也到过他家过夜。

后来政府有一个"沦陷区学生甄别考试",是考你的学力,我就报考了高三(下),之后考中了,就到龙溪八中念高三(下)。当时福建只有三所省立高中——福州高中、长汀高中、龙溪高中。我挑选了龙溪高中,距离最近,就是现在的漳州一中。高三(下)毕业时,由学校保送到厦大。

我读龙溪中学时候的校长,叫谢新周,谢新周校长是厦大第一届毕业生,他也是我爸爸在厦大国学院的学生。谢老师瘦瘦的,虽然没有任课,但他是一个非常关心学生的好校长。后来他去了台湾,担任台南第二中学的校长,我曾经在1975年去看过他。

那时候毕业生要参加会考,我参加了会考,成绩是闽南区第二名。我小时候很少考第二名的,都是第一。那次是中间休学了一

---

① 八行书:旧时书写习惯为用毛笔竖写,每页信函笺纸上用红色竖划线条分为八行,因此称信函为八行书,简称八行。

年，大代数啦、物理、化学啦都没有念。按当时的规则，毕业会考前三名，这个成绩的学生，可以到全国任何大学读书，免考。我可以到清华，可以进北大，可以进成都的交大，可以进复旦、金陵大学，都不要考。但是妈妈没有钱，我自己还不能赚钱。我甚至都没有路费到当时的福建省会永安，去教育厅办免考手续。后来想，怎么办，不然到厦大去吧。考虑到长汀比较近，只好选择由龙溪省中保送厦大。

当时厦大已经搬到长汀，龙溪到长汀，当时差不多三四百公里，去厦大，我走路走了三天，走到龙岩，又坐了一天烧木炭的汽车。这个汽车走走停停，上坡的时候我们要下来推车，不然上不去。

到了厦大，这些由学校保送的学生还要复试，考英文、国文、数学这三科，我高分及格了，就留下来念厦大。原来我比较兴趣化工，可惜的是厦大有化学没有化工。只有化学系，是理科。要念化工，就要到江西泰和中正大学，那里的工学院有化工系。我就选了厦大的工科，选了自己比较有兴趣的电机和机械。

1938 年，厦门大学十七周年校庆留影，长汀

当时大家都喜欢念工科，念工科免学费，同时食宿也免费，只需要零用钱。

机电工程系是萨校长手里办的，有这个招牌，我们这个专业的学生是全校最多的。全校1000人，机电系有250人。

当时我们住学生宿舍，很小，一间有两个上下铺，住四个人，很辛苦的。

但伙食还是能吃饱。萨校长很照顾的，虽然是大锅大鼎地做，可是我们吃得饱。早上吃糙米粥，中午晚上两顿糙米饭，两饭一粥，从没有间断。这个糙米饭，你吃头一个礼拜你不习惯，反胃，想吐；两个礼拜后，你觉得很香，比白米饭好吃得多。特别是糙米粥，很香，很好吃。早上有大黄豆，二两的黄豆，所以我可以吃黄豆和糙米粥吃得很饱。伙食没问题。中午晚上，看什么菜，需要就自己买，就用零用钱。

课余时间我们运动，打打球，爬山，校舍边上就是山。

刚去长汀的时候我口袋空空，没有一个铜板。怎么办？就节俭一点。所以到第二年就去兼课，在长汀的乐育小学。长汀乐育小学是教会办的。学生多数是厦大教师的孩子。还有1944年从江西泰和疏散来长汀的，中正医学院的教授的孩子。厦大学生陈俊德学长曾经兼任校长，后来由厦大1944年入学的教育系学生陈世义接任校长。我去兼毕业班的级任老师。我和世义每天见面。

学生只有两百多人，大部分是教授的子弟，所以素质很高。

我教的乐育小学的学生，现在还有联系。

有一个学生，夫妇两人从法国到马尼拉找我。头一天，他们整天在酒店柜台打电话。第二天，老板问："有什么要我帮助的吗？你一直打电话是找人吗？你要找谁呀？"他说："我找邵建寅。"老板问他："邵建寅是你的谁啊？"他说："是我老师，我离开他68年了。"老板又问："你知道他地址吗？"他说："不知道，只知道一个电话。"老板说："我帮你打。"结果一打就通。为什么？老板说："你是邵建寅的学生，我也是邵建寅的学生。"老板知道我现在的电话。

而他手上的那个电话是几十年前的，当然打不通啦。找到了。

邵建寅先生夫妇(左三、左四)与当年的学生谢希哲夫妇(左二,左一)合影,右一为希哲下榻酒店的老板,也是邵先生的学生

他们夫妇退休后住法国,专程从法国来看我。我招待了他们一个多礼拜。

这个学生是谁?是乐育小学我的学生谢希哲。他是长汀厦门大学谢玉铭教务长的小儿子,老幺,又是我的学长谢希德的弟弟。

谢希德后来当过复旦大学校长、上海市政协主席。她有几个兄弟,一个是北京航空航天大学教授,另外一个是南京工学院,后来的南京大学教授。

这个老幺谢希哲,口才很好,退休以后到处跑。他是清华大学念土木的,在新疆做事。

这是2010年的事情,五年前。远道而来找我,他只拿着一个电话来找我,这个电话又是过时的。也不先打听清楚。幸亏碰巧酒店老板是我学生。找到我后,在马尼拉一个多礼拜,我们带他们两个到处走,他们快快乐乐回去了。有志者事竟成。这个学生终于找到了我。

那后来,由他这里得到他们班上同学的信息。他们这个毕业班

谢玉铭先生在厦门大学工作时全家合影
后排左二为谢希德，右一为谢希哲

学生有十一位，能拿到电话的只有五位。我一个一个打电话联系。

一位在天津。

一位在台北，是一个退休的大校，之前在保安处做事，叫邹文轩，今年已经85岁，五代同堂。我去台北看女儿，约他们来吃饭。

有一位女学生在长汀当老师，叫陈捷惠。

还有一位女生在吉林长春，吉林大学建筑工程学院的博士导师萧树芳，她是厦门大学长汀时期商学院会计系主任萧贞昌教授的女儿。我打电话过去，我说："树芳，有一个人也许你不记得了。"她问："你是谁呀？"我说："我是你的老师。"我没有讲年代。她很聪明，想了一下就说："啊！你是邵老师！"她很高兴。她是博导，现在退休了。她是建筑学院的，学建筑，没学会计；她老爸可是会计系的教授。她丈夫也在吉林大学的建筑学院当博导。

在台湾,最近(2016年)又找到一位,当年乐育小学的学生。我已经买了机票,过几天(2016年10月)要去看他。他后来念轮机专业,毕业后,到邮船上工作,做轮机长,今年83岁。

我在乐育小学是教语文的,我当时只有18岁,他们大概12岁的样子,小学毕业班。我们相差六七岁。

这个学校虽然小,两百人,可是学生的素质高,大都是教授的孩子,包括萨本栋校长的两个孩子,一位叫萨支唐,一位叫萨支汉。现在萨校长的老二萨支汉已经过世了,他是数学家,是纽约州立大学石溪分校的数学教授。老大萨支唐在佛罗里达大学当教授,教电子电讯,长期做半导体器件和微电子学研究。前两个月还来厦大讲课。他是三料院士:美国国家工程院院士,台湾"中研院"院士,中国科学院外籍院士。

我在乐育小学教书一直教到1946年厦大复员,每天要上课,一天两堂课,在上午。学校离住的地方有一段路,不远,走路十分钟。我教得很快乐,他们学生也很快乐。

去那里教书也要考试的,看你行不行。

我教的班上有11个学生,有几位现在已经过世了。这是我最早的学生,第一批学生,也是我从事教育工作的第一步。

比较低年级的,还有一个王洛林,当时9岁。他爸爸王亚南教授[①],1950年代做了厦大校长。他自己后来当了厦大的党委书记,

---

① 王亚南(1901—1969),湖北省黄冈县人。著名经济学家。1935年和郭大力一起翻译《资本论》,于1938年出版《资本论》三大卷全译本。王亚南先后担任过中山大学经济系主任、厦门大学法学院院长兼经济系主任,从1950年起,担任厦门大学校长直到去世。他是第一、第二、第三届全国人大代表,并兼任中国科学院哲学社会科学部学部委员、福建省政协副主席。1969年因病去世,享年六十九岁。

后来到北京当中国社会科学院的常务副院长。他低几届,那时候很小。

有一次,厦大来马尼拉的互换教授要回去了,我说托你们带一样东西给王洛林。我请他们带给他一束原子笔,新出的,一呎多长。他收到了。后来见面的时候,他跟我道谢,说邵老师你还是爱我像爱小孩子。说我拿他当小孩子看。我是故意的,很好玩。

他还是很客气的,我每次在厦大参加活动,他都会到我的座位来打个招呼。到北京,我给他打电话。有一年,我带了一个中正学院董事会访问团,到中国社科院访问,但他不在北京。

2010年在南京开厦门大学校友会的代表大会。当时厦大校友会有55个分会。这次会议我参加了,王洛林也参加了,他座位就在我隔壁。那次会议是请他当主讲人。

在乐育小学教书,一个月有几十块,待遇不错。是法币,不是银元。当时法币没有银元值钱。这样,我的生活费够了,学校吃饭不要钱,住不要钱。

邵先生与张存浩院士(右)

你看照片上的这位,张存浩①。在厦大,他跟我同班同学。他是个神童,15岁上厦大,是同学中年纪最轻的。抗战时,他老爸托他的姑姑姑丈照顾他,他随姑丈傅鹰②、姑姑张锦(化学博士)到长汀。1940年读福建长汀一中。1943年,15岁的张存浩考进厦大。

萨校长当时身体不好,要去美国讲学,顺便治病休养身体,所以他想把校务交给张存浩的姑丈傅鹰。他觉得傅鹰很好,能够承担这个责任。可是傅鹰没有接受。因为当时教育部表示,要当厦

---

① 张存浩:1928年生于天津,抗战时就读于长汀一中,1943年考入厦门大学,后转到重庆中央大学,毕业于南京中央大学。1948年赴美留学,获美国密歇根大学硕士学位,1950年回国。在中国科学院大连化学物理研究所工作,曾任所长。长期从事化学反应动力学、火箭推进剂、化学激光、激发态化学等前沿科技领域的研究。先后当选为中国科学院院士、国务院学位委员会委员、第三世界科学院院士。现任全国政协常委,国家自然科学基金委员会名誉主任,中国科协副主席,中国科学院学部主席团成员。曾获国家自然科学二等奖、中国科学院科技进步特等奖、陈嘉庚化学科学奖等多项奖。2014年1月,86岁的张存浩获得2013年度国家最高科技奖,国家主席习近平为他颁发了证书。

② 傅鹰:祖籍福建省闽侯县,1902年1月出生于北京,物理化学家和化学教育家。中国胶体科学的主要奠基人。对发展表面化学基础理论和培养化学人才做出了贡献。1919年读燕京大学化学系,1922年公费赴美,读密执安大学化学系,1928年在密执安大学获得博士学位。他和同在美国留学的女友张锦商量之后,谢绝了美国一家化学公司的聘请。他们认为:"我们花了国家许多钱到外国留学,现在若是留下来为美国做事,对不起中国人。"1929年回国,先后在东北大学北京协和医学院、青岛大学、重庆大学任教授。1939—1944年任厦门大学教授、教务长,兼理学院院长。厦门大学校长萨本栋推荐他接任校长。此时,教育部规定大学校长必须由国民党党员担任。国民党高官陈立夫来到厦门大学,要亲自劝说他加入国民党。傅鹰表示:"我宁可不当院长、校长,也绝不加入国民党!"并借口外出招生,对陈立夫避而不见。因此他离开厦门大学,于1944年返回重庆。1944年底赴美,继续到密执安大学进行研究工作。1950年8月归国,先后任北京大学、清华大学、北京石油学院教授。1962年被任命为北京大学副校长。1955年当选为中国科学院学部委员。1979年9月7日因病逝世。

大校长,必须是中国国民党党员,你要先入党。他拒绝了,说,我搞教育,不搞政党。傅鹰很正气的。因此不能接受。

后来傅鹰就转到重庆大学去了,存浩也跟去了,读重庆大学化学工程系。后来存浩在美国密歇根大学读到硕士学位。

念完回国,在大连中科院分院,先当研究员,后当院长。

后来存浩又兼国家自然科学基金委员会的主任。他有很多发明,关系到国防机密,不能说,不能公开的。2013年,他和程开甲一起获国家最高科学技术奖。奖金是500万人民币,相当于80万美金,超过诺贝尔奖,诺贝尔奖是30万美金。他是高能化学、镭射(激光)专家。程开甲是原子弹、氢弹专家。

现在国家在补发,对以前的研究有功的,对国防建设有功的科学家,补发奖励。应该补奖。

举个例子。邓稼先制造了原子弹,国家也给他奖励。当时,给他多少钱?十块钱人民币。所以我觉得国家以前的奖励不够,要再补,应当是这样。

存浩小时候,我们经常在一起。在厦大读书是同班。大一的物理、化学、微积分、英文……,都是一起上。

你看这个照片,张存浩很帅的,个子高高大大,很壮的;边上几位也是院士,这位是青岛大学海洋学院的曾呈奎,厦大校友,海洋专家,很有名的;这是卓仁禧,这是洪华生。厦大八十周年校庆我们在一起拍的。

我们机电工程系大一、大二在一起上课。大三时,内部就分成"机组"和"电组",机组又分有"动力"和"制造"两个专业;电组也分有"电机"和"电讯"两个专业。各有各的课程和教授。

机组的老师,以朱家炘(系主任)、陈福习和张稼益三位教授,陈允敦副教授,还有黄礼镇、刘振镰讲师等为主;电组的老师,以黄苍林(院长)、寿俊良、陈俊雷和简柏敦教授,以及方大川讲师等人为主。

我印象比较深刻的厦大的好老师,很多。

首先是萨校长。

私立厦门大学校长林文庆(前排左四),与国立厦门大学校长萨本栋(前排左三)在交接仪式之后在厦大博学楼前留影

萨本栋校长教我们微积分。他是校长,也是我们的老师,亲自来教。微积分,这是最基础的学科。萨校长讲课前后呼应,结构紧凑。我还记得张存浩同学对萨本栋讲课的一句评价,张存浩说,萨校长讲课,"犹如一首交响曲,浑然一体,一气呵成,并层层引人入胜"。

萨校长他留美的。1937年7月1日,陈嘉庚校主将私立厦门大学无条件地捐给国家,7月6日,教育部聘请萨本栋博士为第一任国立厦门大学校长,当时萨老师是清华大学名教授、物理学家,从美国留学回来时间不长。

任命第二天,发生了"七七"事变。7月26日他正式上任。9月3日,日军44艘舰艇炮轰厦门胡里山炮台和周边地方,轰毁厦门大学生物大楼和化学大楼。这时他接手厦大校长还不到两个月。

1940年11月萨本栋(左)、陈嘉庚合影于长汀

为了师生的安全,9月4日,厦大暂时迁到当时的公共租界鼓浪屿,借用鼓浪屿毓德女中(校长是我爸爸)和英华书院(校长是我二姑丈)的校舍上课。

在战争的逼迫下,萨校长果断决定将厦大迁往闽西山城长汀。12月初开始搬迁,1938年1月在长汀复课。当时长汀的条件很差,没有电灯,一到晚上,正常的教学、学习、生活都难以进行。萨校长便把政府配备给他的小汽车的发动机拆下来,改装成发电机,让学校亮起了电灯。

萨校长为办好厦大,招揽知名学者来厦大任教。1941年,厦门大学有51名教授,其中有47名来自清华大学。

师生们在萨校长领导下,从"读书不忘救国",逐步转为"救国不忘读书",形成了"爱国、勤奋、朴实、活跃"的校风。1940年、

1941年,厦门大学两次在全国大学生学业竞赛中获得冠军①。大家克服重重困难,为培育人才、发展学术而努力。

有一次,英美学者到长汀考察厦门大学,看了之后特别称赞,其中有一位美国学者、地质地理专家葛德石,他说,厦大是"加尔各答以东最是大学的大学"。

有人统计,厦大迁校长汀时期培养的人才,后来,入选中国科学院、工程院院士的,就有15人之多,还有一人入选美国国家工程院院士,有5人当了大学校长。

当时学校经费不足,学校领导和老师们经常要"缩衣节食",萨校长只领70%的薪水,而教授们也只领80%至90%的薪水。萨校长生活俭朴,经常身穿棉布的中山装,脚上穿着双钱牌球鞋,在校内奔忙。新来的同学往往以为他是学校的工友。

我记得在1944年,有一天,长汀厦大校区遭到日机的轰炸和扫射,萨校长第一个到学生宿舍同安堂,来查看损失情况。我当时就住在同安堂,那天,我在自己床上捡到几片炸弹的碎片,可以打死人的。

很多人都记得,日本飞机空袭长汀时,萨校长往往是最先站在防空洞口的人,指挥师生员工进洞避难;然后又是最后一个走进防

---

① 1940年8月,国民政府教育部举行全国性学业竞赛。参加竞赛的学生和比赛内容,分为甲、乙、丙三类:甲类为一年级学生国文、英文、数学三科竞赛;乙类为二、三年级学生各科系主要科目竞赛;丙类为四年级学生毕业论文竞赛。厦大派出参加比赛的学生,甲类七人,乙类十三人,丙类七人。比赛结果,厦大甲类竞赛获奖者一人,乙类竞赛获奖者二人,丙类竞赛获奖者三人。比赛规则是,按获奖人数与经费(教育部核拨该校经费)数评定,厦大名列第一。
1941年全国专科以上学校学业竞赛,厦大又有六人得奖,在全国最好的五家学校中再居首位,蝉联全国第一。
1943年的联合国论文竞赛和福建专科以上学校学生辩论会,厦门大学又获得两个第一名。

萨本栋校长视察日军轰炸后的校舍

空洞的人。

当时国家十分需要大量的土木建筑、机械、电机、航空等方面的人才。为应对抗战需要，萨校长四面奔波、各方筹措，于1938年，创办了土木工程系；到1940年，又增办了机电工程系。1944年，他又筹备航空工程系，为厦大1948年创设工学院奠定了基础。

从1941年到1949年，厦门大学工科的各个系，毕业生人数达到452人，分布在全国各地，成为当地工业建设的骨干。抗战胜利后，有不少毕业生应聘到台湾省工作，为光复以后台湾的建设做出了很大的贡献。

机电工程系由萨本栋校长亲自创办，1940年开始招生。刚开始，从全国各地慕名来长汀学机电的学生有几十个，经过淘汰和转系后，到第四年毕业班只剩下六人，这六个人是：欧阳谥、陈中柱、何宜慈、符达、石清镇与林国梁。由于萨校长不但要主持校政，还要亲自教授电机学课程，到1943年得了严重的胃病，身体佝偻伸不直腰，走路也不方便。所以他叫这六位学生从校本部走路到他的住处"仓颉庙"上课。有时候萨校长病在床上，他就让学生到他的床前听讲。于是，人们就说这六位学生是他的"登堂入室弟子"，得意门生。

萨校长的夫人和孩子也跟着到了长汀。

萨本栋先生全家福

萨校长的夫人黄淑慎，毕业于北京师范大学，是体育健将，标枪名手。当时厦大很需要教女生的体育教师，但由于校部规定，领导人员或教授，不能安插自己的亲属到学校里工作，萨师母只能当义务指导而不能当正式教师，没有领取薪俸和任何津贴。但是萨师母上体育课依然非常认真，平时还十分关心女生的健康和生活。

萨校长的孩子，老大萨支唐，后来在美国，成为国际著名的物理学和微电子学专家，专于半导体和微电子学研究，对发展晶体管、集成电路以及可靠性研究作出了里程碑性质的贡献。他从教几十年，培养了很多学生，亲自指导的博士就有160多位。他教导过的学生，很多都成了国际微电子学界的著名专家和著名学者。

萨支唐教授对厦门大学有非常深厚的感情。他把自己一辈子珍藏的研究档案，都是半导体物理学和固态电子学领域的科学研究档案，全部捐赠给厦大。从2000年开始，他花费了大量的时间

萨支唐先生

和精力，花了很多钱，陆续把这批资料，从美国佛罗里达大学运到厦门大学，放在图书馆收藏，这些资料成为厦大的学术珍宝。他多次到厦大对半导体等学科建设进行指导，还牵线搭桥，为厦大与世界知名的学术机构、知名学者建立交流合作关系。他2001年开始，在厦大设立"萨黄淑慎本科奖学金"，捐资奖励品学兼优的本科学生。

这就是萨校长言传身教培养出来的孩子。

萨校长为厦大尽了十二分力，透支了体力，耗尽了精力，积劳成疾。来厦大当校长之前，他是清华的网球高手，体格强壮，腰杆挺拔。到1943年，他已经是面色苍白，弯腰驼背，挂着拐杖。1949年，萨校长因患胃癌，病逝于美国，享年47岁。

萨本栋校长的一言一行，厦门大学在长汀时期的艰苦奋斗、自强不息的精神，成为我后来做人做事的楷模和动力。

其他的老师有：

李庆云老师,教我们英文。他是澳洲人,亚瑟·李,他会讲汉语,但是用英语授课。同学中英文程度比较好的,都在他的班,记得有张存浩、孙安民、彭立德、周维德,还有我敬陪末座。

我的国文老师是黄典诚教授,他是语言学专家。

谢玉铭教务长教我们普通物理。他也是留美的。

谢玉铭老师是福建晋江人,1893年生。他四岁就没有了父亲,母子相依为命。小学毕业后在晋江培元中学读书,靠绘制地图赚钱维持中学生活,还自修了几何课程。经过努力,考入华北协和大学(燕京大学的前身)读书,主修物理。他也下苦功夫学英文,还被选为校际英文辩论比赛的代表。燕京大学毕业后,谢老师回到培元中学教书四年,1921年再到燕京大学教物理。1923年得到洛克菲勒奖学金,到美国哥伦比亚大学进修。第二年得到硕士学位,再转到芝加哥大学读博士学位。1926年得到博士学位。学成后回燕京大学任教,到1937年"七七"事变离开北平,在燕大前后11年时间。

谢玉铭老师1937年去湖南大学。1939年来厦大,任理学院院长3年,教务长4年。

1946年谢老师赴菲律宾,在马尼拉私立东方大学任教18年,其中16年任物理系的主任。当年东方大学有学生八万人。

1968年谢老师退休,到台湾任教于台北实践家政专科学校,教英文与物理,他一个人住在学校的教师宿舍。在他最后几年,因为身体衰弱行动不便,搬到台北市广慈博爱院,1986年3月以93岁高龄去世。

谢老师专攻光学,注重实验,学术造诣很深。他在学术上有一项重大成就,去世后才被人们发现,而且是由获得诺贝尔物理奖的杨振宁博士发现的,并由杨振宁传扬开来。

杨振宁博士1986年3月在纽约买到一本研究物理学历史的

新书 Second Creation（《第二次创生》），这本书记述了20世纪物理学重大发展的历史。书中讲到，美国科学界在1930年代有几个物理实验组进行氢原子光谱研究。其中一组在加州理工学院。这一组的实验结果在当时极为准确。1933年9月，由W. V. Houston教授与Y. M. Hsish联名撰写氢原子光谱的论文《氢原子光谱H阿尔法线的精细结构》，投往《物理评论》杂志，五个月后发表。因为其他几个实验组得出了不一样的结果，所以这篇文章在当时没有引起理论界足够的重视。

《第二次创生》这本书对1933年加州理工学院的这篇论文极为推崇，说论文作了一个"在今天看来是惊人的提议"。这个提议，就是后来1947—1948年关于"重氢化"理论的主要发展方向。他们的实验结果在今天看来是准确的。1953年，W. E. Lamb与P. Kusch即以"重氢化"实验工作而获得诺贝尔奖。1965年，S. Tomonaga、J. Schwinger、R. P. Feynman又以"重氢化"理论工作获得诺贝尔奖。

杨振宁读了《第二次创生》这本书之后，认为，Y. M. Hsish也许就是当时在加州理工学院做访问学者的谢玉铭教授。经过查询确认，1932年，谢老师再度获得"洛克菲勒基金"资助赴哥伦比亚大学，就任客座教授，并曾经在加州理工学院访问，与Houston合作，开展了"氢原子光谱精细结构"的研究，1933年9月合作撰写了论文。1987年5月杨振宁博士专门写文章介绍这件事。谢老师的这个和别人合作的重大研究成果，它的价值总算被人们承认了。

在厦大，谢老师上课时教具齐全，讲解前后呼应，妙趣横生。他对学生非常亲切和善，受到学生们的爱戴。在菲律宾东方大学，校方曾经主办"票选一位'杰出教授'"的活动，谢老师两次当选。

谢玉铭老师1946年已经五十多岁，一个人到海外，再也没有回大陆。在菲律宾教书二十几年，非常辛苦。在国内教书没有那么辛苦,在菲律宾教书一个礼拜上48节课,天天课程排满。他要多赚钱来安家。

1968年,75岁的谢老师退休,迁居台湾,还在台北市实践家政专科学校,做物理教师和英语教师很多年。

谢老师在台北期间,是上了年纪的老人了,生活起居得到厦大1948届机电系两位同学的关怀和照拂。一位是周咏棠,一位是苏林华。周咏棠1948年毕业后,先在上海,后到台湾,成为台湾著名的食品、保健品企业家。他还是现代的徐霞客,出国旅游一百多次,五洲四海,南北两极都有他的足迹。苏林华1948年毕业,由校方推荐,再由资源委员会分派到台湾水泥公司工作,他是水泥专家,前后在台湾30年;1980年初应聘泰国,担任一家世界级的水泥厂厂长,后来退休定居美国。

周咏棠先生

谢老师在台湾18年,咏棠经常去看望谢老师,谢老师所有的搬迁、医护和生活照料,咏棠出钱又出力,默默地承担。1986年3月20日,93岁的谢老师逝世,他的夫人和子女都在大陆,没办法去台湾，丧事就由咏棠安排办理，他把谢老师的骨灰暂厝台北阳明山灵骨塔。养生送死，咏棠就像谢老师的儿女一样。

我于当年8月专程去台湾，护送谢老师的骨灰到马尼拉，安放在一个教堂里边。过了几个月，1987年4月我护送骨灰到厦门，亲手交给谢希德学长和谢希文学弟，由他们携往北京安葬。

谢玉铭老师的前妻，生希德的时候难产去世。后来又娶了一位，现在还健在。

谢老师有一女三男，在学术界都很有成就。

1946年夏，厦门大学女生同学会欢送毕业同学留影，前排左一为谢希德

长女谢希德在1946年毕业于厦门大学数理系。因为她身体不好，所以她就有心理压力，要跟环境去拼搏，她在学校里就有非常好的成绩。后来到美国留学获美国麻省理工学院物理学博士，回国后在上海教书、搞研究，是国际知名的物理学家，当选中国科学院院士，担任复旦大学校长、上海市政协主席。她的夫婿曹天钦，是英国剑桥大学生物化学博士，也是中国科学院院士，任中国科学院华东分院院长。1994年"谢玉铭奖教奖学金"颁奖礼，在厦大以前的外文系演讲厅——就是现在的科艺中心那个地方——举行，希德学长也来参加。1980年代她担任复旦大学校长时，美国总统里根和夫人Nancy Reagan来华访问，指定要在复旦大学演讲而不是在北大或在清华，就因为Nancy Reagan是希德学长在美国史密斯女子学院的同窗好友。

1984年4月，美国总统里根访问复旦大学，校长谢希德致辞欢迎

　　谢老师对希德一直是很关心的。他对希德寄有厚望，一直关心。在整理谢老师的遗物时，人们发现希德写的信被谢老师一封一封保存得十分完好。

　　有一次我到台湾，我去看谢老师，他告诉我说，希德拿到诺贝尔奖了（因为那时他年纪已经很大了，头脑有时候好像有点问题了）。到了1984年，里根来中国，到复旦演讲，当时希德站在旁边。我把相片带去给老师看，他说，啊，我非常高兴，希德第二次拿到诺贝尔奖。他一直是很关心这个女儿的。

　　谢老师的长男希文任北京航空航天大学教授。次男希仁任南京工学院教授。第三个男孩希哲是清华毕业的土木工程师，他是我1944年在长汀乐育小学的学生。

2010年12月,希哲夫妇曾到马尼拉旅游,我们相处一周,他有讲不完的往事。在乐育小学,他的分数单上,老师给的批文是"多言",爱讲话。可以滔滔不绝,一口气讲三个小时的。希文,他的哥哥,一句话不讲。希哲他个子小,但开口一谈就是三个小时。

王敬立老师教应用力学。

陈允敦教授,是允洛老师的弟弟,同时是华侨大学的教授,教我们材料力学。陈老师是化学家。他动手能力很强。在战时,我们学生没有计算尺。他自己制造计算尺,用竹子做原料,用很细的刀去刻。长汀只有他会做。厦大和别的大学的学生都找他买,很多学生找他买。有的计算尺是比较普通的,但是工科用的就比较复杂,什么对数、三角函数、开方都有。但当时长汀街上没有卖。他的计算尺做得很准确。后来他也到过马尼拉。

陈福习老师,他是留美硕士。回国后,曾在武汉汉冶萍公司当工程师,在国内大铁路线上当过段长。他教我们机械设计,教我们"机车工程"(Locomotive Engineering),"机车"就是蒸汽发动的"火车头";当年我们叫他"火车头"。陈老师的专长是机械设计,教了机械设计与制图、高等机械设计。我们的教材以美国大学课本为蓝本。他根据美国大学的六七种课本,加上他自己的资料编成讲义。

1948年我从新加坡回到厦门,在厦大机电工程系当助教,担任陈福习教授机械设计原理和火车工程的助教,也传授学生必修的机械设计制图。他请我帮忙,他出专书,要我画图。陈老师的著作是《机械设计原理》,1950年5月在上海龙门联合书局出版。在"绪言"里还向我和其他六位帮忙誊写书稿的同学道谢。现在他已经过世了。

有一位刘振镰老师,教汽车工程。是留美的。

还有一个张稼益老师，教动力学，他是留德。张老师留学德国专攻造船工程，获得德国特许工程师学位。他还教"热工学"，机组和电组都得修，采用美国大学的课本，但他把主要内容编成他的讲义。他后来教"造船工程"，是他拿手课目。由于他在这方面很有经验，当时厦门的招商局请他担任顾问，因而他和各方面关系都很好。

战后美国人送给厦大一艘退役的鱼雷艇，他上课时候借来，开到外海，在船上教我们这样那样。

听说后来1953年院系调整，厦大工学院解体，机电系教师转到浙江大学、南京工学院或上海华东化工学院，张老师从此离开了厦大。

还有朱家炘老师，系主任，教工业管理，他是留美的，康奈尔大学毕业的。

朱家炘老师是湖北江陵人，1891年生，早年游学日本，在东京高等工业学校（东京帝国大学工学院的前身）学习。后留学美国，在康奈尔大学机械系攻读。1918年毕业，受邀在美国通用电气公司工作。回国后曾经在广西大学理工学院机械系当教授兼系主任。

1937年朱家炘老师应萨本栋校长之聘来到长汀，任厦大土木工程系教授，并筹办机电工程系。他在条件极端艰苦的抗战后方，不仅创办了机电系，还为母校设立了实习工厂及发电厂。他主持设立的实习工厂，是一座具备模具、铸造、锻造、钳工和动力等各个工段的实习厂。

读我们这个专业都要到工厂里实习，必须去的。每个礼拜去两次，三个小时。自己做木工、锻工、钳工，等等。我的手就是在那里受伤的。去打铁的时候，手心烧伤了。

朱老师当年担任机电系及后来的机械系主任。他非常重视工业管理人才的培养。他的学生在国内外很有成就,尤其是在台湾,出类拔萃,举足轻重,有成就的很多,对台湾经济成长为"亚洲四小龙"贡献很大。

1946年母校复员回厦门,朱老师兼任工学院院长。

1953年院系调整,朱老师调整到浙江大学,担任机械系教授,不再担任行政工作,只任校委会委员。

1961年他70岁,主动要求退休。1979年3月21日在杭州因病去世,享年89岁高龄。

朱老师有二男一女。长男朱有平,曾任武汉汽车厂领导。次女朱植梅,曾任厦门五中校长,女婿方虞田早年担任厦大土木系教授。三男朱有华,任浙江大学机械系教授。

朱老师为人谦虚诚恳,朴实无华,说话少做事多,我们在他身边如沐春风。后来我在物理机电学院设立了一个奖教奖学金,奖励优秀老师的,叫"朱家炘奖教奖学金"。我还在早一些时候设立了一个"谢玉铭奖教奖学金"。这两个奖金现在还有,已经做了二十几年。1990年做到现在。

还有蔡启瑞老师。

我在1943年9月17岁时,考入长汀厦大机电工程系。当时学校为了督促学生专心向学,并辅助学生解决生活上的问题,设立了导师制,由各院系讲师以上的老师,分组担任导师。每组学生15人。我被归入当时理学院化学系讲师蔡启瑞老师的小组,每个月要到蔡老师家里开茶会。由蔡师母预备点心招待,大家见面交谈,十分温馨。这样维持两年时间,一直到蔡老师赴美深造为止。蔡老师身教和言传并重,每次相会,都给我们许多精神上的抚慰和鼓励,使我们得益无穷。

蔡老师回国后,在学术上独树一帜,成为国际名家。同时继续着力栽培人才,使得厦门大学化工学院成为国际著名研究中心之一。

1999年萨本栋教育科研基金会成立,我担任主席,敦聘蔡老师为董事,督导基金会发展路向,尤其是微电子研究方面。我一生承受他的教诲,心中永存感激。

这些老师都是好老师,不仅学问好,还非常关心学生的学习过程,因材施教。

1940年,1941年,厦门大学学生两次在全国大学生学业竞赛中获得冠军。厦大平均89分,复旦21分,西南联大14分,当时大学排名,厦大第一名。中央大学第六名,中央大学是中央政府办的,当时学生是2700位。厦大只有600位,我们出的人才怎样?全国第一啊!我们派了8名学生去考,5名夺得第一名。

当时学理工的很少有女同学。我们系250个学生,只有两个女生留到毕业。毕业就留校了。她们是经过淘汰,其他人到第三年就基本上转系了。留到毕业有一个问题来了,怕人家追,影响学业。这两位女生,追的人很多。所以她们每天清早就去长汀中山公园练短跑,为什么练短跑?唯恐被追上。结果这些男生,为了肥水不流外人田,每天早上也去中山公园练短跑,也去跑。为什么?唯恐追不上。

当然这是一个笑话啦。

其实结果也是肥水不流外人田,最后两个女生都是被机电工程系男生追上的。一个欧阳谧,追到刘景昭;一个陈中柱,追到王婉。王婉和我同班,刘景昭高两届。现在他们两个女生都还健在,欧阳谧和陈中柱过世了。

欧阳谧和陈中柱两位,毕业后都留校任助教,一个教电机,一个教机械。1946年学校复员回厦门,恩师萨校长推荐他们两位到台湾,在萨校长的清华同学、当时是台湾水泥公司总经理徐宗涑手下工作,他们一起去了高雄水泥厂,欧阳谧担任电务课发电股长,陈中柱在工程室主持机械设计。

陈中柱后来去了台湾肥料公司，又与人合作在台湾兴办新的水泥厂。最后他移民到美国，1984年11月厦大旅美校友会成立后，他主编过《厦门大学旅美校友通讯》。陈中柱2002年12月4日过世，享年83岁。

欧阳谥、刘景昭夫妇1996年摄于新泽西

1950年，欧阳谥学长前往英国留学，得电机学博士学位，任职彼邦高压研究所，1970年应聘到美国，担任通用电力公司经理，定居New Jerse（新泽西）的Cherry Hill。厦大旅美校友会成立时，他是创会五大元老之一，主管校友会财务。他1921年出生，2015年1月8日去世，享年94岁。

机电工程系这个系，是在萨校长手里创办的，大家都喜欢念，因此才有250个学生，占当时厦大学生四分之一。但是学分比别的系要多，读起来比较辛苦。250个学生是四个年级的学生。

厦门大学在长汀，寝室比较少，四个学生住一个房间。每个宿舍两张床，上下铺，挂上蚊帐，比较挤。挤在一起。

我们念书的地方都在图书馆。图书馆也不大,所以都要抢位置,我们吃过晚饭就去抢位置。抢不到就没有。第一是图书馆座位少,第二是参考书少,参考书只有几本,那么多人用,所以我们礼拜天也要去抢,大家都很努力向学。

周咏棠学长曾经回忆说:长汀时期厦大的条件艰苦,图书资源十分有限,有些书在图书馆只有少数几本,规定每个人只能借阅几个小时,所以学生们一借到书,都会如饥似渴地阅读,丝毫不敢懈怠。每次借到想要的书,都会如获至宝,因此,十分珍惜每次借书机会,久而久之,也就养成了高效率的学习方式。

在长汀,厦大特别注重培养学生的时间观念。每学期开学都会规定注册报到的截止日期,迟到者不管你是什么理由都不予办理,必须休学。等下学期再办复学注册。当时有几位学生在注册截止期前一天搭乘长途汽车返校,但因汽车半路抛锚而赶不及注册,虽然持有汽车公司的抛锚证明,但学校仍不破例注册。

周咏棠回忆:后来教务长谢玉铭给出解释,大意是说注册有三天时间,为什么不提早一两天出发?周咏棠认为,学校这样做是对的,因为如果破例,学生进入社会后也会有投机心理,然而,社会是不会给迟到者任何同情和机会的,到那时只能追悔莫及。在学校严格遵守各项规定,这种守时观念让我受益匪浅,在参加工作后仍保持着这一好习惯,毫不懈怠。

我觉得有道理。

厦大虽然对学生要求十分严格,但也总是处处体贴关怀学生,处处为学生着想。

学校为照顾学生,早餐都会免费供应一盘蔬菜和一碗黄豆,保证他们最基本的温饱。黄豆和蔬菜虽然简朴,但却富有营养,避免了学生营养不良,可见学校用心良苦,关怀入微。

当时医药费非常贵,学校怕学生担心付不起医药费而耽误治疗,就制作了"代价券",学生象征性地付一些款,其余的费用都需由学校补足。

学校刚搬到长汀的时候,长汀城里没有电灯,只能用植物油和灯草芯点灯。学校也没有电灯,很多学生在晚上还是没有条件读书。萨校长便把自己的汽车引擎拆下来,带动发电机发电,校内有了电灯。我读书的时候已经有了。

学校在严格要求的同时,也无微不至地关怀着每位学生,处处为学生考虑。虽然条件艰苦,可是四年的学生生活,吃的东西,我们萨校长是非常照顾学生的,我们都吃糙米粥糙米饭,最有营养的,早上都吃二两的黄豆。我说我今天能活到现在,就是当初糙米饭青菜豆腐养活我的。

寒暑假,我因为比较远要多花路费,都没有回家。也有同学放假回家,在长汀,同学家比较近的,假期有回家,比如宁化、永定、上杭等等。我们不回去住在学校里的,就在图书馆看书。

同学们有的时候会组织去郊游,还有些文艺活动,有的参加戏剧、音乐等文艺活动。

我没有参加多少文艺活动,说起来很惭愧。第一是当时很年轻,第二就是我专心学习跟电机机械有关的东西,没有旁顾其他。

我们暑期也有到实习工厂做一些工作。我们这个厂,是一个学生实习的工厂,不是为生产产品,是为练习我们的技术,在那里学木工,学泥水工,学铁工,学机械的制作。

长汀有一个飞机场,是后来政府去设立的,在抗战时,抗战末期,美国的空中堡垒,要每天从成都起飞,到东京跟台北,轰炸日军。每天都有,都去。空中堡垒是 B-29 轰炸机①。当时最大的。空中堡垒跑一趟,沿路要有一些战斗机来保护,所以政府在广西、湖南、江西、福建设立机场。长汀是其中之一,常驻的有四十架战斗机。在湖南芷江,江西的遂川,广西的桂林,福建的长汀都有战斗机。长汀有战斗机四十架,是双身的,两个机身,我们叫 P-38②,后来又有 P-47③(是最好的),对付日本的零式战斗机④。

所以每天,空中堡垒从成都起飞,要轰炸东京跟台北,沿途就是这些战斗机起飞来掩护,到东京轰炸完毕回来了,战斗机就保护这些轰炸机回来。大的 B-29 飞机飞回成都。

但是有的时候会发生意外,不是被日本飞机打下来的,是自己

---

① B-29 轰炸机,绰号"超级空中堡垒",是美国波音公司设计生产的四引擎重型螺旋桨轰炸机。是美国陆军航空队在第二次世界大战亚洲战场的主力战略轰炸机,是二战时各国空军中最大型的飞机,也是当时集各种新科技的最先进的武器之一,被称为"史上最强的轰炸机"。1945 年 8 月,B-29 轰炸机向日本的广岛和长崎投掷了原子弹。1960 年代早期全部退役。

② P-38"闪电"战斗机,是美国洛克·希德公司研制的第一种军用飞机,是一种双发截击机。P-38 被广泛应用于太平洋战场,最著名的战绩就是击落山本五十六的座机使之毙命。P-38 拥有许多优良特性,高速度、重装甲、火力强大,机头较大,双尾翼。日军飞行员对 P-38 又恨又惧,称之为"双身恶魔"。

③ P-47"雷电"战斗机:是二战后期美军的主力战斗机,火力强,高空机动性和俯冲性能都比较突出,在欧洲战场和太平洋战争中发挥了重要作用。1943 年开始进入太平洋、亚洲战场。1944 年被派往中国,主要任务是为 B-29 轰炸机护航。P-47 在太平洋上的主要对手是日本的零式战斗机,在与零式战斗机的频繁空战中连连获胜。

④ 零式战斗机:是二战中日本海军的主力舰载战斗机。1940 年正式服役,这一年是日本皇纪 2600 年,后两个数字是"00",因此被称为"零式舰载战斗机",简称零式。总计生产一万零四百四十九架,是二战中日本生产最多的机种。具有转弯半径小、速度快、航程远等特点。在珍珠港战役爆发后的六个月里,零式几乎统治了整个西太平洋的天空。战争末期,成为"神风特攻队"自杀攻击的主要机种。

不小心撞了山。摔下来的飞机,我们朱家炘老师会去跟美军商量,把它送给厦大吧。同意了,我们就会去把它拆起来,那个飞机的机身啊,仪表啊,我们可以做我们教学的仪器,发动机啊什么的,我们会拆回来,废物利用。

战后回到厦门,学校有一艘鱼雷艇,是美国人送的。我们上课就在鱼雷艇上面上。教授张稼益把鱼雷艇开到外海,在那边教构造,等等。

因为当时政府经费不够,所以不能去买那些新的仪器,只能利用这些"废物"。不过这些东西在当时都是先进的东西。

我在长汀读书的时候没有回家过,一直留在那边。到抗日战争胜利后,我们1946年才回来。

1945年8月15日,日本天皇正式宣布投降,在长汀的厦大师生以为很快可以回到厦门。谁知道,由于军方和政府看上了厦大牢固的石砌楼房,认为是监管日本降军和收容日侨最为理想的地方,所以日本降军住在厦大,日本侨民也集中在厦大,等待遣散回国。他们没走,厦大师生没有地方去,没法上课。我们厦大不能复员。

这样1946级①、1947级、1948级三个年级的同学只能再留长汀山城一年,而1945年秋季入学的1949级新生,则在鼓浪屿找地方暂居和上课。

我们1946年6月才回来,可是回到厦门我们还是不能上课。遣散完,学校还要打扫整理油漆,又新建了一些房子。所以一直到11月份才能上课。

所以这几个月我就到鼓浪屿怀仁女中去教书了,教化学。当

---

① 厦门大学从建校以来,以学生的毕业年份作为级别,如1945年入学,1949年毕业,惯称1949级。新中国成立后,改为以入学年份为级别,如1979年入学,称1979级。而毕业年份则称为"届",如1979级毕业于1983年,称1983届。

时二姑母还没有在怀仁当校长。也巧,我二姑母的女儿沈道香,她比我小七岁,在这个学校读书。我教过她班上的课,因此可以说,她也是我的学生。

1946年厦门大学全景

1946年回来,当时叫复员。厦大校园11月复课。我们回到厦大时,看见操场四周的树荫下,摆放着二三十只日军留下的军用小艇,又叫"自杀艇"。这些东西,后来拿到学校机械工厂,让学生实习时,拆卸分解。

复课的时候,女生宿舍设在校长楼后面的一幢粉红色洋房里,大家叫它"红楼"。那个年代,女生宿舍管得很严,男生是不能进去的。只有在每年的新年那一天,开放让男生参观。那天,女生一般会布置一下房间,增加一些喜庆气氛,桌上放些糖果零食,但是她们人却到别处去了。男同学来了,也就是看看没有人的宿舍而已。那时候,有同学恋爱,都很隐秘;也有极个别的例外,天天到女生宿舍"站岗报到"。大部分男生,没有同女生讲过几句话。

后来,在敬贤楼的北侧,新建了两座两层的楼房。一座叫"笃行楼",用做女生宿舍,女生就搬过来了。另一座叫"勤业斋",是单身男助教的宿舍,我后来在厦大当助教,就住勤业斋。

1946 年新建的助教宿舍勤业斋

我厦大毕业的时候,1947 年,朱家炘老师一直要留我在学校教书,我去了新加坡。1948 年回来后,厦大让我做陈福习教授的助教。他出书,自己写文,叫我画图。除了机电系的事情,也有别的系的,土木系的应用力学,叫我去帮他们改卷子。

我还兼了国立第一侨民师范学校的课,国立的,全国第一家。学校在曾厝垵,从厦大去还有一段路,我骑自行车去。我从新加坡回来的时候,把自行车带回来了。

国立第一侨民师范,大家简称"侨师"。我在侨师兼课,教数学、物理。当时侨师学生年龄都大,我比他们年纪小。

我在侨师有一个学生,现在台湾,美术家,姓龚。她当时在侨师读书。

厦大搬到长汀的时候,侨师也搬到长汀。长汀中山公园里面有个梅林,很大的。侨师就在梅林里边,非常好。非常美呀,春天开花,很香啊,又很好看,侨师就在那边,当时我在厦大。我这个学生,在梅林念侨师的时候,很活动,会演戏,会写文章。她后来到台湾，嫁给一个画家，有名的画家，是蒋经国的画画的老师。我到台湾打电话给她，她说，老师，你一定要到我家里看看。她比我年纪大。这次我有带她的照片来。

在当年国立第一侨民师范的学生（左一）家里会面留影，2010年2月，台湾

勤业斋，是助教的宿舍。小小的，长方形，围栏是石头做的。四个角都是石头的，现在已经重建。当时还有个勤业餐厅，女生也在勤业餐厅吃饭，蔡悦诗很特别，一边吃，一边唱歌，吃一口，唱一句，她说这样才吃得下。

我们住勤业斋，当时住一号房的，是吴伯僖，他后来做了厦大研究生院院长，现在已经退休了，他是念物理的。我是第三号，在他隔壁。艾兴，住第七号，我们大学同班，他现在是中国工程院院士，在山东大学。勤业斋有十几个房间，一人一间，不大，里面一张床，一个书柜，一张书桌。这在当时就很不错啦。

听说，那时新建的女生宿舍"笃行楼"，因为四周没有围墙，小偷来过很多次，用长杆子伸进窗户，挑走女生的衣服和其他东西。据说，有一天半夜，女生还看见了窗户外面的小偷，是个光头，吓得要死。

博学楼前面的小山坡上,有新建一座"学生公社"。几间房子,大的也就坐五六十人的样子。它是青年会学生举办各种活动的地方。礼拜天,则成为基督教会的小教堂。学生公社后来被拆除,这个地方现在是萨本栋校长墓园。

学生公社的宗教活动由两位总干事主持。一位是曾淑慎,毓德毕业的学生,留学回来的。跟她在一起做事的还有一位,叫曹锦如。她们不是厦大的,是教会派来的。礼拜天会请牧师讲道,小教堂也有个美国牧师,但不是专任的。

学生公社的主要用途,是给学生提供一个活动的地方。钱从哪里来?当时有个联合国救济总署,美国把战后剩余物资捐给中国,用于资助办学和慈善事业,这是他们的主要工作。厦门有个分支机构——市救济公署,负责人是林全成,他是鼓浪屿日光岩底下"林屋"林振勋先生的老二。他毕业于美国麻省理工学院土木系。回来之后,受厦门自来水公司的聘请,担任总工程师。厦门上李"远东第一水厂"是他设计的。市救济公署,他管这个事。学校去申请,是从那边拿到的。

学生公社,里面有几个小房间,可以办公,还可以喝喝茶,活动一下。团契聚会[①]可以在学生公社,也可以在教室。学校一千多

---

① 团契:基督教新教特定聚会的名称,旨在增进基督徒和慕道友共同追求信仰的信心和相互分享、帮助的集体情谊。团契生活是基督徒最基本的和非常重要的教会生活。广义的团契,可指教会和其他形式的基督徒聚会。而狭义的团契聚会,是最普遍的团契。教会除了星期天的主日礼拜聚会外,按群体性质又有分别的聚会,即可称为团契聚会。几乎每间教会都会有团契聚会。团契通常以组织、年龄、地域、语言、职业、圣经人物等带有群体性质的方式命名。如:某某教会团契、青年团契、大学生团契、上海团契、华语团契、护士团契、约书亚团契、小羊团契、盘石团契、夫妻团契等。团契聚会的主要内容有祷告、诗歌敬拜、查经、分享、聚餐、传福音等,团契成员男的称为弟兄,女的称为姊妹,大家关系都很友好,团契生活也丰富多彩,是基督徒生活中必不可少的一部分。

人,学生团契有一百多人,比例也不小。

当时厦大有一些老师和学生信教,礼拜天活动。我会去参加礼拜,听传经。我还是很小的时候受洗,1947年入教。航空系教授林士谔博士,一家都是基督徒,林师母是唱诗班班长;校友丁政曾在这里受洗。厦大有基督教学生的团契。在长汀就有。团契的宗旨,是效法基督的服务精神,培养成员的各种美德,使他们能造福人群。我在长汀的时候,会参加教会活动和团契活动。

团契的成员一百多人,多数是基督徒,也有一些还没有入教但是心中慕道的同学。这一百多人分为九个小组,每组十多人,各自利用晚上时间分组聚会。聚会的时候,我们一起唱诗,祈祷,研读圣经,分享读经心得,也谈些日常琐事,互相勉励。有时候还会做点游戏调剂身心。

除了每周一次的例常聚会之外,团契还会在节假日,把聚会地点改在学校附近,例如胡里山、曾厝垵或五老峰上的太平岩、虎溪岩、万石岩、白鹿洞等风景优美的地方。

参加这些聚会,契友们坦诚相处,彼此了解,离校之后或多或少都能保持联系,成为知己朋友。而且,后来厦大海外校友会的几位负责人,例如泰国的蔡悦诗、新加坡的周纯端、菲律宾的我、台湾的金世添和美洲的李联欢,都是当日同期的契友。

丁政曾就是在这里和学妹蔡悦诗(也是教友)认识,两人志同道合,后来他们去了香港,在香港结婚,又移民泰国,办纺织厂取得成功,后来成为侨领。他们不忘回报母校,捐建了"建文楼"和"颂恩楼"。

我的二姑母,离开怀仁女中校长的岗位之后,到厦门竹树脚礼拜堂侍奉,学生公社曾经多次请她来讲道。当时的同学后来回忆说,已经不记得二姑讲道的内容,却记得她发自内心喜乐的笑容。二姑她很有魅力,有另外一种魅力。她金陵女大英文系毕业。

我是幼洗（洗礼），很小的时候，是在竹树脚礼拜堂，因为三一堂是1934年建立的。我入教是1947年，在三一堂，是大学毕业后。我父亲是三一堂的长老。当时鼓浪屿的新教主要有伦敦公会、长老会、归正会三个大的派别，鼓浪屿人称他们"三公会"；此外还有安息日会，等等。我父母是属于归正会的，都是在归正会的学校读书。当时大家叫"归正会"Reformed Church，没有叫"归正教"的。"归正教"这个叫法是翻译错误和叫法错误。

归正会的人，是荷兰人的后裔，从英国，坐"五月花号"到美国，他们约定，要组成新的社会，开始新的生活。他们在纽伦敦上岸。他们都是新教教徒。这个新教是纯净的，新教徒很正派的，是他们组织了归正会。1840年代归正会的传教士到了厦门，成立了新街礼拜堂，竹树礼拜堂，还有厦港（厦门港）礼拜堂，后来他们觉得，下大雨、起台风时，从鼓浪屿去不方便，于是三公会在鼓浪屿合建一座三一堂，在厦门岛的三家归正会教堂住鼓浪屿的人，就在三一堂活动。

1950年代以后，有人在文章中写，说在以前，鼓浪屿的"番仔球埔"，就是现在的人民体育场，门口挂了一块牌，上面写了"中国人和狗不能入内"。"番仔球埔"是洋人专用的，不让中国人去玩。但是这个牌我没有看到过。这个事我听说是在上海。可能是弄错了。

在鼓浪屿，教会的洋人，对中国人都很好。在办毓德的理念上，我老爸和福姑娘之间，有一些不同看法，包括学校的宗教活动要怎么做，做多少。但是他们对老爸很客气的。福姑娘和我二姑也是非常好的朋友。

在厦大担任助教期间，到了礼拜天，我就回鼓浪屿去看在家养病的老爸。

我从学校骑车，到陈天恩医师的诊所，把车寄放在他那里，再去轮渡坐船。礼拜一早上,再来取车骑到学校。陈天恩很喜欢我,每次去放车,他看见了,总要叫我过去坐一下,说说话;去取车,他也要叫我一起,聊一下。也不知道为什么,他喜欢和我说话,我们成为忘年交。他老先生七十多,我只有二十出头。

第六章

南洋谋生

我1947年去新加坡,在新加坡待了有满一周年。

记得是在7月,我和林惠瀛叔,还有张达德兄,一起去新加坡的。我们搭荷兰渣华船务公司的大邮轮"芝沙丹尼"号,两万吨的,船上很干净,从厦门出发去新加坡,大约走了一个礼拜。我们三人后来又一起在新加坡中正中学分校当老师。

当时我去新加坡,主要目的是要看我爸爸。他战时在新加坡,不知道我们是死还是活,也不知道我们有没有继续读书。我去了之后,看到我大学毕业了,他相当高兴。

我爸爸自己一个人在新加坡,在南洋华侨中学教国文。他教中学,我后来也是教中学。那位新加坡中正中学的校长庄竹林博士,很好玩。老爸带我去找他,校长说:"您是要来念初中还是高中?"当时我21岁,瘦瘦的,显得小。我老爸说,要来你们中正教书!庄校长是我老爸以前的学生,是一位博士。他后来当了新加坡南洋大学的校长,是在我离开新加坡之后。

新加坡中正,总校在市区外,当时我在金炎律分校教书。

那个年代,因为政治原因,学校规模不能太大。新加坡中正那时候有5000名学生,不行,只能容许1000,你5000人,要分成5个学校。学校规模小好管理。

我在中正中学分校教国文。因为我大学的专业是机电,要加强国文,所以在老爸指导下自修国文。一边教国文一边自修。当时我住中正中学,父亲住南洋华侨中学,两个地方相隔很远,有十五六公里。每个礼拜天我骑脚踏车去看他。

每个礼拜天,到了华中教师宿舍,爸爸就帮我补充国文的学习。我教书的时候,遇到一些问题,请教老爸。他毕竟是教育家出身,讲得很详细。出处在哪里,应该怎么用,这个词句现在会用在什么地方,解释得清清楚楚,对我很有帮助。只可惜,我们交集的时间,一个礼拜只有一次。

当时中正中学分校的师资水准比较高,有博士三位,硕士十几位,学士几十位。光我们厦门大学的校友就有五位。一位是分校的教务主任林惠柏学长,他是厦大人类学权威林惠祥教授的弟弟;一位是黄冠文学长,他是1942届教育系毕业;第三位是林惠瀛学长,他是1945届土木系毕业;第四位是张达德学长,他是1947届土木系毕业;第五位是我,厦大1947届机电系毕业的。

我离开后,在中正,还有四位。林惠柏身体不是很好,过世了。黄冠文学长,他到印度尼西亚巨港当校长去了。那其他两位,林惠瀛、张达德,政府委任他们去当校长,所以厦大来的几位都当校长。我想,我不离开,也有可能去当校长。

当时分校的同事,现在能够想起来的,还有吴彻老师、林连夫老师、何权老师、郑秉三老师、吴毓琛老师(吴老师是黄冠文学长的夫人)、谢白寒老师、陈维经老师、施育艺老师(他教音乐)、美术老师高博士,还有印度籍的英文老师Jacob先生。当时,大家雍雍睦睦,和衷共济,所以学校里是朝气蓬勃的。

我们都住在中正的宿舍里。几乎每天晚上,陈维经先生总会在施育艺先生家里练习小提琴,由施先生钢琴伴奏。他们两位的演奏水平都很高,常常一起合奏门德尔松的《e小调协奏曲》和贝多芬的《罗曼史》,我们做邻居的听得多了,也耳熟能详,这两首曲子深深地印在脑海里。直到今天，每一次听到这美妙的旋律，就会想起当年新加坡中正，那一段值得回味的日子。

林惠瀛学长的爸爸林孟恩医师、二叔叔林玉霖博士、五叔叔林语堂博士，是我祖母的表弟，因此，我要叫林惠瀛学长"惠瀛表叔"。他高我两届，年龄大我四岁。他是一位多才多艺的才子，大学读的是土木工程，但是他金石书画，无一不精。而且，他擅长西洋油画。半夜三更，他如果灵感一来，马上翻身起床画画，每幅都是精品。他会写空心字的对联，每个字自始至终一笔呵成，没有重叠。他刻印章，不用打草稿，一刀刻下，像写字一样。记得我要回厦大的时候，他为我刻了一方印章，底面是"小珠"，四边刻了他填写的一阕《生查子》："去年联袂来，今朝分襟去，我亦有家乡，未晓思乡苦。恨潮平，无吩咐，极目烟和雾，夜夜听猿啼，且共啼猿住。"可惜这枚印章已经遗失，但是这阕词，却永远留在我的心里。

在新加坡，每周三个晚上，我都会去道南学校。新加坡厦大校友会借用他们道南学校的地方，开办了一个失学青年补习班，我去兼课，教几何、代数和三角，挣一点钱补贴家用。补习班主任是孙焕新学长，当时他是新加坡南洋华侨中学的教务主任。

我在补习班的学生，印象最深的是柯锡宏。他在英国海军的军港担任划测员，学习非常认真，每天晚上上课，都会提前到校，向我问一些疑难问题；他年龄比我大十几岁，但是对我执弟子之礼，毕恭毕敬的。一年后我回厦大，后来又到马尼拉，他每年都会寄圣诞卡来问候，并且会附上书信，在书信的抬头，一定是"夫子函丈"，而在信尾落款，自称"受业"，这让我很感动。年轻的时候，也因此多少给了我一点成就感，很受用。哈哈。

我离开新加坡之后，黄冠文兄去了印度尼西亚，在苏门答腊巨港担任校长，惠瀛叔和达德兄，分别到两间由中正分出来的中学当校长。1980年代，黄冠文兄、惠瀛叔和达德兄，还有庄竹林校长及林惠柏兄,已经先后去世。1980年代中期,我在新加坡见到何权先生,他已经老态龙钟了。

1993年正月,我带菲律宾华校校长东南亚教育观摩团访问泰、马、星,在曼谷,经过我的好朋友蔡悦诗学长帮忙寻找,终于见到了施育艺先生,我们分别46年后,再度重逢,有讲不完的话,有说不尽的感慨。观摩团在访问新加坡期间,参观了中正中学总校,旧地重游,我真是百感交集啊,一下子想起了许多过去的人和事,回忆起来很亲切。

1948年我回到厦门一年。在厦大任助教。

1949年我接替五叔到马尼拉培元中学任教务主任。

五叔在培元做教务主任,他要去美国,到西方神学院念书,可是马尼拉学校的校长不放他,要他找一个人来代替。他推荐蔡丕杰老师,蔡老师很出色的,当时在厦大当教授,教英文。他是一位很好的人选,很能干,也是我的老师。蔡老师的太太不让他去马尼拉。那我五叔走不了,就推荐我去。

我当时是要回去新加坡的,我喜欢新加坡。可是考虑到五叔的前途,他说就是能暂代也好。

当时我在香港等手续,三个月。三个月做什么,报纸上登,天文台要招职员。要考,我去应考了。我当时没事做,菲律宾手续也不知道什么时候下来。而内地的战事已经打到福州了。四百人去考五个职位,我去了,有当无啦。考倒是很简单啦,英文、中文和数学。还考中了。那天收到气象台台长签名的信,说请你来,你被选中。我去了,由副台长接见。我说,我很喜欢这个位子,但是,很对不起,我来考试的时候,正在等去菲律宾的手续,今天,我接到了手续,我只好放弃,对不起。气象台,在英国人看来是铁饭碗。如果我去了,说不定后来也可能做台长。没办法,我放弃了。他很奇怪,这个职位很多人在想,你要放弃?我说没办法。但是他们也没问题,候补的人太多了。

在香港的时候,我住蔡大姐蔡悦诗家里。我们是厦大校友,又是好朋友。她的父亲,蔡建文先生,我们也成为好朋友,像父子俩。他当时把上海的企业移到香港,做搪瓷,在香港开一个搪瓷厂。很多人路过香港,都住她家,所以我们笑称她家有一个男生宿舍,一个女生宿舍,吃饭也要分开。建文婶,建文叔叔的太太,非常好客,悦诗也很好客。

培元中学,是1933年由泉州培英中学的校友许逾雪女士在马尼拉创办的,是一所教会学校,刚办的时候校名叫"闽商"。1935年,许逾雪女士创办菲律宾第一家幼稚园,命名"培元",当时打算以"培元"养"闽商"。初开园时,只有幼儿六人,因为办得好,生员猛增,很快就走上正轨。不久,"闽商"改名"培元"。后来,培元学校由幼稚园到高中部,形成完整的教育体系。它的华文教育程度在马尼拉还是不错的。泉州培英中学是一所教会办的女子学校。泉州还有一所收男生的培元中学,也是教会办的。

灵惠中学1950年创办。刚刚办的时候,我就去了,做教务主任。那是1950年7月。因为拿打罕的校舍还没有完工,学校延期一个月才开学。到了7月5日开始上课的时候,还有木匠在敲敲打打。

那时候我上午在培元中学当教务主任,下午到灵惠中学也当教务主任,晚上在圣托马斯大学念数学硕士学位。

在培元,我住学校宿舍,在学校食堂包伙食吃饭。

在培元工作了两年。培元的校歌是我写的。

到了1976年,培元中学四十周年校庆。当时我在办企业,在社会上活动,有了一些声望,他们知道,发请帖请我去,我去了,送了礼。我在培元工作的时候,学校没有校歌,他们要我为学校写校歌,这个歌词是我写的,1950年,当时我23岁。我1952年离开培元，他们后来就没有唱这个校歌了。那天，他们又唱校歌，还印了校歌发给大家。我一看，上面有两个错字，要改。我告诉司仪，说要改，这个歌词写我的名字，不行，不能错的。

去马尼拉头几年，我和姐姐同住，在灵惠旁边，租了一个地方，小小的。结婚之后，我另外租房子住。

有时候会去看大姆婆的女儿，我叫她姑姑，阿姑。

邵夫人林彦珍说：

我们是在灵惠中学认识的。当时他是学校的教务主任，我是一个小教师。认识的时候我已经二十六七岁了。因为二战，我24岁才大学毕业，到学校教书。当时也是教理科的。上午在圣公会，下午在灵惠，两边都是教会学校，都是华人办的学校，学生主要都是华人。我在圣公会教英语，用英语教学。在灵惠是在中文部，上课讲国语。菲律宾华人闽南人多，广东人少。广东人要学闽南话，平时华人都讲闽南话。现在年轻人甚至中年人都讲菲律宾话了。我们认识两三年就结婚了，你问是谁主动？（邵建寅插话：她口袋里有磁铁，吸力太重。）没有，不是的。因为天天见面，都在一个学校。结婚是1956年12月。

我生长在菲律宾。父母亲都从厦门过去的。

我爸爸林希壁是做户外广告，大的广告牌的生意。父母亲都是在厦门出生的。爸爸是厦门港的，妈妈是厦门市里面的。

听说爸爸小的时候，家里开了一间小店卖米的。

爸爸到菲律宾去大概是二十岁出头，去的时候两手空空。自己奋斗出来的。去了之后，到一个他父亲的世交开的一个小小的裁缝店里，做衣服，做男子的衣服，手工裁缝的。就一边在那边做工,一边到外面找工作。工作是很辛苦的,早上要起来开店、卖东西,然后下午关了门以后要打扫,还要上夜学。因为很多从国内过去的人英文都不行,所以他要一边补习。

我妈妈也是自己去的,她中学毕业后,念一年厦大的数学,去了马尼拉。那是一九二几年,她叔父在马尼拉,给她办的手续。我妈妈过去的时候先念书,再教书。她在圣公会中学教书,是老师。

爸爸妈妈是在马尼拉认识、结婚的。我们现在兄弟姐妹五个,两个女的三个男的,我下面有一个妹妹,三个弟弟。我们从小就是在妈妈教书那个学校上学。

邵建寅、林彦珍结婚照

我岳父岳母对子女的教育非常认真,努力来栽培。我内人林彦珍,在兄弟姐妹里,排行是第二的。她是菲律宾国立大学教育系毕业的,当过菲律宾圣公会中学的英文老师和灵惠中学的中文老师。

她的大姐五岁早逝。

彦珍底下有一个妹妹，还有三个弟弟。

她的妹妹叫做林彦卿，也是菲律宾国立大学毕业的，毕业后到美国密歇根大学生物系得到硕士，嫁给一位牧师，是晋江人，从台湾过去的，是一位博士，航空工程的博士，后来当了牧师。妹夫已经在美国过世了，现在彦卿在一个教会当义务的传道人，也住美国，马里兰州。

二弟叫做林彦超，他在菲律宾国立大学毕业之后，就到哈佛大学，得到哈佛的硕士，应用物理硕士。

她的三弟，叫林彦彬，也是菲律宾国立大学毕业的，后来在MIT（麻省理工学院），得到博士，是念生化，毕业之后就到药厂做事，终身在美国药厂辉瑞公司做事，生产降血脂药立普妥的，是个有名的大厂。他现在退休了，住在美国，迁居到西岸去了。

邵建寅先生与林彦珍女士婚礼

那最小还有一个弟弟叫林文彦,也是菲律宾国立大学毕业,他来美国求学,也在MIT(麻省理工学院)念机械工程和电机工程两个硕士,现在回马尼拉经商,就是在他爸爸那个商行做总经理。我内人现在也在做事,帮她弟弟管理财务。

他们一家也都信奉基督教,都是虔诚的基督徒。岳父岳母现在都过世了,他们都享高寿,我岳父95岁过世,我岳母90岁过世。

我岳父在菲律宾是白手起家的,做人认真,做事有计划。这是他们家庭的背景。家庭是很好的家庭,父母都着意栽培儿女。信教的家庭不会重男轻女。

内人彦珍的祖父、伯父,墓园就在厦门,在厦师(厦门师范学校)校园里面。前天(2016年4月6日),我们去扫墓。

抗战胜利,厦大校友在鼓浪屿办了一个校友中学。后来停办,合并到厦师。厦师是由七家学校合并的,包括国立第一侨民师范。我们去了,看到又改了名字,叫信息学校。

厦师里面有座希贤楼。希贤是彦珍的伯父。这座楼,是她的堂哥林家栋先生捐给厦门师范的。也有楼志,我拟的。大楼是1989年落成,有一百间琴房,练琴用的。后来学校改了名字,师范不办了,琴房改变用途,成为一百间宿舍。

她堂哥叫我岳父叫叔叔。他们家的墓园在校园里面。学校就跟他们商量,把墓园的后面一部分,往后推,墓园大门的一部分,让给学校,也是满大的,有3000平方公尺(即3000平方米)。

我的家庭,夫人也有一半功劳。

我有1850多天在中正学院当院长,我没有礼拜六也没有礼拜天的,没有家庭生活。

礼拜一到礼拜五都很忙。早晨六点多,我就要提前到学校,有时候会站在校门口看着老师学生进学校,也是迎接他们的意思。

礼拜六下午和礼拜天也都不是我们自己的时间。礼拜六下午、礼拜天整天要开会。我们中正有七十几届的毕业生,每一届都有级友会,他们都有不同形式的聚会,都很客气地来请我讲话。你这个级友会去讲话,别的级友会也要去讲话,一视同仁,不能厚此薄彼。我甚至有一个礼拜要讲九次,每次内容不同。

其实我是喜欢这样做,而且不去对学生也不尊重。因此每个礼拜至少要讲三次到五次。我很喜欢和学生在一起的。这些是比较高端的学生,大家都对我很好。我当老师到现在,60多年的时间,但今天他们学生还是很喜欢跟我亲近,亦师亦友,我享受很多。甚至他们家庭的事也请我帮忙,夫妻之间的问题,孩子的问题,来问问,问问邵老师。

所以,我顾不上家庭,我的总司令是主管,家里全靠她。

在培元、灵惠做教务主任时,我还兼过课。

当老师的时候,我教的课,在学期结束之前两个礼拜,我一定会把教材教完。我不会说教不完啊,教材太多,找理由推脱。

我上一节我要准备两节。我学数学的,数学专业硕士,数学是我的本行,我可以干脆不带书上台讲课,可是我还得预备两个小时。为什么?学生通常程度不齐,我得多费时间,预备用浅显易懂的话语来阐释,消除他们害怕数学的畏难心理,让他们觉得数学非常容易,有趣。所以你要让他们有心理准备,让他们有一点启示,不要怕。

比如讲这个解析几何,他们高中也是有上解析几何,我教他们解析几何第一题的时候,就要让他们觉得,数学是可以把握的,数学没有什么好怕的,要引起他们的兴趣。

我准备的这个习题啊,我不一定照教材书本。我自己出题给他们做,从大学用的书里面去拿材料。我通常考试出题总是8题的,前五题如果你答对,那就是80分,一定及格,数学是一条线,第六题第七题就比较困难,可是只有20分,第八题最难,可是只有5

分。如果你全部答对就是 105 分。

1954 年到 1956 年,我在中正学院兼课,教的是高中三年理组两个班的立体几何和解析几何,还有高中三年文组两个班的解析几何。他们高中也是分文、理两组的。文组两班,理组也两班,四个班的学生有 164 人。

记得在 1954 年 6 月,我第一天上理组甲班(简称理甲)的解析几何课,有学生在课堂提问,要考考新老师。

他说老师啊,这课本里面某某题目,以前的老师说这个是印错的。好不好,你来替我们解一解吧。他想称称新老师的斤两。

我说,这个课本是教科书,不会印错的。你要请我解,我现在替你解解,如果我解不出来,我下一课我告诉你。结果在课堂上我立即把它解了。

所以那些想要闹事的,只好马上嘴巴关起来,规规矩矩地听课。

我也时常鼓励文组学生他们,说你们文组要注重文科,但学好数学也很有用。对数学,他们文组会比较怕一些。在一个礼拜六下午没有课的时候,我举办一个测验。四个班,一班派五个人来考,算课外的。我有预备 100 个考题,20 分钟要答好,20 人进来坐好,我的考题就放在桌子上,盖着。我敲桌子,他们翻过来做,20 分钟交卷。结果发现,这 20 人里面,最好的是文科的学生,又是女生。那当然,以中学年龄来讲,女生会比较成熟。结果他们文组有几个很好。理组也是很好的。20 名都很优秀。我用不同的形式来鼓励他们。我的目的,第一你不要怕数学,第二你要认真。数学有创新的作用,可以开动头脑。

每个学期,最后两个礼拜我是用来复习的。复习完,我的责任到这里,这个学期我教到这里,我把所有的材料都给你们了,你们去预备考试。结果就发现,数学就真的是一条线的,能够答 5 题的,没有什么大问题了。你学文学,差距会很大,学数学差不多,有一条线。我说你们不要怕,数学不会咬人。这个要鼓励。我的教法倒是比较活动的,我从没有带书、没有带什么仪器上课的,我带两根粉笔,我不看教材,教材都在大脑这里。我充分利用讲课时间。

我偶尔也教中国语文。在灵惠我就是教中国语文。吴友德,她是我班里的学生。她在菲律宾办报办得很成功。她丈夫现在是众议长,正副总统底下是参议长,再来是众议长,车牌是第四号的。友德是很用功的,早上在菲律宾国立大学念书,下午来灵惠上我的课。后来成为一个报人,出名的报人,*Philippine Star*(菲律宾星报),大家都知道。报份很多,也做得很成功。她的弟弟到加拿大办一个多伦多星报(*The Star*),是北美八大报系之一。这些就是菲律宾华文学校栽培的,所以你说这个华文学校是该办还是不该办?可惜的是友德在60岁时就因病过世。

1956年3月,我离开了教育界,办企业、做生意;业务范围涉及菲律宾椰业、布业、钢铁业、石矿业、土地开发、房屋建筑等很多方面。

我在厦大读的机电工程,在实习工厂的学习实践,对我学习做企业、做生意,是有帮助的。

我先做了十年椰业,1957年,一家椰干出口公司及椰油制造厂请我做销售部经理,负责购买和销售。

那是比较大的生意,遍及日本、欧洲、美国、南美。椰子肉,把它做成椰干,在本地榨油,椰油销到欧洲等地。榨油的渣滓,也销到欧洲,欧洲冬天很冷,没有草,买这个渣滓喂牛羊。那是很大的生意,是国际贸易。每个礼拜我四晚不能睡觉,因为这个生意,好像芝加哥期货交易所的行情,做金做银做铜做椰干做面粉做大豆,行情在不断变化,每天要听各种各样的消息,看地方的政治经济的情形。所以晚间,不能睡觉,要注意行情有什么变动。

那个时候靠电话联系,用电话和传真传递消息。我们用电话和传真咨询欧洲、美洲的一些行家,他们知道行情,而且他们和欧美的大油厂有联系,这些大的油厂我们有联系不到的。行家提供公众服务,在交易里抽成。我们同时联系几家,有个比较。所以每天看欧洲美洲,行情怎么样。

这有一个时差的问题,椰干的这个行情,马尼拉下午五点,从意大利开始,是傍晚,然后荷兰、比利时、德国,然后伦敦,然后纽约,然后芝加哥,再来旧金山。

行情变化很大。举个例,假如恐怖组织在这里搞一个爆炸,行情马上掉下来。一夜之间,你可能到第二天早上就什么都没有,一无所有。因此做椰干椰油,都有心脏病啦。

所以这个行业啊,最重要的是眼光。各地行情,也是要看上天,要上天的照料。有时候变动很大的,有经济上的,政治上的问题,立刻变化。也有很多假的情报,这个要训练头脑。那时候我们公司在菲律宾,以数量来说,做到菲律宾千名大公司的第十八名。菲律宾的报界,每年会评选出全菲工商业界最大的一千家公司,排出名次。

可是后来为什么我没有再做这个生意呢,因为我的老板,他去做印度尼西亚的生意,认为印度尼西亚好赚,做印度尼西亚的香料啊,买卖椰干啊,买卖糖,用糖去换椰干啊。这个我没有去料理,但我觉得担心。当时做菲律宾生意都赚,印度尼西亚生意都没有赚。

当时菲律宾椰干也输出到日本,我们做了其中80%。日本市场是我去打的。

这方面懂得一点,我做了12年,行情变化怎么判断,怎么应对。我们有18家分行,在各地买椰干,等 head office(总部)的命令,今天要买什么价钱,然后这里晚上,我们以行情为参考,与欧洲、美国的大油厂做生意。

当时年轻,身体好,一个礼拜四天,不太睡觉的。

椰子是菲律宾的大行业,出口大宗产品,每年有 200 万吨。其中有几十万吨是椰油,其他 100 多万吨是椰干。

出口椰干,是一门大学问,通常我们买卖,都是整船,一船,两船,三船。因此需要很多的资金。一船有 6000 吨,船不能很大,因为港口也小,船泊在海中水深的地方,用小船运过去。三条船,多少钱,风险很大。

印度尼西亚的生意不能做。当时印度尼西亚都是军阀,各霸一方,你要做大一点的生意,要跟他联络,不然你没办法。起初老板他用的人,不太熟悉,去打天下。结果,两条船载着糖,去换椰干,糖过去,他们拿掉,椰干不给你。你没有办法。真的很危险。做香料,很好赚,还是一样,讲好的又不给你。地方的政治,你没有搞清楚,很危险。后来就是因为这个问题,就停止了,没有再做了。在菲律宾做的,都很赚钱。

大家都说,做椰干的会得心脏病。菲律宾有一位老华侨做椰干,做了几十年,他 100 岁了,运气真好。

我最早办的企业,是和亲友合资的镀锌板厂,是冷轧,钢板做原料。产品可以做汽车车棚,做办公室的书橱,做屋顶。我们做的是加工,镀上锌,可以防火、防雨。人家说,邵先生啊,你们在印钞票啊。这个利不大,可是数量多,在菲律宾,热带,台风多,屋顶吹走了,捡回来钉一钉,好了。不一定要重新再盖,很方便,用得多,很普遍。菲律宾那边的民居,很多都用镀锌板,所以销量大。市场很大。市场大,就有竞争,竞争求生存,这个要费脑筋。

还做过针织厂,我们织布,生产布料,用钩针。后来竞争激烈,不做了。是和人家合伙,股份公司,我没有资本。这个工厂规模比较小,五十架机器。后来不做了。

又做印染。织布之后,再来印染。到德国买来画布,印在布上。销售对象是航空公司，大公司的制服，他们的需要量大。这个厂比针织厂大。

然后我们做水管，生产镀锌管和螺纹管，大水管小水管都有，小的1/2吋，大的3米口径，是用热轧。钢圈为原料，是整圈的。有几种方法，一种是先做成"U"型，再做成"O"型，把夹缝粘起来。还有一种是把它卷起来，里边粘上，外边也粘，可以做很大的管子。螺纹管，里面、外面都焊上，可以无限长。供应的管子有口径两米、三米的，这个在马尼拉有使用。我们拿到一些方案，下水道，还有桥墩的基础，基桩，这个要求比较高，有点技术，不是随便的人能做的。菲律宾只有三家能做这种管，不多。

巴石河 Sta.Cruz 的 LRT（Light Rail Transit，轻轨）桥的桥墩，我们公司是桥墩基础的供应商，桥墩基础就用了我们公司生产的钢管。LRT 建筑工程由意大利的营造商承包，他们在我们公司买了口径 2 米、长 18 米、厚半英寸的大螺纹钢管，每根重量有九吨，用来做桥墩的基础的套管。他们先把这个套管打进巴石河床 36 米，套管中间装进钢筋，灌入混凝土。一个桥墩四组套管，建成一个基础。这种基础又叫桩基。然后在上面建桥墩。

也可以做大楼的地基，20 吋钢管，打进地底下，120 呎。菲律宾国家银行大楼建造的时候，向我们买了 6000 吨的钢管，做地基打桩。口径 20 吋和 22 吋。这管子 120 呎长。普通的水管只是 20 呎。太长了，做出来，没有办法运输，只能做 60 呎，然后运到工地，再焊接。这个地基，你先要从这边打，然后从那边打，又往下打，地基连起来，像一个篮子，非常牢固，地震起来会晃动，不会倒。这个技术我们也是在学。一共用了 6000 吨的管子，数量很大。当时的价格是地下打桩用的两亿比索（pesos），地面上用的也是两亿比索（pesos）。现在这家银行已经卖给陈永栽先生。

我们还供应美军的一些设备。他们把螺纹管放进海里，抽海港的淤泥。管子大概半寸厚，可以没有限量地延长。运输有问题，到工地再粘。在苏比克湾，美国在海外最大的海军基地。

这个厂，场地相当大，有6公顷。

当时做制造工业还差不多，但是也很有竞争性。

还有个大理石厂。开矿，开采大石头，加工。我们不是开采花岗岩。厦门产花岗岩，有黑点，比较粗，供应香港机场使用。大理石硬度不高，比较脆，只有3.5度，花岗岩是5，金刚钻是10，金刚钻最硬了。菲律宾产大理石，就地去买，向政府买开采权，这个山，我买了开采权，别人不能开采。质量好，我们继续开采，质量不好，成本就贵了，就不行。因为大理石会损失，你运的时候、锯的时候，会破，不像花岗岩很硬不会破。因为有这个问题，所以我们自己开矿，也会去买，买别人的矿石。这两种方式都在用。菲律宾的大理石花色不是很好看，有时候我们也进口矿石。可是这个东西要看你怎么经营，自己开矿也有难题，路你要修，修到山上，还有你初期开采的时候质量不一定好，一百块里头可能只有一半能用，要损失一半，花了很多工钱，做了很多一大堆的事情。结果发现，我们还是到别的矿山去买，更好，我们可以选花色，因为建筑物，花色很重要。就这样经营起来。

我买的机器都是最好的，从德国、意大利买，那时候我到欧洲去买这些东西。

这个厂做成了菲律宾最大的大理石厂，还得到前总统阿罗约的特奖。

现在手上还有钢板、钢管、大理石这三种工厂。

这些工厂，技术都要学，做到学到。都是不同的生意。

还做土地开发。菲律宾还有很多土地没有开发。大家经济好的时候，就去买土地，开发，之后盖房子。你把土地开发出来就卖，也可以，你盖房子之后再卖，也可以。有几家是做这个。我做土地开发的房屋建筑,请人家来包,自己没有开建筑公司。

现在建筑业是很兴旺。也有风险的。马尼拉,比起过去二三十年是进步了,都美化了,你到马尼拉,好像到了美国,没有什么差别,新开发的地区,都比较快,比较好。现在空下的房子也很多,这要看国际的经济走向。当然,现在,世界上的富豪,都是买土地起家的,各个国家都如此。买土地当然也有风险,可是你开发土地,看地方的,有时候你开发后才兴旺起来,连带的,当然要看眼光,也要看资本。

做企业,也有一点看幸运不幸运的。这一点也是中国的传统文化,中国哲学。你看我们古代历史的演变,有一个规律的。这个规律有时候看不出来。政治的问题,经济的问题,为什么变化?人的问题。中国是帝王制,当权的人说了算。基本上中国哲学是有蕴含这种看法。当然,研究这个不是我的专业,这方面我不强调。

再来,我对钱,也没有看得很重。看得重是在需要资本的时候。如果是赚钱那就无所谓,不是看得很重。

这一点也是中国哲学的看法。你看历代的演变,盛极必衰,衰极必盛。这也有条曲线,在数学上,叫正弦曲线。这里有个坐标,从零开始,上来,弧形的,然后下去,到这里还不止,下去,到底下,又上来。可是有个原则,时间一直往前走,时间你拿不回来,所以你就要利用这个曲线在演变的时候,去找,找时间。这是我的心得。

这个椰干哪,很微妙的,它的行情也有曲线,你今天这里发生一个爆炸事件,影响它供应的问题,行情就起来了,明天说没有事,它又下来了,下来不只到这里为止,它还要往下走啊,关键看你的看法。所以,我们对时局,经济时局,政治时局,很留意,很注意。你掌握这个时局,很微妙的。

我告诉学生,我说,人的一生很多变化,三种情形:有往下走的时候,有往上走的时候,还有往下更往下走的时候,可是,有一天它会上来。我说这个事,也是中国道理。由大的事情来看。

1950年代中期开始,华人在菲律宾办企业,常常受到限制,直到1975年归化以后,情况才好起来,所以1980年代,1990年代,是比较好的时候。我们做企业,也要结交一些菲律宾本地的名流。我们公司曾经聘请老拉莫斯担任顾问,老拉莫斯曾任菲律宾驻中华民国大使。他的儿子拉莫斯在1990年代做过菲律宾总统。1986年,老拉莫斯生病住院,我去医院看望。那天,拉莫斯的夫人也在医院看望公公。她非常客气,我离开医院的时候,她一直送我到医院外面。第二天,拉莫斯办公室还寄来了他亲笔签名的感谢信。喏,就是这张,给你一份影印件。

这几个厂和生意同时做。人家说我忙而不乱,我说我忙中不乱。不能乱,一乱就糟糕了。

所以就这么过去了,一直做到我退休。

每次要办厂,我都要到外国去。泰国,日本;欧洲,意大利、德国;南美。日本人在里约,巴西以前的首都,在那里建了很多新的工厂,新的,跟我们的行业一样。去看,看它们的设备、厂房。你不去看,你想象不到,到日本去看,它是大工厂。看它怎么配备,它也是从小做起,看它怎么做。就是学习啊。它厂房有研究的,要配合生产,大理石厂,声音很大,很多灰尘,没有墙壁的,才不会挡声音。镀锌钢板厂,很热,要通风。水管厂房,要很长,比较大,空间要大,考虑到生产问题、运输问题。很多地方要改正,你改正就需要钱,所以在可能的范围内,能够做什么,先做。做不到的,将来赚钱了再做。一开始,你只能在这个范围,做可能的事。将来你赚钱了,再来扩大,增加。

这一类的事情,都要费脑筋哪。

有一次到南美洲参观工厂,从马尼拉到圣弗朗西斯科,再转机

VICE CHIEF OF STAFF, AFP
CHIEF OF CONSTABULARY
AND
DIRECTOR GENERAL
INTEGRATED NATIONAL POLICE

30 January 1986

Mr. Shao Chien Yin
Philippine Development and
   Industrial Corporation
Suite 404 State Condominium I
Salcedo Street, Legaspi Village
Makati, Metro Manila

Dear Mr Yin:

    Our entire family joins me in extending to you my sincerest appreciation on your generous concern for my sick father, Ambassador Narciso Ramos. Indeed, prayers and best wishes from good friends like you come as added sources of strength and inspiration for his speedy recovery.

    With best wishes.

                        Sincerely yours,

                        FIDEL V RAMOS
                    Lieutenant General, AFP

拉莫斯先生(1992—1998年任菲律宾总统)致邵建寅先生的感谢信函

到纽约，再转机到里约热内卢，然后再转机到圣保罗，当天下午到圣保罗，就去参观两家镀锌钢板工厂。那天到圣保罗的旅馆，check-in（办理入住手续），已经是晚上11点。在飞机上38个小时没有睡觉，那个时候五十几岁，身体很好。

我到过的城市，我就觉得里约热内卢最美，比巴西利亚好，500多万人口，向着大西洋，很美，1960年以前是巴西首都。

我的一生，多数时间是用在办教育事业。做企业，只是为了维持生活，对我来讲不是太重要。当然会赚钱也好，可是我的人生目的不是这个。我更看重的是教育事业，也是非常用心在做教育。我虽然主持几家公司，但是都太小，又是不同的行业。没什么好说的，没什么。

1989年，我已经63岁，到马尼拉中正学院做了五年。1994年已经快70岁了，又做校联指导员，接着做海外教育。2004年到中正董事会，已经快80岁了，继续做，第二年还做董事长。

现在讲我的孩子。

我有四个孩子，三个女儿，一个男儿。

大女儿二女儿是双胞胎。

大女儿邵虹玉，她毕业于马尼拉菲律宾国立大学，银行和金融学院。她毕业后在美国一家银行的马尼拉分行服务。她在菲律宾念完大学，又念了雅典耀大学（Ateneo De Manila University）财经研究所，雅典耀是菲律宾最好的私立学校，排名仅次于菲律宾国立大学。在1987年就和厦大有交流合作过，互换教授，他们派人到厦大，厦大派人到雅典耀，合作了几年时间，后来因为经费问题就停下来了。

二女儿邵蓝玉，毕业于马尼拉菲律宾国立大学，会计学院，后来在雅典耀大学，念会计研究所。她是一个公共会计师。

虹玉和蓝玉是双胞胎，长得一样。为什么一个叫虹玉一个叫

1980年代邵先生全家福，摄于马尼拉

蓝玉？因为他们小时候学校老师分不清哪一个是哪一个，所以我太太就用蝴蝶结做标记，一个红的一个蓝的扎在头上。（但是她的名字不是红色的红，是彩虹的虹。）所以老师就按这个来分辨的。那在家里呢，虹玉睡的是粉红色的床，蓝玉睡的是浅蓝色的床。

不过我们可以分清楚的，但是我的岳父岳母，岳母没问题，岳父到去世还是分不清楚。我当然能分清楚，但是她们打电话我会分不清楚，一个在台北，一个在新加坡，她们打电话过来，我要问你是谁啊，她们声音完全一样的。

那大女儿，她是菲律宾国立大学毕业之后，再去读雅典耀大学的硕士学位。毕业后，她就到美国的纽约银行工作。后来，她就自己做生意，做服装，制造小孩子穿的衣服。后来结婚，就移民到新加坡。现在孩子比较大了，就去教书了，她的大女儿已经在美国毕业了。

那老二，硕士毕业，就是在营商，主要做汽车座位黏合和钢管黏合的机器。她只有一个男孩，这个男孩也是大学毕业，这个学期

初做父母的邵建寅夫妇，抱着双胞胎姐妹合影

（2015年6月）毕业，是台北大学。

儿子邵熙杰，他曾经在亚蓝逊大学念商业管理系，现在在马尼拉经商。做房屋维修，和人家合股开了一家公司。

熙杰人很忠厚。他的专业是建筑，学习也很好，他喜欢画画，好玩而已，画得不错，铅笔，肖像画。他画的肖像很好，他画了一张我们姊妹兄弟七人的肖像，非常好。他在做房屋建筑设计。他个子175厘米的样子,我几个外甥(大姐的儿子)都很高,182、184厘米。我的孙子5呎7、5呎8的样子。

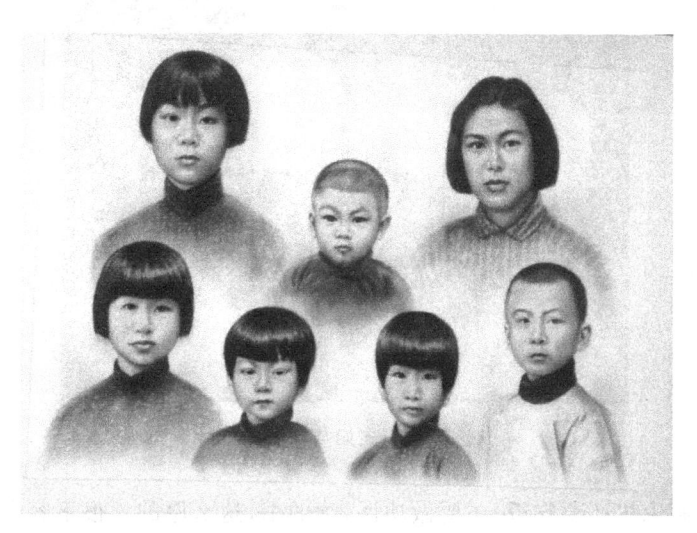

邵熙杰画的人物素描——父辈的七姐弟

熙杰他有4个孩子。大孙子今年21岁了,在念医科,另外3个是孙女,还在念小学。

孙子画画也很好,对建筑也有兴趣,所以他起初去学建筑。U.S.T(圣托马斯大学)的建筑系很出名的。U.S.T的医科,是全菲第一,建筑设计,也是全菲第一,音乐,也是全菲第一,是天主教学校。那时我孙子想和他爸爸一样学建筑设计,做设计师,房屋设计、桥梁设计。他画图很好。

我们家族里,我弟弟弟媳是医生,外甥是医生。我觉得还不够,多几个人做医生比较好。所以我说服孙子,改学医科。不一定将来要赚钱,但是你的工作很重要,你做医生,你会帮助很多人。我说,你去想想看。可是我要警告你,学医科,很辛苦。结果说服了他,他学得很高兴的。预科今年(2016年)毕业,21岁了。

现在看到他,很可怜,做实验,回到家里晚上十点,半夜三更,

邵建寅夫妇与儿女们

回到家里还要吃饭,还要做功课,读的书,这么厚的。很不容易念的。

我叫他医科好好地念,将来对人类贡献比较大。虽然很辛苦,可是你要面对,你不要半途而废。他念医科,预科今年是第四年了,后面还要读四年本科。

他在教会里也很用心的,每个礼拜天都去,做司琴。他不会看五线谱,会听,听了就懂。我请了这里最好的钢琴师来,听了他练琴之后,觉得不错,叫他还是要正规地学,学五线谱。他说他可以听的,听了就懂。

他会讲闽南话,讲得很好。中学教会学校毕业,基立学院,意思是基督立的。在巴塞,学校不错,董事长还是总司令(内人)的学生。中文,他可以看,但是叫他写文章,就不行。因为学校毕竟是中等的学校。学校办得不错,可是,你知道华文教育,现在,马尼拉,或者全菲,华文教育办得好的,没有几家,就这个问题。因此这些中等学校也不能请到很好的华文老师。

儿子一家都和我们生活在一起。儿媳不是华人,她爸爸是教授。孙子还好啦,乖乖的,很不错。平常我和他交流都讲闽南话,他讲闽南话没问题,百分之九十八,讲得还是准确的。讲华语,就是普通话,不行,他讲不来,平时没有这样的环境。三个小的讲闽南话比较困难,老大没问题。平时,孙女跟我讲话讲菲律宾话,我回答她们闽南话。她们听得懂,但是不会讲。儿媳能够听一点闽南话。

我就跟他们讲闽南话,让他们习惯。我们家里,都讲闽南话,孙女听得懂,不会讲。马尼拉的华人,大部分人讲的闽南话,是泉州口音的,和厦门人讲的闽南话有区别。

老幺邵文玉,毕业于马尼拉德拉萨大学(De La Salle University),德拉萨大学在菲律宾排名第三。她念电脑系,毕业后又到美国留学,在纽约大学电脑研究所念书,读 M.S.(理学硕士)。后来就在美国最大的银行摩根士丹利(Morgan Stanley)做事。

可是她对电脑没有兴趣。本来做电脑也挺好的,可是这个家伙不行,眼睛要看,耳朵要听,同时还要讲话。她考试前复习的时候,要一边看电视、一边听音乐、一边念书。说只有这样才能看进去。这家伙总是很特别。她念书还好。纽约大学,有两所,一所在市区,一所在外省。外省的那所,就是杨振宁工作的那个学校。她念的是商办的纽约大学,差不多啦,还好。

她进银行做事,摩根士丹利是美国银行界最大的银行,比花旗、比美国银行都要大,她不感兴趣。她说爸爸,你再让我上学,再念书,我说读什么,她说时装设计学校。我说你去吧,再去读两年。学费好贵的,私立大学,很贵的。两年后你出来做什么?回银行去吧。

结果她做什么?做设计。在丹佛,做女性爬山穿的服装,还要我写中文做她的商标。她自己没有厂,她是和加利福尼亚的一个

幺女邵文玉与母亲在温哥华

厂合作的。我把这个样本给你去做，原料我供给，你做好送来，然后我自己营销。我说你赚多少，她说四个百分点。我说四个百分点，那个厂你给它两个百分点，自己营销，还要还税，你赚什么？肯定亏本。最后这个生意不了了之了。起初营销是不错的，可是整个计划不健全。她不是没有头脑，是她的头脑想歪了。花了两年的时间去学设计，当然也设计得不错，有那个头脑，可就是用歪了，也不行。

后来美国住厌了，要住巴黎，就去了巴黎。住一段时间，她又换到伦敦。我说你整天在换地方，能做什么？在伦敦她又去念书，念EMBA（高级管理人员工商管理硕士），念的是很著名的伦敦商学院（London Business School, LBS），去念硕士。

现在文玉在美国经商，在做很冷门的生意。她英文是讲得很好，像英国人，没有口音。她的大学在马尼拉，后来到美国念书，又到英国念书。她有她的头脑，她的想法，我也不能限制她。

我说做商业，你有没有把握？我说你一没经验二没背景，要做什么？要人来投资，还是怎么样，人家肯定先要了解你。她说爸爸,你来投资好不好,我说我怎么投资？你要告诉我,当我是陌生人,顾客,你要做什么样的生意,有什么发展前途没有,你有没有做市场调查,这是基本的,然后,你需要多少投资,你要告诉你的顾客。你没有什么经验,人家怎么出钱？当然不会。这些你要告诉我。

当然我没有给她投资。她说,爸爸的朋友很多,一定要我介绍。我说,对我的朋友怎么开口啊？你有没有你的经验,你对这个熟悉不熟悉,你要讲一套。你要让投资的人愿意把钱拿出来,人家要看你的条件,要投资,一定会去调查,看看你以前的历练,在哪里,你做什么。她属马,让她去滚打一段时间吧。

两个大的就比较保守。老大先当专职妈妈,孩子长大了,她去教书,教数学。老二在台湾,一年有半年在外面,世界各地都跑,商场经历很多,现在经营夫家的生意,夫家的生意主要由她打理,她会会计,会英文。

这些孩子,我们没有办法管得太多。几个孩子没有学文学的。他们的妈妈学英文,学数学;我是工程师,数学也还好,可是孩子们没学文。

大女儿虹玉有一个女儿,本来也希望她能够学文,她的祖母也是老师,嘉南中学的老师,但是不能如愿。我也希望女孩子安安静静,好好学中文,但不行。她喜欢画画,学的是电脑画图,在美国上大学,毕业后回新加坡去了。她什么都画,什么都会画。前段时间又到她在美国的母校学习三个月。

孩子们学中文的找不到一个,这是我失败的地方。

在菲律宾,我们在家里吃饭,早餐是面包,中午、晚上是米饭。菲律宾的面包好吃,香港都吃不到的。是西班牙风味的。我们在家吃饭是圆桌,用的餐具是刀叉。我们两个老的会用筷子。取菜用公勺。个人用的和公共用的一定分开。

第七章

致力华文教育

1989年,中正学院的董事会找到我,要我担任中正的院长。

刚好前任老院长要退休,董事会就想到了我。因为我过去在中正兼课两年,教过书;可能还因为我对华文教育讲过一些想法。

我说你想错人了,我是个忙人,本来我时间就不够分配,事很忙。

心里挣扎了一段时间,要不要接受?去了还要花时间整理,要费几个月时间。

后来我想,我要接受挑战一下。我这个人,有点那个什么,知道它难做,可是我偏要试一下。这是主要原因。

因为菲化,当时华文教育界很灰心,好像没有人有什么办法,有什么想法,好像都很没有希望的样子。那个时候,大家很消极,有人说,我们船破了,找不到泊岸的地方。说这个话的又是学校负责人啊!这是什么话?你在负责菲律宾华文教育,怎么可以讲这种话?不行啊!

我们不能不做,做一下,试试看。我说好了,我试试看,先当一下。这是主要原因。

那个时候,没有人想做,没有人要做,没有人敢做。我说那样不行,我们这些华人,第二代第三代,还有他们的后代怎么办?我们要负起我们的责任,对下一代的责任。这是第二个原因。

也不是说我答应了就一定能够做好,不一定,试试看。如果说使命感,那太伟大了,不敢说是,我做做看。如果做得好,做得来,大家继续做。

考虑了很久。最后我说我试试看,接受挑战一下,同时负起这个责任。

我觉得虽然环境不理想,但不会没有办法。

我说试试看,我做一届试试看。

可是我有一个条件,不要领薪水。

最后就去了,经过一段时间的整理,当然也做了很多事。没想到后来又要我延长两年,一共做了五年。

1989年5月9日,学院举行了新旧院长交接典礼。我在典礼上的致辞,题目是《终身之计,莫如树人》。

我说:

> 我觉得非常荣幸得以参加今天的盛会,在离开中正三十三年之后,能再一次回来为中正服务,可以说是一个难得的机缘。
>
> 中正今年在纪念金禧大庆,五十年来得到学校发起人,历任董事长、董事、历任校长、院长夙夜匪懈,竭诚尽智地领导校政;历任老师们宵旰勤劳,不厌不倦地作育英才;以及历任校友会的会长和理事们踊跃捐输,出钱出力地襄助校务,使学校在各方面都有长足的进步,对祖国文化的延续、侨社风气的转移,都有显著的贡献。

接下来,我讲:

> 管仲说:"一年之计,莫如树谷;十年之计,莫如树木;终身

之计,莫如树人。一树一获者,谷也;一树十获者,木也;一树百获者,人也。"(《管子·权修·第三》),教育的功效由兹可见。教育是百年大计,也是国家社会的根基。我侨聚居海外,客地谋生,为求生存,乃有各种侨团的组织,借以彼此激励,互通声气。可是有侨社而没有侨教,则侨社必不能长久留存。印度尼西亚的现况,就是一个最好的例证。孔子说:"操则存,舍则亡"(孟子·告子·牛山章),继续操持,还能存在,舍弃了就完了。在事尚可为的时候,我们应珍惜机会,加强华文教育,使之既能弘扬中华文化,又能培植人才,为促进地主国的繁荣而努力。我们,包括侨社,学生家长和华文教育工作者,都该有一个共识:这就是我们所教育的,正是我们自己的后代,我们要有什么样的后代,我们就该办什么样的学校。我们要对我们的后代负责。目前华教的问题甚多,教职员待遇的调整和教学素质的提高应是当务之急。

教育的果效是累积的,是一点一滴汇集而成的,是无法幸致的。荀子说:"故积土而为山,积水而为海,旦暮积,谓之岁。"(《荀子·儒效篇》),正是这个意思。经过五十年的累积,中正栽培了无数青年才俊,成为菲华社会各行各业的中坚。他们都具备优良的中华传统,都能保持淳厚的中正校风,对菲律宾大社会的安定和进步,发挥了相当的力量。

我接着说:

孔子说:"吾十有五而志于学,三十而立,四十而不惑,五十而知天命,六十而耳顺,七十而心从所欲,不逾矩"(《论语·为政》)中正已到了五十而知天命之年。天命就是天的命令,知天命就是知道上天赋予我们的使命,我相信天命之一就是要我们在海外薪传中华文化。孔子又说："不知命,无以为君子也。"(《论语·尧曰》),可见知天命是作为君子的必要条件,而作为君子是知天命的充分条件。中正学院已到了君子之年,作为君子,中正学院对国家民族,对社会的责任都加重了。

讲到这里,我表示：

兄弟自知才疏学浅,难当大任。只希望今后校董会和苏院长能多加指导,校友会能多加支持；许副院长、各部主任,全体教职员能多方协助,同心同德,为中正的前途而努力,庶几中华文化能在海外扎根蕃衍,开花结果。

今天承蒙校友会、各级友会、过去门生及旧雨新知在报上刊登贺词,奖励有加,实愧不敢当,今后唯有临深履薄,黾勉将事,以报厚爱。谢谢诸位。

这篇致辞,表达了我当时的心情,也简略地讲了我对办教育和办华文教育的看法,还提出了对办好中正的初步想法。

说起来也可能是机缘啦。就在一年半之前,也就是1988年的1月9日,我在中正学院泉笙培幼园的家长教师座谈会上,做了一次题为"华语教育与侨社的存亡继绝"的专题报告。当时,我的身份还是一个商人,但是我一直在关注菲律宾的华文教育。

在报告中,我讲的第一点是"华语教育的重要性"。

我先说：

也许有人会发问,华人身居异国,客地谋生,所接触的都是异族,所用的不是英语,就是当地语言,那为什么还要学习华语？学习华语不是很不实用吗？

接着,我从四个方面强调学习华语是必要的。我说:

一、华语是重要的世界语言。全世界50亿人(1986年7月统计)中有10亿人讲华语。多少外国人千里迢迢来中国大陆和台湾学习华语,作为一个中国人,不懂华语是一种耻辱。

二、华语是重要的谋生工具。因为中国地大、人众、市场广,近年来,随着中国大陆的开放和台湾的繁荣,世界各国都希望和中国人做生意。许多跨国公司对中国大陆和台湾进行投资和贸易,于是纷纷雇用精通华语和华文的业务人员,华语的经济价值于焉提高。

三、中华文化源远流长,当西方厌倦于物质生活的庸俗和肤浅时,他们开始向往东方精神生活的高贵和深奥。而东方文化的代表就是中华。一个人如果不懂华语,又怎能一窥中华文化之堂奥呢?

四、我们虽然大多已经归化了,但我们还是中华苗裔,为人不可忘本,教导子孙后代讲中国话,写中国字,接受中国文化,正是我们的责任。

接着,我讲了"亚洲四小龙"加上日本,有两个共同的特点:第一,它们都由出口带动经济发展;第二,它们都受儒家传统影响,有着共同的文化特征。我引用了在香港任教的英国经济学家Gordon Redding 和 George Hicks 的文章《工业化的东亚及新儒家学说:对经济学的挑战》中的观点,他们认为,东亚是经济发展最迅速的地区,儒家伦理思想是东亚经济发展的"内在罗盘"。他们在文章中,还比较了菲律宾的华人和非华人的不同商业理念——薄利多销及结果,他们强调,中国人之所以能够有这么辉煌的成就,就因为中国人有牢固的家族观念,有天生的勤俭美德,有严谨的工作纪律,更能发挥互助精神,而这些全导源于儒家伦理。

说到"薄利多销",我讲了中国古代的一个事例。我说:

> 春秋时越国有一个人叫计然,他是我们后世最推崇的商人陶朱公范蠡的老师,他曾献七个灭吴国的计策给越王勾践,越王勾践用了其中五条,就把吴国灭掉。计然曾经说:论其有余不足,则知贵贱,贵上极则反贱,贱下极则反贵,贵出如粪土,贱取如珠玉,财币欲其行如流水。[①]

我说:

> 计然的供求律,就是:货论其有余不足。则知贵贱,比Adam Smith(亚当·斯密)的学说早了两千多年。而"财币欲其行如流水",就是薄利多销,这个法则成为后世,特别是海外华人经商的秘诀,它就是中华文化的产品。

我在报告的第二部分,讲"幼稚生华语教学的目标和施行方法",第三部分讲"东南亚各国华语教育现况"。先讲新加坡,它规定华文为英文之外的法定语言,华语教育情况较好;接着讲马来西亚,华侨可以兴办华文学校,但是政府不支持,还干预很多;再看泰国,政府不许开办华文学校,华裔想学习华文只能上补习班;最后

---

① 语出《史记·货殖列传》:"以物相贸易,腐败而食之货勿留,无敢居贵。论其有余不足,则知贵贱。贵上极则反贱,贱下极则反贵。贵出如粪土,贱取如珠玉,财币欲其行如流水。"
据《史记·货殖列传》记载:"勾践困于会稽之上,乃用范蠡计然。范蠡既雪会稽之耻,乃喟然而叹曰:计然之策七,越用其五而得意。既已施于国,吾欲用之家。乃乘扁舟浮于江湖。"

讲印度尼西亚，政府关闭了所有华文学校，华人不能有中国名字，不准阅读中文书刊，商店不能用中文招牌，与顾客交谈只能讲印度尼西亚语。这几个国家一比较，我认为，菲律宾的华裔还算幸运，华语教育还是处在"事尚可为"的环境。

最后是"结论"。我说：要在海外保存并发扬我们民族的优秀文化，要培育更多华裔优秀人才，唯靠华语教育，让我们共同来为华语教育尽心竭力。

讲到这里，我回到报告的题目"存亡继绝"四个字上。我说：

"存亡继绝"一语出诸《公羊传》。《公羊传》记载："鲁僖公十七年，桓公尝有继绝存亡之功"。继绝存亡，就是"绝者继之，亡者存之"。将要断绝的，使它接续，将要失去的，要让它存留。孔子说："操则存，舍则亡"（见《孟子·告子·牛山章》），能把握住便能存在，舍弃了则只有亡失，坚持不放还有希望，一放手就完了。

我说：

诸位，华语教育的命运和侨社的存亡继绝就操在诸位手中，"操则存，舍则亡"，愿大家仔细思量，愿大家互相勉励。

当时参加讲座的有很多是学校的校长和主任。第二天，我的演讲在一些学校传开了，人们议论纷纷。我的话，引起了他们的思考。

过了将近半年，6月3日，我又应邀在灵惠中学教员进修会，做了一次专题讲座，题目叫"华文教育工作者的责任"，讲了我当时对教育，特别是对菲律宾的华文教育工作的一些思考和想法。

我在演讲的"绪论"部分，先说，教育的目标有二：一是发展完美的人格。二是培养健全的公民。然后讲了华文教育的重要性，我讲了五个方面，意思和1月在中正培幼园的《华语教育与侨社的存亡继绝》的专题报告差不多。不同的是，我增加了一段，我说，华文是最优美的文字：中国文字具有艺术性，中国语言具有音乐性，中国语文容易学习。许多外国人来大陆或台湾学习华文，多数三个月内就能会话，一年后就能书写，就是最好的证明。

接下来，我演讲的第二部分，讲了"华文教育工作者应具备的条件"——四个"应有"。我说：

一是应有诲人不倦的传道精神。
二是应有仁爱忠恕的行道精神。
三是应有淡泊宁静的乐道精神。
四是应有学而不厌的学道精神。

在演讲的第三部分，我讲了"华文教育工作者应确切认识中华文化"。其中我讲到，中华文化源远流长，像长江；中华文化苍劲挺拔，像松树；中华文化坚韧有节，像竹子；中华文化欺雪傲霜，像梅花。我说，中华民族血管里流着的是智慧和勤劳，试看中华儿女，无论身处何方，都能出人头地。中华民族的优秀，是不争的事实。有人预测21世纪将是中国人的世纪，这种推测可说虽不中亦不远矣。

后面，在演讲的第四部分，也是核心的、点题的部分，我讲"华文教育工作者的责任"。我把它概括为两点：

一、为居留地培养人才。华人寄居海外，客地谋生，地主国的兴衰安危，与华人的前途息息相关。侨校应为居留地培养人才，使培养的人才能够与当地人融合，在居留地以少数民族的身份，奉献才智，尽心竭力，谋求第二家乡的富强康乐。

二、薪传中华文化。我要再一次提到薪传。薪传是"薪尽火传",典出于《庄子·养生主》:"指穷于为薪,火传也,不知其尽也。"指就是脂,薪就是柴,古时裹薪以动物的脂肪而燃之,谓之烛,用于照物。薪有烛薪、爨薪之分。烛薪所以取光,爨薪所以取热。庄子说:烛薪或爨薪的燃烧,有完毕的时候,但火种却可以永远传下去,无穷无尽。意思是形往而神存,薪尽而火传。我们的形体有死亡的一天,但我们的精神和思想,却可以代代相传,永远不灭。

讲到这里,我强调说:

诸位,我们的责任除了为居留地培养人才以外,也要负起在海外薪传中华文化的使命,让源远流长、苍劲挺拔、坚韧有节、欺雪傲霜的中华文化能在海外扎根繁衍。有一天,当你们发现手栽的幼苗已经开花结果的时候,你们的奉献和牺牲将成为无价的安慰和快乐。

最后,我用自己在十多年前写的《百年树人颂》作为演讲的结语。我说:

1970年灵惠创校二十周年时,我曾填了一首歌词,叫《百年树人颂》,今天分发给诸位作为纪念。这首歌一方面在庆贺学校创立二十周年,一方面亦借以强调百年树人大计的重要,并表扬创办人的苦心、信心、恒心和决心。

百年树人颂
灵惠中学建校二十周年纪念歌　邵建寅
一九七〇年

一、满园桃李　生意盎然　灵惠缔造二十年
　　寻根求本　饮水思源　言念神恩浩无边
二、宫墙数仞　广厦万间　学子弦诵俱欢颜
　　勿忘前修　创业维艰　筚路蓝缕伫仔肩
三、树木十载　树人百年　春风时雨被大千
　　行看来日　玉笋班联　灵惠声教遍南天

我想，我的这些想法，当时对中正董事会和马尼拉的华文教育界是有影响的。

1989年3月，厦大校友香港银行家黄克立到马尼拉。他的同行，首都银行的董事长郑少坚设家宴，请我去作陪。我是厦大校友，又是郑少坚的老师，郑少坚是我三十多年（注：至1989年时）以前的学生啊，他做了很多事，有实力，在菲律宾排名第五，但是还很尊敬以前的老师。一桌家宴，十个人。马尼拉的报人，世界日报社长陈华岳，也去了，坐在我的左边，现在社长还是他。他说邵先生啊，听说你要到中正去当院长，是真的吗？我说是。什么时候开始？我说5月份。他说你的理念是什么，你有什么计划没有？我说只有一句话，我们的目的是"要栽培拥有中华气质的菲律宾公民"。就这么简单。我们住在人家的地方，你政治上要认同他们，文化上认同我们的祖国，我们祖国的文化比它好，你带着中华文化来开发这个地方，有利于你的地主。

很简单的一句话，现在被多数华文学校采纳和认同。

我接任中正学院院长的第三天，参加了在喜来登世纪大饭店召开的一个记者招待会，主办人召集华文学校负责人座谈华文教育。在会上，有人说，华校菲化后，经过十多年，现在真不知道要怎么走。听到这些话，我心里非常感慨。我想，现在的华校，是真正走到了危机的时候，如果连华校的负责人都不知道该怎么走，那么

马尼拉中正学院大门

华校的前途的确是暗淡的、悲观的。

而且,当时在侨社中,还有这样一种错误观点,说什么"种族与文化并不是一致的,亦不可将文明和文化混为一谈,应该摒弃中国文化高的我族观"。

怎么办?我想,面对这样的危机关头,华文教育工作者务必达成共识,认准一个共同的方向,才能万众一心,克服困难,奔向光明。

经过一段时间的准备,我等到一个机会,1990年3月4日,我应邀参加马尼拉"粤侨早餐会",他们请我在会上做一个专题报告,于是,我就做了题目为"华文教育的路向"的报告。

我说:

先侨离乡背井漂洋过海,懋迁有无,始于宋代。千年来生聚食息,已基业确立,并已盘根错节,与菲人社会发生不可割切的关系。凭着智慧和勤劳,协助菲律宾人民建立了自由民主的国家。

前此华人留菲,多为侨居身份,因入籍手续繁多,所费不贽,鲜有归化成为菲律宾籍民者。迨1975年,前总统签署第270号法令,容许华人集体转籍,加速了华人落地生根、融入菲律宾社会主流的决心。

归化后,华裔在政治上自须认同菲政府政策,忠实作为菲律宾社会之一分子,尽心尽力谋求国家的富强康乐;但在文化上,保留祖国文化,却将使菲国家文化更加充实,更加多彩多姿。一个国家的文化采取多元化的政策,去芜存菁,往往证明是和洽的,是成功的,是有助于国家的发展的。

菲前总统曾经强调说:"国家政治、经济和社会之发展应兼顾少数民族。"他宣称:"新社会对于少数民族的政策与旧的有所不同,旧的政策是少数民族应同化于国家主流,但新的政策是鼓励少数民族保留其古老文化及生活方式。"他又说:"一个不为自己的文化传统感到骄傲的民族是没有精神力量、没有根和命运的民族。"我想这是一个非常正确的少数民族文化政策。

现任总统在1987年回乡寻根谒祖,她也认同中华文化,以为华裔勤劳与俭朴的美德是值得发扬和推行的。

基于上述观点,可知政治认同与文化认同并无冲突,二者可以并行。这就是我们在决定"华文教育的路向"时应有的认识。

关于"华文教育的路向",我分四点来讲述:

一、20世纪以前无侨教可言

先侨来菲,主要在经商,赚了钱,就汇回家乡养家。孩子多留在故国就学,偶尔携眷来菲,亦于孩子到达学龄时,就送回祖国受教育。因此,20世纪以前,没有侨校之创设,当然没有侨教之可言。

先侨人生的最终目的,乃落叶归根,衣锦还乡。他们的做法与鲑鱼(salmon)类似。

说到这里,我介绍了鲑鱼的习性,用来形容先侨的爱国心结。接下来,我讲报告的第二部分。

二、侨校的兴起与衰退

中国人较西班牙人早五百年来菲,但西班牙于16世纪即派遣大量传教士、医生及教师随舰队东来,建立教堂。医院和学校,以政府力量为后盾,执行其殖民政策。1599年及1611年,他们先后创设ST.IGNATIUS书院及圣多玛大学。而中国人第一家学校却迟至三百年后的1899年才创立,她就是小吕宋中西学校。十三年后又开办怡朗华商中学和马尼拉爱国学校,1915年宿务也创设第四家侨校,叫中华学校,就是中国中学及宿务东方学院的前身。其后第次设立的有马尼拉圣公会中学、溪亚婆中西学校、三宝颜中华中学、南甘马仁华英中学、蜂省大同中学和淡描戈培青中学等历史比较悠久的学校。1946年菲国独立之后,侨校不断创建,到了1956年已有侨校一百六十六家,包括一家华侨师范专科学校、两家女子职业学校。全部学生六万多人,教师两千余人,可称为侨校全盛时期。

1956年5月16日,菲私立教育局开始督察侨校,发出第3号通令,规定侨校中小学课程及上课时数。并于7月6日再发出第6号通令,限定侨校之英文主任,必须用天生菲人。

1973年前总统颁布第176号法令,菲化了外侨学校,规定:

(1)专为外侨就读之学校不得设立,只有百分之百菲人所有,或菲人控制百分之六十以上之公司或会社始得创办学校。

(2)学校董事会成员及行政主管必须全数为菲律宾公民。

(3)外侨学生不得超过全部生数三分之一。此外,又规定1974—1976年为缓冲期,1976年全面施行。

1975年前总统通令容许外侨集体转籍,于是教育工作者及学生多数得以申请入籍,无形中纾解了菲化侨校对于校董、行政主管及学生国籍规定的困扰。

另一重要问题为华文课程,几经周折,始获菲教育部准许在英文课程之外,每天上两小时华文课。

菲化之后,华文课程减缩,侨校由一百六十六家降至一百二十九家,学生人数亦相对减少,于是华文程度开始低落。

三、华文教育面对的难题

华文教育面对的困难有经费、师资,及教材问题。要解除这些困难,必须先了解华文程度低落的原因。

(1)教育菲化后,华文授课时间小学减少百分之二十五,中学减少百分之六十。菲化前,侨校华文每周上课时间小学为八百分,中学为一千分,菲化后,中、小学华文每周上课时间为六百分,中学本为六年,缩短为四年。

(2)一般侨校教师待遇低,愿意从事教育者大乏其人,男性教师更寥若晨星。教师无法专业化,自然难望提高教学素质。

(3)督课风气盛行,妨害儿童教育之发展。督课的作用为在课外督促儿童学习,且可使教师增大收入,补贴家用,本来未可厚非,乃为人所滥用,有收督课生至十数人者。该等教师既视督课为主业,何能专心教学。且督课养成儿童依赖心和虚荣心,限制了儿童学习范围。老师督课,学童补课,只为应付考试,自然学习绩效不彰。其实家长们如能每天拨出些须时间为儿童温习,一来可了解儿童的学习内容,得以酌加补充;二来更可增进亲子之情谊。

(4)一般侨校因生数无多,入不敷出,经济困难,无法改善教学环境,添购教学设备。

请注意第二项与第四项是彼此相关,互为因果的。要克服这些困难,应该:

(1)广辟财源,以资挹注。例如取得家长之共识及谅解,加收学费;发动商会、宗亲会、同乡会募捐,或征收教育捐、筵席捐等,以便充实设备。

(2)提高教师待遇,使之能安心教学,逐步进行专业化。

(3)提高教学素质,纠正部分教师因循心态,奖励现役教师进修,应用新的教材教具,采用活动教学法。

四、华文教育的路向

上面我们提到我们应在政治上认同地主国,在文化上认同我们的根。因此,华文教育的目标或路向该是教育出有谋生技能,在本地能生存,又对本地有贡献的人才,而这些人才又必须具备中华固有文化的特质。简而言之,就是我们的大方向是要教出"有华人气质的菲律宾公民"。

讲到这里,为了更加形象的说明问题,我用椰树、榕树、茉莉花三种植物,来比喻华人气质:

椰子能漂洋过海,随遇而安,于是山限海陬,无处不是它寄籍落户之地,深具海外华人气质。椰子有华人气质,不畏艰巨,又浑身都是有用之材,能够造福菲律宾社会,它是我们理想的教育样本。

先侨将榕树移来菲地,故菲律宾也盛产榕树。榕树也具华人气质,繁衍力强,能随地向下扎根,向上结果,多少人可以在树下乘凉,得到它浓荫的庇荫。鼓励华裔从政,相信必能如榕树,对菲人社会,作出更深、更广的贡献。所以它也是我们理想的教育造型。

茉莉花,原出印度,移植海南闽粤,先侨移植菲岛,后来成为菲律宾国花。茉莉花深具华人气质,冰清玉洁,又具暗香,到处受人欢迎,它正是我们理想的教育模式。

椰子树、榕树和茉莉花,都象征有华人气质的菲律宾公民,都是我们寤寐以求的典范。希望诸位同工多多努力,确立华文教育的路向,朝着标杆直跑。

最后,我谨以清朝郑板桥的《竹石》诗与诸位共勉。

郑板桥工画竹兰,对于竹的气质,他常有出神入化的诠释。

咬定青山不放松,立根原在破岩中。

千磨万击还坚劲,任尔东西南北风。

中华文化就是"青山",这青山就是《三国演义》序词所提"滚滚长江东逝水,浪花淘尽英雄。是非成败转头空。青山依旧在,几度夕阳红"里的"青山",也是"留得青山在,不怕没柴烧"的"青山"。我们身处海外,虽然像竹子,立根在破岩之中,但只要咬定青山不放松,则任你东西南北风的千磨万击,我们仍能坚劲如故,屹立在时代的洪流里。

这就是我的理念。

我接任中正院长后，第一个措施，我就提高老师待遇，增加薪水。

老师生活费不够，你怎么叫他安心教书？这个是最重要的问题。

提升教职员薪水，也要讲究方法。我的前任，提升薪水，职员提得多，教员提得少，这就引起矛盾，教员觉得不公平。所以，要提的时候，先有通知公示。

我提高了薪水之后，就有其他学校的校长打电话给我，说，邵先生啊，为什么你们中正老师薪水提高了这么多？你们学校大，有办法，我们没办法，跟不上。

第一个反应的是华侨中学。华校他第二大的。校长打电话过来说，邵先生啊，你们提高教员薪水啦，我们有的做不到的。问我有什么办法没有。我说是啊，我们大家合作嘛，这个问题我们得解决。我的办法很简单，先跟家长商量一下，我们要提高学费，有些家长做不到的，你跟他说一下，他可以少交。然后发动校友会，来帮忙这件事。

我们发动校友会来捐款，来补助那些清寒学生。好多钱你知道吗？校友总会津贴的，用来津贴贫寒学生学费这一块的，每年差不多有1000万的菲币。

我们用这个办法来做，试试看。

起初几个学校都来问怎么办。

特别是嘉南中学，一家教会学校。它好的时候，学校有3000多学生，那几年一直在减少，1989年的时候，只有1600多人，不行。他们收费很低呀。他们的董事长是我的熟人，给我打电话，说你中正这样一来，我就请不到老师了。我说学费太低不行。董事长说，邵先生啊，你来做我们的董事，我们共同来解决。我说好啊。也是这个方法，你试试看。家长这一关打通了，事情就好办了。升高了之后，贫寒的学生，交不起的，你交一部分，或者免交，这样就没事了。做下来果然行。第二个学期没有不来的。

嘉南的董事我做一任，下届不做了，后来也解决了。

5年之间，我为中正的教职员升了6次薪水。中正职员升薪水，数量比教师少一点，他们也有不同情况，有的是照着年资，有的是一次性的，他们只有提升教师薪水的80%。有时候政府规定增加薪水，比如说每人1000元，那我就大家一样，按照政府的规定，通通1000块。你职员，比如当主任，原来30000，我加1000，教员原来20000，我也加1000。这样老师的比例就高一些。这样他们也不敢有异议。通过一些技术性的办法，大家也没有反对，校园里比较平静。5年后，教员的薪水是原来的两倍，升了100%，职员的升了80%。这样就调整了他们之间以前的差异。本校里边，教员和职员就没有差别了。我学数学的，这个我懂。

我在电话里也说，这个计划大家做，耐心一点。你做了之后你就会比较轻松，不然你当校长还要反复去找资金，还要去向人家募捐。提高学费就都解决了。

结果，后来大家都慢慢接受了。

除了增加薪水，我们还决定对全菲中文教师子女一律不收学费。提高老师待遇，那他效率会增加。

有时候这个群很难合，可是你要有耐心，这当然是管理方面的事。

在头两年，我们增加薪水3次，后面3年，又增加3次。5年里中正增加了6次薪水，教员涨了100%，职员涨80%。

第二个措施，我完善教学制度。

规定考勤考绩制度，培养教职员准时上班、恪尽职守、积极的工作态度。

规定正副院长和主任轮流进教室听课，督促教师预备教案。

规定中小学老师集体备课，主要目的是集思广益。

规定老师参加学术讲座、老师参加进修班的，另加奖励。资助老师攻读硕士博士学位，设立体育奖学金、图书馆学奖学金。我反复强调，我们要有什么样的后代，就看我们给了他们什么样的教育。所以说，当老师，是身负着传道、授业、解惑这样崇高的职业使命，任重而道远的，必须时时进修充电，否则就跟不上时代。

第三，加强教职员管理。

我有什么新的计划，我时常事先通告他们：我预备做这些事，我说你们有什么意见，现在讲，不要不讲，我的计划某某时候就开始。一般情况他们80%的人没问题。其他20%，我请他们来座谈，到办公室来坐，你有什么问题，是我的想法错了，还是你的想法有错，我的意思错了？没有？好，如果有，你要现在讲。这样又可以解决15个百分点。另外5个百分点，再次用功，请他们再谈，谈了再谈，你有什么困难没有？有困难我替你解决，又去了2个百分点。最后3个百分点，他再不改变，请他走路。没有办法，这样他们才会心甘情愿啊。为什么，我们给你机会了，你自己不去珍惜，没有抓住啊。

我不喜欢用命令式的。虽然这样的协商比较花时间，但是校董会、校友会都很支持我。此外，我以身作则，做给他们看，事事躬亲。当然，我也讲究"三无"：无智、无能、无为，把工作分配给下属做，尽可能让下属显露智慧才干，有所作为。给他们表现的机会。一旦他们有错，我从旁边指正。

我说管人难管，就是这个道理。管得太过，他不能发挥他的能力，也不行。那你怎么管，我说一句很简单的话，"你用他的优点，不要太看重他的缺点"。人都有他的优点和缺点。看人，有时候用这个显微镜，有时候要用这个望远镜，用人是这样的，我们不能用显微镜来看人的缺点，假如这么做就会很糟糕。要一张一弛才对。

你不能搞得太紧张,太紧张他不干了。你这要有一个做法,不然他也受不了。

所以有小差错,我们不计较,但是大原则不能违反。老师一旦出问题,我会私下和他谈。可能是他的错,也可能是我的错,我们要先沟通。用这种方法,我们解决了很多问题。

两年下来,大多数教职员已经能够负起责任,积极地参与提高教学素质的计划。

在中正的五年,我们每年都有不同的工作主题,在诗田大楼挂出来。

挂在一起的还有一幅画。上边蓝色横条代表时间,左边黄橘色的圈圈代表空间,右边有一颗大红心,红心后边的绿色圈圈代表校园。由心发起,按部就班地向外推动,先是校园,最后到达无限大的空间和无限久的时间。三者代表天地人三才。孟子说:"天时不如地利,地利不如人和",三才以人为主体,所以人和尤其重要。整个画面的意思是,凡我中正人,一定要同心同德,善用无限大的天时和地利,群策群力,为母校开创美丽的前景。

2016年9月,马尼拉中正学院内景

1989—1990年度，我接掌第一年，提出当年的工作主题是："由小而大；自低而高；从近而远"。我引用老子的话："合抱之木，生于毫末；九层之台，起于累土；千里之行，始于足下。"这一年，学校欣逢五十金禧大庆，这是过去五十年的一个总结，也是一个新时代的开始。因此，我说，我们必须朝乾夕惕，戒慎将事，确立目标，循序渐进，不要忘记"由小而大；自低而高；从近而远"的古训，扎扎实实地做出一番事业。

我还写了一首《菲律宾中正学院创校五十周年金禧纪念歌》，为创校五十周年志庆。歌词是：

艰辛缔造五十年，巍然矗立南天。高山景行仰前修，德范矢弗谖。晦明风雨五十年，而今桃李满园。滋兰树蕙勤培壅，玉笋喜班联。（和）历沧桑，经瀛海，道统赖薪传。中正精神贯日月，千秋万世绵延。

1990—1991年度，我们的工作主题是："善用我们的潜能"。激励老师们一是先要发挥自己的潜能，以促使教育素质的提高；二是更要启导学生发挥他们的潜能，善用他们的天才，因为这是教育工作者的使命。这一年，我们举办了几次活动，如庆祝菲律宾图书周的图书游行，培幼园的两次恳亲游艺会，小学部的春节恳亲游艺会，以及中学部两次由学生自导自演的歌剧。从这些活动中，很高兴地看到，我们的学生真是才华横溢，才能出众。这一年，我们在体育、音乐、话剧、绘画和英语演讲比赛等多项校际赛事中，取得冠军和总分前列名次。NCR督导来校视察后，赞扬我们学校设备周全、教职员福利制度优越、教学素质优良。

1991—1992年度，学校的工作主题是"更高、更远、更快、更新"。要求在过去两年的基础上，稳扎稳打，更上层楼。水准要求其更高，眼光要求其更远，行动要求其更快，思想要求其更新。我们强调"动"的重要。唯有"动"才能生机蓬勃；唯有"动"才能思路澄明，凡事取得先机。这一年，我们举行了"五二校庆运动大会"，是30年来的第一次。我们动员了3500人，包括董事、校友和师生。运动会非常成功，不仅运动成绩好，还极大地凝聚了人心，让大家认识了什么叫做"众志成城"。这次运动会，成为菲律宾华侨体育运动历史上的一件盛事。这一年，在设备方面，我们购置了高功率发电机（为什么？因为那个时候马尼拉电力供应不足，会停电。结果我们买来发电机之后，连续三年，马尼拉动不动就停电，我们的发电机保证了学校不受停电的煎熬。社会上的一些机构和团体，看到我们有电力保障，还纷纷前来借用学校的体育馆和大礼堂，要排队哦。这一下，学校的知名度大大提高），我们为语文中心、电脑中心、音乐中心、打字机室、实验室和图书室添置了设备；为图书室添置了图书；推行了全校记录的数字化。这一年，大学部添设了三个科系，学生也从两年前的86人，增加到294人，增长了三四倍。（到1994年，大学部学生增长了9倍多，有八百多人。）

1992—1993年度，主题是"自强不息——求创新，求突破；把握现在，开拓未来"。《易经》说："天行健，君子以自强不息。"意思是天体运行，至刚至健，不停旋转，不停前进。人类既生长在这运转不息的宇宙之中，就应该效法天道，永不休止地、不懈不怠地坚强自己，不断地求创新，求突破，以期造福人群。

1993—1994年度，主题是"同心同德、共创未来"。我认为，我们的十个指头，虽然长短不一，可是每只指头各有它特定的用处。倘若它们各自为政，一点事情也办不成，但是如果它们互相调配，合作无间，就可发挥力量。中正学院已经有55年的辉煌历史，今天必须接受时代的挑战，我们应当负起承先启后、继往开来的使命。为了母校的前景，我们要同气相求、同声相应，我们要同心同德,共创未来。这一年,我们举办了中正学院一年制师资培训班,面对师道之式微、师源之匮乏,我们除了资助本院教师参加短期教学训练,比如商总主办的暑期师资讲习班、侨委会主办的中小学教师研习班之外,也致力于比较长期的培训。我们礼聘台湾师范大学资深教授来主持为期一年的师资培训班,欢迎全菲华文学校派教师参加,学员学杂费全免。

1994—1995年度,主题是"无我无私、牺牲奉献、为中正开拓灿烂前程"。

在中正工作期间,我还倡导师生要做"堂堂中正人",我写了一首歌,名字就叫《堂堂中正人》。歌词是:

> 君子贵修身,诚意正心,克明峻德兮,日新复日新。无过无不及,文质彬彬,不偏又不倚,堂堂中正人。

我做院长的时候,很努力地修复与侨中的关系。中正和侨中,过去有一段时间很对立。我觉得,两校一定要合作。我真的很有这个心意。过去,侨中甚至退出篮球比赛,中联,华文中学的联赛。退出,不参加。组建校联,我诚邀他们参加,邀他们一起做发起人。他们有什么会,我们都去参加。比如他们有一次组织了一个会议,我们派去的老师,占了他们大礼堂的三分之一。

当然,在当院长期间,我同时还要管自己的企业了。我管了多少企业,从来也没有人知道,我没讲过。我有几家公司,都是股份公司。几家公司还是不同的行业。在学校担任院长,公司也要管,公司里有了什么事就会来找你。不是我本事大,是那些公司小,我做到学到。华人为什么会在海外站住脚?就是因为时常在尝试,这个生意不行,很快就换别的,这样子。一定要这样才会成功。所以大家说我很忙。忙是忙,但要忙而不乱,不能乱。

中正学院五年，我没有领薪水。董事会说你一定要领薪水，不然怎么办。我说我不领薪水。不领薪水，只是我一点心愿。董事会很好意，把我的薪水存在财务处，说以后再给你。我说你留在那边可以，可是我不领。

到我离开的时候，董事会说那些钱怎么使用，请我提个计划。我说可以捐出去，但不用我的名字，要用学校的名义。

后来，拨出100万元设立"中正学生文学创作基金"，由中正正副院长和两位校友组成基金委员会来运作；30万元奖励中正服务优良的绩优教职员；25万元捐赠给菲华校联作为活动经费。三个项目都是用中正学院名义来使用和捐出的。钱不多。以我1989年的薪水为准。

我的任期到1994年5月31日就满了。董事会在5月初就选定了接棒的新院长人选，这个时候，我如果就办交接，也是可以的。但是我想，还是坚持做到5月31日吧，画一个圆满的句号。

5月18日，中正校友会举办了一场十分感人的"惜别晚会"。在中正纪念堂，开了70桌。那天晚上下了暴雨，大家还是准时出席。来的人要加座，800多人。舞台上和会场四周布置了很多怀念和感恩的诗句。扬声器里播放着我写的校友会会歌，还有一些惜别的歌曲。

晚会邀请了正在马尼拉考察的台湾高雄师范大学的校长、教授和老师参加；邀请了友校的院长、校长；邀请了中正学院的董事长、副董事长，学院的代理院长、副院长、院长助理和各部主任以及老师。当然主体是各届校友的代表，校友会会长、副会长都来了。

在惜别晚会上，校友会柯春楷会长做了主题演讲，他很客气，对我五年的工作给予很高评价。

我也做了演讲，题目是"只恐双溪舴艋舟，载不动许多'情'"。

我说：

时光荏苒，倏忽之间，我来中正服务已经五年。五年前，苏院长荣章博士荣休，董事会要我负起这份责任，有鉴于华文教育还有许多问题，诸如路向问题、经费问题、师资问题、教材问题，样样都需要及时地、有效地加以解决，为了为后代子孙的教育稍尽绵薄，我大胆地、勉为其难地挑起了这副担子，希望华文教育能求创新、求突破，按部就班地朝向正确的目标前进。

　　五年前接任时，正逢学校金禧之庆，是过去五十年有累累成果和辉煌成就阶段的总结，也是一个前途似锦的新年代的开始。于是更加兢兢业业，黾勉将事，临深履薄，不敢或怠。期盼与同仁同心同德，共创华文教育的新纪元。

　　值得庆幸的是大家现在已经有了共识，就是我们的路向是要教育华裔青年，使他们成为具备中华气质的菲律宾公民，使他们不但继承中华道统，更能将中华民族勤劳俭朴的美德、勇敢创业的精神融入菲律宾国家文化，参加居留地的建国大计。

我接着说：

　　五年来得到诸位的关心和支持，首先我要向诸位谨致衷心的谢忱。

　　一、五年来推进校政，对于员工待遇的调整、教育素质的改进、图书仪器的添置、校舍设备的扩充；以至于制度的建立、人才的培植、潜能的发挥、士气的提升，还有其他种种方案的推行，都得到鲍前董事长、李董事长、蔡执行副董事长、柯副董事长及诸位董事的指导和支持，使得计划得以顺利进行，我谨在此向他们道谢。

二、五年来与诸位同事朝夕共处，情同手足，一同为培植民族幼苗尽心尽力。我们一同从事扎根的工作，我们今天扎根，冀望明天开花结果。我们全都明白千里之行始于足下的道理，凡事从基层做起，循序渐进，终能达到目标。五年来你们栉风沐雨，宵衣旰食，殚精竭智做好你们的工作。爱护我，扶持我，使学校得以在安定中向前迈进。为此，我衷诚地向你们道谢。

三、五年来每逢周末，我都有机会参加校友会和级友会的活动。在活动中我们彼此加深认识，也建立了淳厚的情谊。无论是对学问的研究还是对人生的探索，我们都肝胆相照，莫逆于心。你们的向心力和亲和力尤足称道。尤其是金禧校庆时，为筹募大笔教职员福利基金而公演《中国人》总体剧场历史名剧，你们都曾全心投入，全力以赴。你们爱校敬师的精神足以表率群伦，相信你们的心血不会白费，你们在中正校史上将留下永不磨灭的一页。

五年来得到广大校友对我无微不至的关心和爱护，以及衷诚的支持，使学校得以朝更高、更远、更快、更新的目标前进。为此，我谨向诸位校友致以万二分的谢意。

四、五年，一千八百五十天，得到我的另一半在生活上的照顾，在精神上的鼓励，使我得以专心致力于校政的处理。五年来我们几乎没有共度周末，平常更很少有时间讨论家庭事务，她的体贴和谅解只能意会，无法言传。为此，我要向她谨致歉疚之意并向她道谢。

中正校友会成立至今刚好五十年，五十年在历史的长流里，不过是一刹那之间，但在有限的人生过程中，却是相当长的一段。

中正校友会像长江，由无数的旁支细流汇合而成浩浩荡荡的大川，滋润两岸土地。宋李之仪《卜算子》云："我住长江头，君住长江尾。日日思君不见君，共饮长江水。"凡我中正人都有福分共饮长江水。但是长江水最终的目的地是东海。

过去你们做了许多工作，诸如奖励校友级友从教、奖励校友级友子女升学、提倡体育活动、支持母校建设、关心老师福利、对贫民实行义诊、捐助风灾水灾灾民、捐建地震灾区校舍等等。今后希望你们多多关心文教事业，提倡生计活动，克尽所能参与社会的改造和国家的重建。因为长江毕竟还应流入更广、更阔、更深的大洋。

今年欣逢五十五周年校庆，我们的工作主题是"无我无私，牺牲奉献，为中正开拓灿烂前程"，这个主题已经挂在诗田大楼面对大操场的墙壁。五五校庆的两个"五"，就代表"无我无私"，我在校友会会歌里也提到"无我"，希望诸位校友一本既往爱校热诚，继续回馈母校，支持母校，跟随创始人王校长泉笙先生的脚步，牺牲奉献，发扬中正精神，为母校开创光明前景。

五年来猥以菲才，谬膺重寄，绠短汲深，徒有为华文教育稍尽心力之意，但毫无建树之可言，我何德何能，竟蒙诸位如此关爱，为我举行这么盛大、这么隆重、这么温馨、这么感人的惜别晚会，"只恐双溪蚱蜢舟，载不动许多愁"，也载不动许多"情"。对于诸位的拳拳厚爱，心中有无限的感激。今晚天气不好，你们还冒着暴雨出席这个盛会，有人甚至从国外特地赶来，于下午到达，就专程为了参加惜别。对于你们的隆情盛意，我谨再次表示谢忱，谢谢，再谢谢。

最后谨祝诸位身体健康，精神愉快，家庭美满，事业成功。

惜别晚会安排了很多文艺节目，有诗歌朗诵，有歌唱，还有舞蹈,大部分是校友的演出,情真意切,在文艺节目进行中穿插了各届校友代表赠送纪念品、即席讲话的节目,多到二十几组,有几届级友会还举出了纸牌,上面写了一些表达鼓励和思念的话。

最后的两个节目我永远不会忘记。

一个是校友会执行委员会合唱《祝福》,当台上的委员们唱到"……情难舍,人难留,今朝一别各西东……伤离别,离别虽然在眼前,说再见,再见不会太遥远,若有缘,有缘就能期待明天……"的时候,歌声引起台下中正校友的共鸣,大家不约而同,纷纷站起来,表达祝福之情。

最后一个,扬声器里播出两位校友合唱《往日情怀》,全场的灯光慢慢熄灭,校友会执行委员们点燃手中的蜡烛,分成两行走上舞台,然后由正副会长、咨询委员握着我的手,一起走到台上,排成半圆形,跟着音乐和唱。这时候,大家都情不自禁,欲言无语,流下了泪水。场面十分动人,真是终身难忘。

我邵建寅今天想起来,还是要流泪。我何能何德,……(此时老人声音哽咽,转过身去,很久,才平静下来。)

台湾高雄师范大学的校长薛光祖先生,本来是福建省教育厅的秘书长,他,还有一起来的十几位台湾的教授,应邀参加了晚会,在马尼拉看到这样的尊师重道的场景,都很感动。他们说在台湾看不到这样的事了。他说:礼失求诸海外。

他还说,中正校友施柳莺说:"有阳光的地方,就有中正人,有中正人的地方,就有阳光。"这句话讲得非常好。

现在我要全面地介绍一下中正。

菲律宾中正学院,今年(2016)有 77 岁了。它是由王泉笙先生在 1939 年 6 月 6 日创办的中正中学发展而来的。以蒋中正先生的名字作为校名。1941 年底太平洋战争爆发,马尼拉沦陷,中正中学校舍在战火中毁损,学校停办。

1945年重建校园,开学复课。1955年增办华侨师范专科学校。1958年,增设泉笙培幼园。1965年扩充为学院。1968年增办小学。

现在,菲律宾中正学院是一家设有大学部的菲华学校,成为集托儿所、幼儿园、小学、中学、大学、研究所,各层次完备的华文综合性学院。附设有舞蹈中心、电脑中心、语言中心、音乐中心等等。

到1990年,全院学生7160人,教职工600人。被誉为菲律宾最高华文学府,校友遍布世界各地,在菲律宾商界以及文艺界的影响力,没有别的华校能够相比。

1939年,东南亚成立了四家中正中学,一家是马尼拉中正中学,一家是新加坡中正中学,一家是在印度尼西亚雅加达,一家是在缅甸仰光。

为什么要成立?当时国内正在抗战,要为国家培养人才。成立这几家中学,不单是政府行为,也是侨民自发的。

现在四家只剩下两家,雅加达中正已经关了,缅甸的也关了,只剩下新加坡和马尼拉中正。

马尼拉中正升格为大学,现在有托儿所、幼儿园、小学、中学、大学、研究所,一条龙。我在这个学校当了五年的院长,到后来当董事长,现在是名誉董事长,尽点力量而已。现在这个学校已经有77年历史了,还在继续培养人才啊,在我手里学生有7000多了,算是海外体制最齐全的华校了。

新加坡的中正还在,他们改制了,中学变四年,第五年第六年是选修,所以他们创立了一个南洋初级学院,就是中正的高中。他们是另外一种学制。办得还不错。现在有4300多人,整个学校,连整个中学部和初级学院。

这两家也是一直在改变。新加坡是公立的有政府津贴的,我们马尼拉没有,所以马尼拉中正经费从哪里来?学费。可是我们的学费收取还是平民化的,因为学生人一般比较多,多数家庭能够承担,少数负担不起的贫寒的学生,我们还可以调剂帮助。我们一年有一千多万拿来帮助比较清寒的学生的,可是我们收的学费也是一般,不像一些学校收很高。

马尼拉中正现在是潘露莉做校长,她的姑姑以前是中正的老师,露莉是中正毕业的,后来在北京进修,再后来修到博士。现在中正又要建新校舍,土地是平整了,部分平整,大概花了几千万,两三千万,现在在招标做先期的房子,现在手里的捐款,大概有5亿菲币了,还在继续发展,都是校董校友捐的。

我们华校现在的校地有限,只有光启比较大。中正新校区,离老校区比较远,将来收那边的学生。有些人担心没有学生,你看光启,一开始的时候,学生只有100人,5年的时间,现在有700多人。中正有些人信心不够,我说你不要怕,5年内,就可以看到。这个地方发展很快,人口移动很快。旁边都是台商。所以不要怕,这都是基本的。看地的时候,我就主张要,至于拿到学生拿不到学生,看你的努力啦。招生,可以想一些办法,很多路可以走。看你的眼光。现在那个地方繁荣得很,还会更加繁荣。人口在增加,华商在增加,基本的学生我们有。

现在我要讲一讲中正的创办人王泉笙先生。

中正的创办人、老校长王泉笙先生,我们中正的人,还有菲律宾侨界,都尊称他为泉老。

泉老祖籍惠安,1886年出生于晋江。毕业于鼓浪屿寻源书院。

泉老1905年加入同盟会。1916年奉孙中山先生之命,南渡菲律宾,一面经商谋生,一面创办中华革命党菲律宾支部。后来他成为国民党的高层级干部,是菲律宾国民党支部的领袖人物。

1919年,他参与创办华文学校马尼拉普智学校,担任校长。

1924年,泉老担任中国国民党吕宋支部及国民党驻菲律宾总支部执行委员会常务委员。1935年,泉老赴南京出席中国国民党第五次全国代表大会,当选为国民党第五届中央执行委员,又被选为常务委员。

1939年,泉老参与发起创办菲律宾中正中学,任常务董事兼校长。1939年,他还在菲律宾创办华侨女子学校,被推为常务董事和校长。

马尼拉中正学院创始人
王泉笙先生

太平洋战争爆发后,泉老乘飞机前往重庆出席会议,途经香港,被日军查获,软禁九十多天,后来他化装逃出香港,到了重庆。1943年出任立法委员。后来还被委任一些职位,泉老没有全部接受。

日本投降后,泉老返回菲律宾,全力复办中正中学。1954年普智学校与中正中学合并,扩办为中正学院。

当年中正中学的取名,含有以中华民国领袖的名字命名,来宣示身份和凝聚华人的意思。国民党菲律宾支部,也长期以中正为活动场所。

后来人们还为中正校名增加了新的含义,有希望全校师生都具有大中至正的高尚人格的含义。

泉老注重培育学生的文化精神和道德情操。每逢周一早上举行周会,全校师生都要在操场上听取演讲或训话。有时候没有请到校外名流嘉宾来做演讲,泉老就亲自上台训话,宣传三民主义,阐述中华道统,讲解做人道理,还带领大家背诵青年十二守则①。

泉老逝世之前一个月,已经卧病在床很长时间了,他已经预知生命不久,但是他心里放不下学生,就在床上口述,由陈列甫先生记录,整理成一篇《告中正学生书》。他说:

亲爱的中正学生:

我自从去年六月本年度上学期开学的时候,曾经公开和各位说过一次话以后,就一直卧病在床,身体衰弱,精神疲惫。虽屡想能再有机会,和各位同学见面,不幸力不从心,事与愿违。可是八个月来,泉笙虽然为病魔困扰,不能和各位学生见面,而我的心却时常和各位同学在一起。……

……

亲爱的中正学生,十七年我为中正而贡献了一切的心力,我看见中正在艰难中创立,在风雨中生长,在恶劣环境中发展。十七年的辛勤经营,使中正有今日的规模,虽然在设备与内容,距离我们的理想还很远,然而在全菲侨校之中,它已经是一枝灿烂的花朵,一颗圆熟的果实。这十七年的成就,是依靠侨界热心教育人士的支持,校内教职员的辛勤协力,与历届校友对母校的爱护;至于泉笙个人,则像是一位勤劳的园丁,天天望着园中生机勃发的幼苗而寄托无穷的希望……

……

……我热望受本校教育的中正学生,除了增进智识,修养

---

① 青年守则十二条:原为蒋中正手订的中国国民党党员守则,后改为中国青年守则,内容有十二条:(1)忠勇为爱国之本;(2)孝顺为齐家之本;(3)仁爱为接物之本;(4)信义为立业之本;(5)和平为处世之本;(6)礼节为治事之本;(7)服从为负责之本;(8)勤俭为服务之本;(9)整洁为强身之本;(10)助人为快乐之本;(11)学问为济世之本;(12)有恒为成功之本。

德性锻炼体魄而外,更要培养爱护国家民族的精神。一位中正的学生,他应当能够自立,有谋生的技能,在社会上做个能生产有用的份子而外,还要进一步对国家民族,有所贡献。当国家对你呼唤,民族向你招手的时候,凡是受过中正教育的,更应当奋勇而起,毫不迟疑地跑在人家前头,去为国家民族出力、出钱、流汗、流血。更晓得没有国家民族,就等于没有个人,当国家民族被人瞧不起的时候,个人有什么光荣呢?

......

亲爱的中正学生,人生原是短促的,光阴是一去不回头的。抓住现在的机会,把握当前的环境,为你自己,为海外华侨,为国家民族,而好好的奋斗努力吧!国家需要你们,民族需要你们,海外华侨需要你们,更用不到说亲长师友对你们殷切的期望。你们的责任,实在太重大了。鹏程万里,努力吧!努力吧!

......

一九五六年二月二十日

《告中正学生书》公布后,很多学生都被感动得流下泪水。就是到了今天,当年的学生说起来,还是唏嘘不已,非常感动。

泉老在菲律宾华社有非常高的声望,经常出面调解商业、社团、家庭纠纷,是菲华侨社有名的"和事老",时常本着基督精神,为人排解纠纷、化解难题。

泉老有个美满的基督教家庭,他与妻子白蕙芬女士育有三男二女,现在是子孙成群了。泉老1956年3月16日逝世,享年72岁。泉老去世后,学校为他举行葬礼,送殡的人从学校出发,到墓地华侨义山有好几公里,走在前面的人已经到了墓地,学校里的人还没有走完。来了很多人。

泉老逝世后，中正校友会发动捐建了一座四层楼高的大厦"泉笙文教纪念馆"，大厦落成时，在一层设立了"泉笙培幼园"，在培幼园门口安放了他的半身铜像，供人瞻仰。

泉老逝世三十五周年的时候，1991年，我在中正做院长，举办了纪念会。以前没有办过。那一次，来了700多人，校友和嘉宾。很多人说：公道自在人心。

今年，2016年，也就是半个月之前，3月16日，是泉老逝世六十周年。中正学院在《世界日报》出版一个特刊，好几个版面，纪念泉老。我这次来厦门，特地带来这份报纸。这里面也有我写的一篇，标题是《光风霁月 古道照人——追思王故校长泉笙先生》，文章中，我这样写道：

一九三一年九月十八日，日寇侵占东三省，建立伪满，一九三二年一月廿八日进攻上海闸北，引发淞沪战争，之后复夺取热河察哈尔，进而陈兵平津，觊觎华北。处心积虑，谋我日亟。一九三七年七月七日北平卢沟桥守军，为抗日军无理挑衅，忍无可忍予以还击，于是举国军民，同仇敌忾，启动救亡图存之全面抗战。海外华人忧心祖国安危，纷起响应，除大力捐助巨款，支持政府保国卫民之外，亦在侨居地次第兴办学校，为国储备人才，母校遂于一九三九年六月六日应运而生，以当年国家领袖蒋中正之名名校。同时设立者，尚有英属海峡殖民地新加坡中正，荷属爪哇巴达维亚（即今之印度尼西亚雅加达）中正及英属缅甸仰光中正。后二者已经停办，菲律宾中正升格为学院，开设由托儿所，而幼儿园，而小学，而中学，而大学，而研究所各级学校，成为海外体制最完整之华文学府。新加坡中正则增办二年制南洋初级学院。

一九三九至一九五六年在王故校长亲自领导之下，筚路蓝缕以启山林,由募捐经费,购地建校,以至罗致教育专才,培养青年学子,无不殚精竭虑,排除万难,其中又历经战乱,校产被掠夺一空,校务完全停顿,若非泉老当年高瞻远瞩,细心策划,欲求复校,谈何容易。

七十七年来,在泉老无私无我精神之感召之下,历届正副董事长、董事;历届校长、院长;全体教师职工;历届校友会正、副会长,全体执行委员;全体中正人晦明风雨,披星戴月,宵衣旰食,不懈不怠,勉力促进中菲文化交流,栽培拥有中华气质的菲律宾公民,肩负在海外传承中华文化重任,以至今日。

……
一九九一年三月十六日,我们为他的卅五周年忌辰举行献花仪式及追思会。翌年的三月十六日又在养浩园的化雨亭为他竖立铜像和纪念碑。这个铜像的石膏模型安置在我中正学院院长办公室的书架上有两年多的岁月,一直到一九九四年五月卅一日我退休为止。我们每天相会朝夕,共度晨昏,亲切如家人。

清癯的笑容,望之俨然,也予人以稳重如山的感觉。面带微笑,即使只是一点点——那雕塑家丁平来先生刻意强调的——已足以表露他即之也温的慈祥。微蹙的眉宇蒙上了历史的风霜,刻画着创业的艰辛。深度眼镜后面深邃的眼神,似已看透了世态的炎凉和人情的冷暖,从塑像的整体展现出来的是气量恢宏的胸襟,志节坚贞的傲骨,和坦坦荡荡的君子形象。此外,就是那无言的感召和无声的呼唤,要我们无怨无悔地、虚己归零地负起薪传中华文化的重任;要我们朝夕匪懈地、同心同德地创奇迹,凌巅峰,为中正开拓更辉煌的前程。

泉老像把火炬,燃烧自己,放出光和热。虽然燃薪有时或尽,但他已把火种留下,永不熄灭。他的精神和思想将代代相传,无穷无尽。"哲人日已远,典型在夙昔。风檐展书读,古道照颜色",他的高山景行,将永留中正人心坎;他的楷模遗爱将长存后世,直到永永远远。

这是我发自内心的感言。

1989年中正校董会来聘请我的时候,当时是菲化,教育菲化,什么都要菲化,来势汹汹。华文教育界面临各种困难,大家士气很低。

我为什么接受?其实我很忙。结果经过一个多月考虑,我接受了。

为什么?我觉得应该负起一点责任,看怎么拯救菲律宾华文教育。当然这个事不容易做,但是我还是要做做看,面对挑战。这是其中主要原因。

菲律宾华文教育的主要对象是菲律宾华人。

菲律宾华人,一定要先把一个关系搞清楚,这个关系就是"两个认同"的关系。菲律宾华人对地主国的政治认同和对祖籍国文化认同之间的关系。

菲律宾华人,在政治上要认同地主国,要遵循政府的政策,要遵守政府的法令,要享同等权利,要尽同等义务,要以地主国的利益为利益。在经济上,你要尽心竭力,协助菲律宾兄弟重建家园,授予开源节流之道,让他们尽早脱离困境,走上康庄大道。但在文化上,应该认同祖籍国的文化,保留自己的少数民族的文化,让它传承发展,这样,才能使国家文化更加多彩多姿。这两个方面可以并行不悖。

前面讲过,1990年3月,马尼拉"粤侨早餐会"邀请我做一个专题演讲,我就讲"华文教育的路向",我就讲这个观点:归化后,也就是加入菲律宾国籍之后,华裔在政治上自须认同菲律宾政府政策,忠诚地作为菲律宾社会一分子,尽心尽力谋求国家的富强康乐;但在文化上,保留祖国文化,可以使菲律宾国家文化更加充实。

一个国家的文化采取多元化的政策,去芜存菁,往往证明是和洽的,是成功的,是有助于国家的发展的。

华人保存自己的传统文化,使用自己的语言文化,并不意味着违反地主国的政策;反过来说,遵循地主国的政策,也不必要完全放弃自己的语言和文化。政治认同,就是要做一个菲律宾公民;对祖籍国文化认同,就是华裔要保留和继承中华文化,并将中华文化中勤劳俭朴、勇敢进取的美德融入菲律宾文化,成为建国的动力。

解析清楚了这个关系,再来看菲律宾华文教育要怎么做。

我认为,首先你得有一个方向。

因此我的一句话就是,我们应该走的路向,就是要栽培拥有中华气质的菲律宾公民。这是我们华文教育的目的。

这句话,后来成为我们组织的菲华校联的一个目标,很多校长都照着这个路向走,95%是照着这个路向走。

在我,当然这个只是为菲律宾华文教育出的一点力量而已,可是我始终很注意我们应该走的路向。找准了路向,其他的问题就好办了。

1994年我从中正院长退休下来,回到我的岗位做生意。同时,还要继续做校联的指导员。

到2004年,中正董事会又来,代表董事长说,邵先生在国内有很多关系,一定要来帮忙。让我参加董事会,主要做争取教育资源的工作,与国内的四所大学:厦门大学、福建师范大学、北京的华文学院、上海的华东师范大学保持联络。第二任就被选为董事长。后来又做名誉董事长,一直到现在。

这期间,我们想,中正学院要再求发展,一定要找资源。中国大陆是一个资源。后来大家经过考虑,觉得这是一个对的方向,大势所趋嘛。当然，我们办学校不谈政治。

所以，我们努力争取中国大陆的资源。2004年，福建师范大学向中正学院派出志愿教师，2005年，中正学院第一次邀请中国驻菲大使访校演讲，接着，中正校友总会在连战访问大陆的破冰之旅后，也组团向大陆踏出破冰之旅。

我曾经在2005年，带领中正的董事会和行政人员，到北京考察访问。中国驻菲律宾前大使傅莹的先生，郝思远，是中国社科院华侨研究中心的主任，也是社科院侨办主任。他的一个助手，原来是厦门大学的教授，人类学系主任，现在叫人类学学院，院长，帮我们联系安排时间，去郝思远家里看看。郝思远到兰州出差，那天早上赶回来，看我们。他对菲律宾情形很熟悉，我就问，你怎么情况这么熟悉？他说，我做功课，电脑做功课。他的夫人傅莹，很能干。现在是全国人大的新闻发言人。她思维敏捷、言辞犀利。这个对呀，干外交，就要这样。

2007年9月，我带领"中正学院京沪教育参访团"到北京、上海访问，进行教育交流与考察。我们是9月16日到北京的，17日正式开展参观访问。那一天，我们第一站到海淀区的七一小学。正好是周一，我们先观摩了升旗仪式，接着是一堂小学二年级的语文教学示范课。之后，学校的校长介绍了学校的情况。他们的办学目标是，学会学习、懂得感恩、强健体魄；办学思想是：为学生的幸福人生奠基。这给我们留下深刻印象。

第二站，我们访问了北京华文学院。院长彭俊接待了我们，互相座谈之后，采访团成员分散到各教室听课，还在课余时间与师生进行交流。

下午三点，全国政协副主席罗豪才先生，在钓鱼台国宾馆的八方院接见了我们，和我们亲切交谈。罗副主席赞扬中正学院在海外大力弘扬中华文化，为菲律宾社会培养了许多杰出人才，做出了很大贡献。他说,采访团来北京上海,与不同层次的学校交流,可以取长补短,对双方都大有裨益。他在谈话中肯定了海外华人做的许多努力,并提出殷切希望。罗副主席的亲切接见和谈话,使我们十分感动,特别振奋。罗副主席讲话之后,我接着发言,我代表参访团,衷心感谢罗副主席的热情接见,还简要介绍了我们的华文教育目标:培养拥有中华气质的菲律宾公民,如同把中国的茉莉花种子移植菲律宾,开放出的花朵,成为菲律宾的国花——Sampaguita。罗副主席很用心地听了,点点头。

晚上,国务院侨办文教宣传司的领导宴请参访团,席间,司长表示,国侨办是所有华侨华人的娘家,欢迎大家常回家。

隔天上午,我们访问了北京市第一幼儿园,负责接待我们的刘副园长作了情况介绍,第一幼儿园于1949年创办,寄宿制,1972年开始接受外国驻华使馆人员子女入托,周恩来总理特别关照。由于这层关系,幼儿园的大门口放有一张周恩来总理和一群中外幼儿的大幅照片。一幼占地5500平方米,有大、中、小13个教学班,收托400多名中外幼儿。以艺术教育为特色。他们的口号是:孩子快乐是最重要的。在第一幼儿园,我们进入教室直接观摩了课堂教学活动,还参观了多个专用活动室,如音乐室、美工室。还应邀和幼儿一起,在操场上做气球伞游戏。

下午,我们参观海淀区教师进修学校附属实验学校。先听校长作简要介绍,实验学校创办9年多,是一所中学,学生有2000多人,其中有100多名外籍学生,教职工270多人。介绍完以后,我们分成两批,分别到初一和高一的课堂,观摩语文教学。听完一节课,再互换班级观摩。观摩结束,参访团和实验学校领导在会议室交流。先由我介绍菲律宾中正学院的情况,其中阐述了华文教育的路向,强调以栽培拥有中华气质的菲律宾公民为宗旨。实验学校的彭校长听了之后,说她心中感到震撼,她说,实验学校也是以发扬中华文化为宗旨。

在北京,我们参观访问了幼儿园、小学、中学,还拜会了国务院侨办、国家汉办、孔子学院总部等地方和官员。收获很大。特别是受到全国政协罗副主席的亲切接见,非常振奋。

2007年11月,我们又组织"中正学院榕厦教育交流团",到厦门、福州访问。有24人,还是我领队。这一次,交流团汇集了中正学院董事会的所有骨干成员和教学一线的杰出代表。我们到了幼儿园、小学、中学学习交流,访问了厦门大学、福建师范大学、厦门理工学院和福州外语外贸学院。

在厦门两天半的时间,我们不仅走访了厦大老校区,还去看了漳州新校区;参观了前埔南区小学和第九幼儿园,很多团员看了前埔南区小学的办学条件和幼儿园的特色教育,纷纷发出惊叹。我们还参观了外国语学校,大家对这所学校的办学成果,也是赞叹不已。我们还访问了厦门理工学院,在座谈会上签署了姐妹学院备忘录。菲律宾中正学院常务董事、菲律宾驻中国事务大使黄呈辉、中正学院名誉董事长、菲律宾宋庆龄基金会主席陈着远,还有厦门市侨办的黄美缘主任,出席会议,见证了签署仪式。我们中正学院和厦门理工学院约定,加强教师和管理人员的合作,发展学生之间的交流,加强学术及教育方面的合作,不定期开展学术和文化领域的校际交流活动,定期交换图书数据和学术信息。在厦门,市委常委、副市长詹沧洲先生会见并宴请了我们。詹先生在会见时致辞,对我们交流团到访,表示欢迎,肯定了我们中正学院在加强中菲两国教育、文化等领域交流与合作中,发挥了积极的作用。他还向我们介绍了厦门的发展情况和成果。他指出,教育是基础,要作为优先发展的产业来做。他说,希望以后不仅在教育方面,而且能在更多的领域与菲律宾合作。他还希望我们通过参观访问,为厦门发展多提宝贵意见。接下来,我介绍了中正学院的情况。我还说,随着经济全球化发展和"10+1"自由贸易区的成立,华文华语将成为多边贸易的媒介,海外华文学校肩负着为新的经济体系提供和储备人才的重任,期待这次交流能够"同声相应,振铎南天"。

这些交流考察的活动,对于中正学院的管理层和骨干教师来说,是一种开阔视界、建立交往的实践;对于中正学院来说,则建立和拓宽了与祖籍国的往来交流渠道。访问交流活动对大家了解祖籍国发展状况,认识大陆资源优势,很有帮助,对中正学院的发展是非常有利的。

那段时间,菲华商联总会在2003年跟福建师范大学签订了协议书,启动了"菲律宾模式"华文教育方案,从2003到2010年,福建师范大学每年派来一批"高学历、高素质、高悟性"的志愿教师,分配在菲律宾各地华文学校任教。

2004年,菲律宾中正学院和福建师范大学合作设立"2+2"华文师范系,前两年在菲律宾中正学院上课,后两年在福建师范大学完成学业。中正学院免除学生全部学杂费,还每月津贴学生生活费,每个月5000菲币。第三年第四年在福建师范大学也是学杂费免,由汉办①和国侨办②津贴福师大,福师大再津贴这些学生。不过生活津贴还是中正负责,每个学生一个月750元人民币。这样做,为的是鼓励他们从事华文教育。我们的条件是什么?只要他们毕业后回菲律宾教书,在任何华校教书三年就可以了。津贴这些学生,连学杂费,每人每年要2000块美金,这负担很重的。到现

---

① 汉办:全称"中国国家汉语国际推广领导小组办公室",是中国教育部直属事业单位,致力于为世界各国提供汉语言文化的教学资源和服务,支持各国各级各类教育机构开展汉语教学和中华文化传播;制定、完善和推广国际汉语教师标准、国际汉语能力标准、国际汉语教学通用课程大纲;选派和培训出国汉语教师和志愿者。

② 国侨办:全称为"国务院侨务办公室",是国务院负责华侨事务的内设机构。其职能之一,是联系海外华文媒体、华文学校并支持其工作。

在,我们栽培出来四年毕业的有100多位了。

这件事情,起初是争取汉办的支持。他们也很支持,所以他们也津贴给福师大学杂费,生活费我们负责。如果学员毕业后教书三年不到违约了,那就要归还那些费用。

从现在的情况看,三年之后还是会有人留下来教书,但不一定在中正。我对中正的校长说,你要好待这些我们栽培出来的学生,鼓励他们,如果他们自动留在中正最好,他们不留在中正也无所谓,等于中正出钱栽培的,为其他华文学校服务。这件事情得到社会很好的反响。你看中正没有自私,不一定栽培给自己用,还栽培给所有的华校用。这些师范毕业生,做三年后,转行的不多。因为我们没有勉强他们在中正任教,有一些回到他们自己的母校去了。这是为整个华文学校着想。以前解决师资问题很不容易,特别是长期的、念师范的。

"2+2"的现在还在办。放在中正学院大学部教育系,合作了十几年,栽培了一百多人,教学质量不错。2014年12月,在福师大就读"2+2"三、四年级的18名中正学生,组成"菲律宾华文师资班队",代表菲律宾,参加由福建省政府侨办组织的"福建省海外华裔及港澳台地区青少年海丝文化大赛"总决赛,拿到了总冠军。这次比赛,有15支队伍参加,460多名选手。东南亚的有马来西亚、印度尼西亚、菲律宾、新加坡、缅甸、泰国,还有来自日本、毛里求斯的选手,台湾、香港地区也有队伍参加。比赛的水准还是很高的。

另外还有一种"送出去"的,送到华侨大学念书。华文学校找人来支持,四年的学费有多少,由他们来资助,他们资助第一、二、三年,到华侨大学念书,毕业后到马尼拉那个学校教书五年,条件比较严格了。我们栽培的,送到福建师大去读,也算是送出去的,可是毕业回来到别的学校教书是被容许的。而他们必须要回到原来的学校,因为学校给了资助。

总之是合力来解决这个问题了。可以制度不同，做法不同。

为什么这样做？因为菲律宾的华文学校，很难找到老师，很难找到念师范的华文教师。在校老师念师范的只有15个百分点。这个情形不行，比例低了，要来改革，所以才有种种的想法。我们一出来，开了头，大家从不同的角度去做，一起来做，栽培的制度不同，方法不同。但能够栽培人才就好。当然最好是能统一，但是比较难。我还在当董事的时候，就很着意这件工作了。

菲律宾的华文教育，最早开始在1899年。1899年，菲律宾第一家华侨学校创办，叫做小吕宋中西学校。13年后，又开办了怡朗华商中学和马尼拉爱国学校。当时菲律宾是美国的殖民地，统治者是美国人，他们对华侨学校的政策十分宽松，基本上是放开不管的。你要开办学校，课程怎么安排，用什么教材，完全由你自己决定，不受任何限制，也不需要向政府立案。

在这种自由开放的政策下，菲律宾的华文教育发展很顺利，越办越多。侨校都是实行汉语英语双语教育，安排两种语言的课程。华文课程全部按照祖国中小学校的标准来编排，英文课程是另外增加的，目的是让学生应付毕业后社会生活和工作的需要。

19世纪与20世纪之交，一直到1950年代，半个世纪多一点的时间里，华侨带着家眷来菲律宾定居的人不断增加，侨校的需求量也随之增加。到1955年，菲律宾的华侨学校，已经有166所。

菲律宾是1946年独立的。头十年，他们对侨校没有管，到了1956年5月，菲律宾教育部私立学校教育局颁布了第三号通令，规定在新学年开始，全面督察侨校。侨校的中文课程表、教职员资格与授课时数、各年级学生人数及学生所属国籍，都必须于开学前，呈报私立学校教育局备案。教育局增设了一个侨校科，负责督察侨校，签发华文教员证，审查教科书。以前不管的。

一直到1973年。将近二十来年，华侨学校开设的英文课程，要按照菲律宾教育部规定的标准来教。还规定中学每周华文课时900至1000分钟，也就是不超过1000分钟，小学每周800至850分钟。

20世纪五六十年代，华文学校师资较好，很多是大陆、台湾来的知识分子，菲律宾政府对华校也没有什么规定，华校的华文课程、教材、上课时间都与台湾相同，所以，华校学生的程度不会比台湾差。这一段时间，可以说是菲律宾华文教育的黄金时期。

但是到了1973年，菲律宾政府推行"全面菲化"。当时的总统马科斯颁布第176号法令，规定：

1. 只有60%以上菲人控制的法人，才能设立学校。
2. 学校董事会成员及行政主管必须百分之百为菲律宾公民。
3. 外侨学生人数不得超过全校学生人数的三分之一。

又规定，1974—1976年为缓冲期，1976年全面施行。

这个法令一颁布，就等于宣布了华校的死刑，因为没有一家华校符合这些条件。华校面临着关门的绝境，快要办不下去了。

到了1975年，菲律宾与中国大陆建交，允许华人华裔集体加入菲律宾籍。这样一来，无形中化解了华文教育面临的险境。因为华人集体入籍之后，百分之百的华校都能达到第176号法令规定的要求。华文教育又可以办下去了。

但是，1976年之后，中学学制由六年改为四年；华文课时限定为每周十小时，上华文课的时间被减少了60%左右；小学华文课时则被减少25%。课程只开两科：中文科和综合科，中文科相当于菲化前的国文课，综合科包括了中国历史、公民、伦理道德等等。总的说，学制、课时、课程，统统压缩。

华校都要开办双重课程，也就是，第一，要开设政府规定的英文课程，包括英文、菲文、科学、社会科学、数学、Technology and Home Economics（工艺和家政）等科目，除了菲文和菲历史用菲律宾语塔加洛语(Tagalog)教学之外,其他的都用英语为教学媒介语言。第二,是中文课程。包括中文、综合(有历史、地理、公民等内容)两个科目,有的学校还加一个数学科目。所以学生的负担也重。

加上师资缺乏、经费不足、家长渐渐不重视华文教育等等原因,华文教育还是在走下坡路,学生的华文程度也是江河日下。到了1980年代,华文教育界士气低落,灰心丧气。

现在菲律宾,有125家华文学校。华文学校从1956年之后,一直减少,特别是"菲化"以后。当然也有资金方面的、人事方面的问题,渐渐减少。减到最少的时候,只有112家。我们组织了华文学校联合会之后,曾经增加到131家。到现在有一些退出了,有的停办了,只剩下125家了。华文学校老师有2000多人,学生有8万。这125家是在菲律宾全国,北部到南部,包括在马尼拉的40几家,其他也集中在比较大的城市。

总的讲,经过一代又一代人的努力,尽管政府搞"菲化",但是华校的地位在不断提高,也得到政府认可。阿罗约总统上任时,曾经亲自到马尼拉圣公会中学主持菲律宾独立节升旗礼,表明她对菲华教育的重视。2013年"尤兰沓"台风袭击独鲁万,损失惨重,独鲁万华校关闭,无法开学。马尼拉嘉南中学自发接纳独鲁万100多位学生免费入学,并提供免费食宿,这件事感动了阿基诺(三世)总统,他亲自到嘉南中学发表演讲,代表菲律宾政府嘉许嘉南中学的义举,并盛赞菲华教育成功。

菲律宾的华校,栽培了很多人才。这里举一些例子:

王桂生先生曾任中华民国政府驻菲律宾大使馆的领事,1949年,王先生任期满后无法回国,夫妇二人就暂时在菲居留,应中正中学之聘担任教席。王先生又兼任《新闻日报》国际新闻编辑和《晨报》的总编辑,夫人萧绿石女士在课余主持《新闻日报/晨报》的

"绿石专栏",为读者解答和辅导有关生活上的问题,后来写了《绿色的年代》,得到各阶层人士的喜爱和欢迎。他们夫妇有一对儿女,女儿叫王小绿,男孩叫王小岷,都在灵惠中学附小读书。1970年《晨报》停刊,他们一家迁居美国,王先生在纽约《中国时报》服务,1979年因病过世。萧绿石女士单独负起儿女成家立业的重担。女儿王小绿成为专业医师。儿子王小岷学外交,被美国政府派往香港、新加坡等地使领馆工作,后来又担任美国驻台湾文化中心主任。这位王小岷就是王晓岷,前几年,骆家辉担任美国驻中国大使,王晓岷担任公使,是骆家辉的得力助手。他们两位华裔凭着内方外圆的深厚内蕴和清新廉洁的俭朴作风,完成了许多外交创举。

1950年代,王桂生夫妇住马尼拉拿打罕灵惠中学附近的公寓,我是他们的老邻居,那时候,我在灵惠中学及附小幼儿园做教务兼训导主任,又在中正中学兼任高中三年级理组和文组的数学老师,所以我和他们也是同事。

我曾经打电话,向灵惠中学的退休老师朱芸香求证。朱老师是灵惠中学1955年第一届毕业生,是我班里的学生,毕业后留校,担任灵惠教席多年。王小岷在灵惠中学附小读书的时候,朱芸香老师曾经是他的启蒙老师。这个事例说明,朱老师,还有其他老师,以前苦心撒下的小种子,现在已经一代一代开花结果。老师的功夫没有白费,华校教育的功夫不会白费。

还有,前些年菲华大班陈永栽先生慷慨捐赠巨款,赞助中国华侨大学、中正学院新校区、光启青山区幼儿园,合计菲币五亿三千万元。菲华大班郑少坚最近又慷慨捐赠巨资,赞助菲律宾国立大学、雅典耀大学、UST(圣托马斯大学)、中正学院、美国哥伦比亚大学等五间大学每校菲币一亿元,合计五亿元菲币。

陈永栽先生出身中正,郑少坚先生出身培元,是六十五年前我课堂里的学生。当时,我在培元做教务主任,后来我离开培元到中正教书,郑先生也转入中正读书。他们两位都是菲律宾华文教育的种子,如今已开花结果,不停地回馈国家和社会。

现在菲律宾国立大学的校长是华裔,也是我们华人学校栽培的。他是老报人陈国仁先生的公子 Machael Tan(麦可·陈),中文名字叫陈迈豪,是现任菲律宾国立大学 Dihman 区的校长,出身光启中学,这也是菲律宾华校的一颗出色果实。

厦大和菲律宾大学合作办孔子学院,陈迈豪他去年(2014年)12月来厦门,和厦大朱崇实校长签约。

像这样的范例还有很多,无论在人文、科技、政治、经济,各个领域,华文教育所栽培出来的果实,不断有人出类拔萃,各领风骚。

再看菲华教育与菲律宾报界的关系。

菲律宾华文报业从1888年算起,已经有120多年的历史。一百多年来,先后出现41家华文报纸,但存在时间超过五年的,只有11家。

现存的华文报纸有5家,就是《联合日报》《世界日报》《商报》《菲华时报》和《华报》。

而由华裔拥有的菲律宾报纸,主要为叶应禄先生创办的 *Manila Bulletin*(马尼拉公报),和以前《新闻日报/晨报》吴重生先生的大女儿吴友德女士始创的星报系,包括 *Philippine star*,*Business star*,*Evening star* 和 *Ang Pilipino Ngayon*。吴友德女士是现任菲律宾众议院议长 Belmonte 的夫人,担任 *Philippine star* 报系的董事长,她的弟弟吴友安担任社长。后来,吴友安又在加拿大多伦多创办 *Canadian Star*,这个报成为北美八大报之一。吴重生先生注重子女华文教育,子女全部送入华文学校学习华文。友德在圣公会和灵惠,友美毕业于圣公会,友平、友爱、友安、友荣都在灵惠读书。1950年代友德上午在菲律宾国立大学读书,下午来灵惠上我的国文课。那时候我是灵惠的教务主任,兼国文教师。友德很用功,专心学习华文,她和朱芸香是同班同学。

菲律宾华文教育的成果,在菲律宾华社的史册上,在菲律宾经济、社会发展的史册上,留下了可贵的篇章。

我很重视与中正校友会和各类华人社会团体的联系。他们常常邀请我去演讲,我尽可能答应。我粗略统计了一下,从1980年代开始,我在菲律宾的各类演讲有450多场。

我的演讲,包括文学、哲学、科学、时事,以及人生,方方面面。但大部分与华文教育有关。我总是不忘呼吁,众人发挥潜力,为菲律宾的华文教育做出贡献。中正的校友,有70届毕业的学生,每一届都有级友会,还有海外各地的校友会,他们是一支巨大的社会力量,聚集起来,就能够克服各种困难。

有时候我在我的演讲里边,会讲一讲社会环境问题,经济、政治,有什么大的事,我有的时候也会反映在我的讲话里边,也让学生跟同事了解。

比如1993年,有个"正友之夜暨第三届优秀校友颁奖礼"。在这个场合,校友会的场合,请我演讲。

我以这个时事做题目。我在讲稿里边就写道:最近,10月22日,亚洲发展银行发表年报说,"亚洲未来几年经济成长,将越来越依赖所谓'中华经济圈',包括中国大陆沿海、台湾和香港,而日本的比重将日渐减少。这三个地区今年生产成长率平均进步了8.2%,其中中国大陆13%"。

有时候在这种场合里边我也讲这个。为什么?因为中正校友里边有好多是商人,有大商人,也有小商人,所以我会以这个时事来跟他们讨论。

亚洲年报说,"中国中华经济圈由于幅员广大,对本地区产生正面冲击的能力不可小觑。"又说,"若以国际标准价格而不以官方的汇率计算,这三个经济体总生产量在公元2002年以前将胜过德国跟日本,并紧迫美国。"

现在看没有错吧?

年报说:"中华经济圈对本地区的影响力日升,日本的影响力相对于减少,使得日本经济越来越需要其他亚洲国家的支撑。"

也没错吧?

年报说:"由以上的报告可知中华经济圈潜力庞大,将来再加上东南亚各国的华人华裔的经济力量,无疑地将成为世界经济的主导。"

我说,中正校友正可发挥力量,一伸拳脚。利用这个机会来讲这个话,也鼓励他们。用这些数据鼓励中正校友,你们要培养你们自己啊,争取一点力量。菲律宾的华侨社会,在经济方面,那中正是有影响力的。为什么?中正校友连任商联总会的头头,一共五连任,后来有两任不是,现在又是中正校友,比较年轻的校友。所以这个影响力不能小看的。因此,在校友会方面我是花了很多功夫。

今天看来,从1994年到现在(2016年),20多年过去了,亚洲太平洋地区已经成为世界经济的主导,特别是中国大陆,经济总量已经成为全球第二,而且还在继续增长。华文华语在全球的地位还在提升,学习和使用华语的人越来越多了。所以,我觉得,我们的努力不仅有长远的意义,也有眼前的实际意义。

我还很注意和东南亚其他国家的华文学校保持联系。

前面讲过,新加坡也有一个中正中学。1947年我在那里教过书。我后来带团去访问新加坡,到老地方参观访问过。回忆起来很亲切。

我们第二次到新加坡,还访问过我爸爸工作过的南洋华侨中学。校长开会去了没有在场,一位副校长问,邵先生啊,你姓邵,我们的校歌也是一位姓邵的老师写的,他跟你有没有什么关系呀,我们学校一直在找他,找不到。我说就在眼前,他就是我先父,已经过世了。他们说,邵先生,你听,现在大礼堂里唱的,就是你父亲写的校歌。大家都纪念他,可就是找不到。

我说,你们华中的校歌,我都会背,三节。调子是康奈尔的校歌调子,很好听。他们非常高兴,真是"踏破铁鞋无觅处,得来全不费工夫",找了很久没到。我回到温哥华,还写了华中校歌浅解,寄给校长。

我在新加坡还有一个好朋友,何蒙,是新加坡资深的教育工作者。她本名姓冯,叫冯焕好,出生于新加坡。祖籍是广东。她南华女子中学、新加坡大学毕业后,在政府部门做了几年行政工作,然后转入教育界服务,教导华文与文学,从此一生从事新加坡的华文教育。从小学校长到中学校长,又到南洋华侨中学任初级师范学院的副院长。后来又到新加坡中正中学,到中正中学办一个南洋初级学院,她当院长。到 2005 年退休。现在还在南洋理工大学当教授,她一生都在华文学校服务。

她是文化人。她很会写散文、杂文和游记。出版过的集子有《何蒙散文》《不凋萎的回忆》《校园有爱》《春晖遍四方》和《杏缘》。她经常为新加坡联合早报《星期周刊》的专栏《时人时语》、副刊《四方八面》专栏《好为人师》撰稿。她一生热心推动华文文化活动,担任过新加坡教育部华文改革委员会委员、新加坡教育部推广华文学习委员会写作组主席、新加坡儒学研究会副会长、新加坡晋江学校顾问、福建会馆五校双文化课程委员。

我们到新加坡好几次访问,我都拜访过她。她出身于新加坡国立大学。因为跟她很熟了,我们变成很好的朋友了,常常请她来帮忙。我们访问团去新加坡不用我出面的,请她出面去联系安排。所以去年(2015 年)中正在马尼拉主办华文论坛,我也请他们夫妇都来参加,他们很高兴。她的先生也是文化人,是一位医生,姓何,她的笔名用了丈夫的姓,所以叫何蒙。她先生也是新加坡南洋华侨中学的董事,还在立化中学担任董事,也常写文章。

在马来西亚,我对吉隆坡华文教育界这些人也是相当熟悉的。吉隆坡现在担任董总主席的叶新田博士,我认识他已经二十几年三十年了,我们是好朋友。因为我常带团去参观马来西亚的教育。

去年(2015年)在厦大有一个马来西亚的中学校长论坛,他也来了,他们马来西亚有两百家华文学校的校长过来,跟我们福建一百多个中学校长开的一个论坛。刚好我在厦大。厦大校长说你来参加吧,我就参加了,两天。

大家本来都是好朋友。马来西亚董总的叶新田博士也来了。在会上有厦大的教授问,叶博士啊,我们这位邵先生怎么你认识呢? 叶博士说:"哎呀,怎么不认识! 他是我的老大!"

为什么这样说?

因为马来西亚有个董总,全称是"马来西亚华校董事联合会总会",是由全马各华文学校的董事长组织的,叫"董总"。而全马华校教师的组织是教师总会,简称"教总"。两个机构非常合作,做了很多事,一起应对"马化"。我时常有问题请教他们。

三十几年前马来西亚情况跟菲律宾一样,马化。菲律宾是菲化。

表面上马来西亚说奉行多元文化,其实不是,马来西亚仍然是马化的教育。虽然政府对教育有津贴,可是津贴还分等,要拿到津贴也不容易。

政府有一个步骤,规定到哪一年,你的教学媒介要用马来文,小学哪一年要用,中学哪一年要用。小学先,中学有个年限,到1987年。大学本来就是马化的,从马来西亚大学这里开始,就是马化的,就是用马来文教学的。

给中小学学校的津贴,看你们的态度,你们如果有照政府的规定,在哪一年这个马文占多少百分比,我给你津贴,你没有我就没有给。

华文小学1284家比较没问题,本来你不领,政府也要给你啊。中学的问题来了,有50多家华文学校,到1987年一定要马化,一定要用马来西亚文传授。

而且马来西亚华文中学要有一个副校长,一定要是马来西亚人。这个马来人,就是负责华文学校跟马来西亚的教育部沟通的中间人。要经过他,这个上行要经过他,下行也要经过他。所以这个马来中学的副校长,比校长更有权力。

你要马化?我不要。马来西亚政府说你不要就没有津贴。不要紧,我们自己设法。他们自己设法。怎么设法?多收学生,每个班的人数增加,增加到60人。

我去看过,我说你每班60人其实是不合理的。他说没办法,60人的收费还只能供给需求的60%,还差40%你要找钱,找资金。

所以每年中学都要办活动,开音乐会啦,开游艺会啦,开运动会啦。开什么会,都是借口来向家长募捐,向社会募捐。

几十年都是这么维持,一直到今天还是这样维持。什么人是领导,就是这个董总。现在董总的头头就是叶新田博士。他是一肚子的苦衷啊。我知道我清楚。

30多年来,他们董总、教总两个机构,成立一个教育会,马来西亚教育会。他们教育会办出版社,教科书自己印,考试同一套题目,一律的,好像民间教育部。所以他们说董总是一个教育局了。私人的教育局。他们还办大学,现在这个大学已经有四座大楼。他们就有这么一种精神。董总的人员是一半受薪一半是义工,两百多人,很可敬的。

马来西亚董总做了很多事。他们也了解,马来西亚政府不是多元的,是单元的。马来西亚有个马华公会,由华人组成的,是政党。马华公会有好多议员,是我们中国人,政府里面好多部长是中国人。可是他们有个法律,教育部长有权力可以关闭华校。

我说,那不是一把刀悬在你头上吗?叶新田说还好,现在政府里边有部长,在马华公会里边有议员,这些人可以替我们讲话。

结果有失手的时候。1987年的事件,马来政府把这些大的学校的校长都抓去,关了八个月,很无理的。表面是多元文化,其实不是。所以他们有他们的问题。

为什么我会了解这些问题?就是当初有一些思考,考虑要怎么改善菲律宾华文教育。马来西亚华文教育界有很多人是我的好朋友,因此来厦大开会叶新田他说:"哎呀,邵先生是我们的老大。"

菲律宾华文学校这几年也退步了。是什么退步了?学生减少了。所以校联负责人来问我这个问题,我说最好是自我检讨,为什么自我检讨?学生减少为什么要自我检讨?他们说学费贵家长付不起。这个付不起你们要来想办法,这只是其中一个原因。你检讨了,你的工作有没有效率的问题?据我自己统计,在外省,教会学校,佛教,基督教,天主教,学生没大减少。为什么?你们要去想,一样的学费,他们学生没有减少,为什么你们减少了?这个是一定要下功夫的。

二十多年前,1993年正月,我们菲律宾首都马尼拉地区七家华文学校校长,组成东南亚华文教育观摩团,到泰国、马来西亚和新加坡,参观访问当地华文学校和华文教育领导机构,和他们举行座谈。我们想了解他们的情况,学习他们的经验,看有什么办法,推进菲律宾华文教育的改革。

他们的一个重要经验,就是华文教育界联合起来,成立自己的全国性组织,一起克服困难。

在这次访问中，我们观摩团还建议组织东盟华文教育协会，得到泰、马、新三国华文教育界领袖的赞同。后来他们在星洲做了一个东南亚华文教学研讨会。

观摩团回来后，我们就着手筹办全菲性的华校组织。

我说你看，人家这么做，他们情形跟我们一样啊，一模一样，我们自己来办怎么样？所以我就找比较大的学校的董事长，我说有这么一个组织，我们研究一下，第一，可以帮助筹措资源，菲律宾华文学校的收费不够开支，我们成立一个机构，我们想办法来募捐。第二，教学要统一，一直到现在我们还是各走各路啊。大的学校比较没问题，小的学校比较多问题，校舍问题，课程科目问题，能合并就合并，人员也合并，集中力量。可是要有领导机构。我说马来西亚就是一个范例，请大家认真考虑。有的董事长感兴趣，有的董事长就不感兴趣。

其实这个机构倒是需要。

菲律宾的华文学校，都是私立学校，都是向政府教育部立案，但完全没有政府的资助。华校的主要经费来源，是学生的学费，但是校舍的修建，就要靠校友和华侨社会人士的捐助了。在管理上，靠董事会做决策，校长独自掌握行政大权。

这与大陆和台湾不同。菲律宾政府只有法令规定，其他的就不管了，从这一点来说，菲律宾华文教育是处在无政府状态，在完成了政府规定的课程后，其他的由你们自己来。面对菲化，有必要成立一个组织，一起来克服困难。

其实，1957年，华校成立了一个"菲律宾华侨学校联合总会"的组织，简称"校总"。这个组织是在当时台湾当局驻菲律宾"大使馆"（那个时候，新中国还没有和菲律宾建交）的鼓励和督促之下，以马尼拉华侨学校联合会为基础成立的。主要任务是负责与菲律宾政府协商，化解督察侨校所带来的一些问题，做一些申辩、抗争和折中平衡的工作。他们也做了不少事情。1977年归化后，情势发生了变化，面对的问题不存在了，而且校总的领导人年事已高，在1976年就没有什么活动了。后来，有一段时间，校总的部分领导成员每个月聚会一次。校总的经历，也是给了我们一些可供借鉴的经验教训。

我还写了一篇短文，题目叫《一点呼吁》，我这样写：

马来西亚华文教育于七十年代初期陷入低谷，面临存亡继绝的重大危机。吡叻州有识人士乃首倡华文独立中学复兴运动，得到全马热烈响应。于是在一九七三年成立董总教总华文中学运动工作委员会，厘定四个使命、六项方针，进行华文教育的复苏和推展的工作，取得可观的绩效。二十年来马来西亚华文教育突飞猛进，斐然成章，绝非偶然。

反观菲律宾华文教育自一九七六年菲化之后，衍生课程、教材、师资、经费种种问题，均未能及时并有效地加以解决，致积重难返，病势日深。

二者于七十年代同样陷入绝境，但马来西亚得以脱困而出，且激流扬波、蜚英腾茂者，无他，坚强有力之领导有以致之。最近，欣闻他们又积极筹建董总教总教育中心，揭橥维护华文小学、支持独立中学，及发展高等教育，要为华文教育开创新纪元。

教育为百年大计，事关子孙后代，我们掬诚呼吁，期盼全菲华文学校董事会能及时组织联合会，建立领导——主持基金的筹措、教师的培训、教科书的编纂。从而改善教师待遇、提升教学素质、促使教师专业化——庶几集思广益，群策群力，一心一德，共挽狂澜。

文章发表后，为校联的成立，起了一些推动作用。

1993年8月，由三十家华校发起，组建"菲律宾华文学校联合会"，简称"校联"。凡是拥护校联成立的宗旨、在证卷署办理有立案的华文学校，都可以申请加入。

11月20日，由全菲律宾112个华文学校以会员学校身份参与组成的"校联"正式成立，在马尼拉召开全体会员大会。那天，一百多所华文学校的校长及代表，共聚菲华商联总会，通过章程，选举理监事。

在成立大会上，我做了题目为"华文学校任重道远"的演讲。

我在演讲中，提到校联的宗旨，是"宣扬中华文化，发展华文教育，促进全菲华文学校合作，改善华文教师福利"。也就是联络华文学校，一同为华文教育的前途努力，挽救面临困境的华文教育，团结起来，发挥整体力量，群策群力，大家一起来推进，为菲华社会略尽绵薄之力。

我在演讲中还再次提出，菲律宾华文教育的目标应该是："教育华裔，使之成为具备中华气质的菲律宾公民"。也就是通过中华文化课程和华文老师言传身教，教育我们的华裔青少年，让他们既能保留中华传统伦理，又能发扬中华民族勤劳俭朴、勇敢创业的美德，参加居留地的建国大业。

菲华校联每两年召开一次全菲会员代表大会。由代表大会选出的理事会，是校联的决策机构。理事会内部设立有：谘询委员若干人、指导员1人、常务理事7人、理事20人、正副秘书长各1人，还有财政、文书、总务、外交、联络、审核，也是正副各1人。

代表大会选出27名理事，这些理事又选举出7名常务理事。我被选为常务理事。

理事会成员各有各的职责，不是挂个空名，是要做事的。由理事会产生的常务理事，负责决定计划、执行决议、支配财务工作。

常务理事轮流负责每个月的校联事务,还要轮流代表校联出席华社华校及其他团体举办的活动。

理事会固定在每个月的最后一个星期六召开会议,策划和实施各种方案和活动。理事都是由各校的校长或者主任担任,他们平时的教学和行政事务都很忙,只能利用业余时间,义务为校联服务,经常是周六周日没有休息,但是他们为振兴华文教育,默默耕耘、任劳任怨。

理事会还设立了六个工作小组,有师资培训组、教学研究组、辅导咨询组、教职福利组、资讯出版组、基金保管组。

第一届理事会,大家还推举我担任指导员。

校联成立后,理事会成员各自运用手头非常有限的资源,努力开展工作。

校联成立一周年的时候,我在《校联通讯》上发了一篇《回顾与前瞻——一年来校联工作报告》的文章,这篇文章列举了校联一年里做的主要工作,可以从里面了解到校联的情况。一年的工作主要有:

一是在校联成立半个月的时候,就开始组织校际教学观摩,一年里组织了8次,每次参加者都有300多人。

二是主办教育专题讲座。

三是成立教师教学研究会,由各会员学校推派一位教师参加,选举了研究会职员。

四是协助办理全菲中小学教师75人赴台进修。

五是举办菲华校联二年制暑期师资讲习班。270多位学员在36天时间里,采用小班制学习,收到很好的效果。讲习班近百万菲币的费用由商联总会捐赠。

六是组织校长教育观摩团到台湾访问,有13位校长,1位主任参加,访问了台北、新竹多所学校、教学研究机构与团体,还有出版单位。

七是组织南岛教育访问团巡回访问南岛会员学校。到怡朗、描戈律和宿务的 15 间会员学校，举行座谈，了解情况，听取意见。

八是与菲华文艺协会联合举办"走入文学——青少年文学讲习班"，近百位学员参加。

其他有关华文教育之突破和创新计划，也在推进之中。

校联办事处最初是借用圣公会中学的房子为临时会所。后来，联盟银行董事长陈永栽先生慷慨相助，拨出联盟银行 Rosario 办事处一层楼的一半，面积 270 平方米，作为校联的永久会所，已经完成装修，很快可以启用。

首都银行基金会董事长郑少坚先生也同意原则上支持校联长期师资培训计划，由外地聘请优秀教师来菲律宾授课。

一年来，收到的捐款有，美金 9000 元，菲币 90 万元，其中有中正学院的 25 万元。

我在文章的结尾，感谢了热心教育事业的机构和个人的关心支持，并且指出：

> 廿一世纪瞬将来临，世界形势丕变，亚洲太平洋地区经济飞速成长，即将成为全球之主导。华文华语之地位日见提升，华文学校之任务及使命于焉加重。
>
> ……
>
> 菲华校联任重道远，有赖热心教育人士继续关怀、继续支持；各会员学校同心同德、群策群力。庶几中华文化得以在海外代代传承，并对居留之地国计民生作出更大的贡献。

圣公会中学的黄培萱校长，也在校联成立一周年的时候，写了一篇感言，他说，过去闭门自守，虽然竭尽精力，但是学校的华文教育程度总是提不起来；虽然苦口婆心，华文教师的素质、敬业的精神也提不起几分来。面对这些情况，心里着急，也有些迷茫。自校联组织以来，有机会与友校的校长沟通，交换意见，获益不少。到台北访问，增长了见识，学习了他们的经验，提升了信心。到南岛巡访，看到各位校长和教职员对华文教育不灰心、肯牺牲的抱负，鞠躬尽瘁的精神，很受鼓舞。有些学校的客观条件虽然比马尼拉差，但是他们向学的精神有过之而无不及；而有的学校设备比马尼拉的一般华校还要完善齐备；还有的学校还自编适合当地需要的华文教材；这些情况令人钦佩。

黄校长说，校联一年的经历，让他更清楚地认识到：在菲华社会人士的热烈支持下，只要华文学校的校董、首长、教职员努力耕耘，华文教育的前途是光明的。

校联一年来举办的活动，特别是教学观摩与讲习班等等，培训师资，探讨创新教学方法，聘请国内知名教授来作教育专题演讲等等，不仅在各华校掀起了一些涟漪，也在菲华社团引起了关注和响应，他们纷纷举办学术比赛，宗亲会的奖励教师与学业成绩优良学生，起到了推波助澜的作用，造成学习气氛的复活。

从第一年的工作看，校联有一个很好的开头。校联的同仁十分努力，使校联在全菲华校得到认可，逐步建立起声望。

后来的几年，理事会在每个月的例会上，就"怎样推展华文教育？""怎样提高学生学习华文的兴趣？""怎样解决师资的短缺？"等题目，进行了积极的探讨，交流了各自的经验和想法，商讨提出了一些有益的办法。

第一个十年，我们针对华文教育工作面临的一些紧要问题，探索解决办法和途径。

比如在师资培训方面，我们主要做了四种形式的工作。一是每年都利用暑假，举办为期五周的师资研习班，到2003年，参加进修的教师超过2400人次。二是不惜人力物力,从中国大陆、台湾聘请专业人才,到华校驻校一学年,为华校教师提供在职培训与辅导。三是每个周六举办短期的教师进修班,我们办了教案编写、国语正音、作文教学法、辅导与咨商、团康舞蹈、中文电脑等等讲习班。四是组织教学观摩,让教师们在教学现场,互相交流和学习教学技巧。

通过这四种形式,为华文教师提供免费培训与进修机会。在学校当局的大力鼓励之下,老师们的积极性也得到调动,不惜牺牲暑假和周末,参加培训。

其他形式的培训工作,还有举办教育专题讲座等等。

师资培训工作取得的效果也是实实在在的,相当好。很多学校的教师参加师资培训后,发表学习心得,对培训工作也加以肯定。只是由于交通原因,培训进修班主要在马尼拉和少数大城市举办,没有全面推广到全菲委员会各学校。我们也希望将来能聘请讲师,到外省各地区举办进修班,以便更多的教师有机会参加培训进修。

又比如在教材方面,校联争取到台湾"侨委会"的支持,为我们编了一套小学华语教科书《菲律宾版新编华语课本》,从1997年开始,每年免费供应全菲各华文学校。这套课本全套十二册,注音系统用注音符号。大家在使用中觉得,它的教材选用完善,进度设计适中,而且印刷精美,每册还附有教师手册和习作簿,适合菲律宾华文学校小学一到六年级使用。全菲90%以上的华文学校都采用了这一套教材。

菲律宾华文教育研究中心,也编了一套教材。它是以华语作为第二语言教学使用的,书名是《菲律宾小学华语课本》。这套课本的注音系统以汉语拼音为主,注音符号为辅,生词附注简体字。这套课本适用于母语不是华语的教学对象。但是采用这套教材的人很少，还在试用。主要原因是，菲律宾华文学校过去一律用注音符号系统，形成了习惯和传统，大家也很熟悉，汉语拼音很少用，能够用纯正汉语拼音教学的老师极少。

研究中心的老师是一片好心，而且看得很远。汉语拼音现在被越来越多的国家采用，学会汉语拼音，也就掌握了学习汉语的一样工具，让我们的学生学习汉语拼音很有必要。但是大家还是习惯注音符号。

也有人认为，菲律宾华校学生，从小就学习中英两种语言，汉语拼音符号为英文字母，识别方便，但是有一些发音不同，容易引起混淆，导致不准确的发音。这也是汉语拼音在菲律宾没有被普遍采用的一个原因。

还有，在教职员福利方面，开头几年，由于筹募的资金不多，校联在华文教师福利方面的工作做得不多。2000年开始，校联为华文教师提供了医疗补助金。

校联的工作，在大家的努力下，得到华社和华校的认可，我们提出的"栽培拥有中华气质的菲律宾公民"的华校教育目标，得到华文教育界的普遍赞同，成为大家的共识。

当然，在某些具体工作中，也发生过一些误会。例如，我们1995年11月在内湖省举办的第一次菲律宾华校行政人员交流会，就被人误会，他们在报刊发表文章，说参加交流会的各位校长，利用校联的公款旅游享受。这让校长们蒙受不白之冤。实际上，校联组团到外省学校巡回访问、组织全菲交流会等活动，费用都是由参加活动的学校或者校长自行负责，没有动用校联公款。事后我们作了解释。

另外，校联毕竟不是政府机构，很多事情只能做一些协调工作。比如华校都是私立学校，各校的规章制度由各校自己制定。校联只能制定一些统一规范的政策，供各校参考。例如工资制度、

1995年邵建寅先生到北京大学季羡林先生家中拜访，与季羡林先生合影

提升制度、奖罚制度、教师医疗保险制度、福利制度等等。一般来说，各校也会考虑，总不好差得太多。

有时候校联也很难。想到做一个活动，你这边要做，设计了方案计划，有人拿了校联的计划，改成自己的计划，先做了。很多次这样。

我做校联的指导员，头十年，我把财务问题解决了，两次帮助他们筹募经费。第一次，1995年，筹得活动金菲币1900万元；第二次在2003年，筹得教职员福利基金菲币3650万元，借以补助教职员紧急事故及住院医疗所费。

2003年，校联成立十周年的时候，会员学校由十年前的112家，增加到128家；校联的宗旨，也修订为"弘扬中华文化，发展华文教育，加强校际合作，改善教职福利"，意思还是一样的，文字更对仗更精炼了。

校联成立十周年的时候，2003年，我已经是快满80周岁的人了。按照中国传统闰三年的算法，我就80岁了。我必须退下来，让年轻人做。

其实,我从中正院长岗位上退下来之后,我就给校联写过辞职信。那是1995年2月,我在信中写道:

菲华校联诸位同仁大鉴:

　　一九九三年十一月廿日菲华校联成立,在菲华教育史上立下了一个重要的里程碑。全菲教育同仁凝聚共识,确立路向;同德同心,群策群力。期盼为华文教育开创新纪元。在华社全心爱护及全力支持之下,华文教育曙光渐露,生机重现,值得欣幸。

　　一年来与诸位同仁朝夕共处,情同手足。不分彼此,合力推展各种教育方案,亦取得一定之成果。去年五月底,弟自中正退休,本亦该结束校联工作。乃承诸位不弃驽钝,必欲聘为指导员,盛意拳拳,却之不恭。今校联已渐上轨道,且最近又募得巨款,足以支持未来四年之活动。衷心以为是余身退之时。用特专函奉恳,准予辞去指导员一职,俾得稍卸仔肩,优游林下。

　　所寄望于校联者为:

　　一、只谈教育,不谈其他。

　　二、继续举办校际教学观摩,并推广之为地区性活动。

　　三、继续巡回访问各地区会员学校,如南岷兰佬、北岷兰佬、米骨区、中吕宋、南吕宋、北吕宋、东未狮耶斯等。

　　四、继续巡回访问马尼拉市近郊会员学校。

　　五、继续举办暑期二年制师资培训班。

　　六、去年本计划组织幼教观摩团赴台访问,因经费缺乏未果,今年暑期希望得以实现。

　　七、立即举办师资长期培训。

八、立即于会所设置教学资讯中心、教材教具陈列中心、及视听中心。使会所成为近悦远来之校际活动中心。

九、希望于适当时间或今年十一月乘校联会员大会改选理监事之便,举行全菲华文教学交流会,聘请专家演讲。

十、希望立即物色专人及义工,主持或协助各种教育方案推展工作。

十一、希望着眼于教师薪津及福利之改进。

十二、希望能组团赴马来西亚及新加坡访问,他山攻玉,取长补短,同时促成东盟华文教育协会之设立。

华文教育应兴应革之事项尚多,唯在诸位通力合作之下,必能按部就班,完成任务。

一年来殚精竭虑,不敢或怠,朝干夕惕,唯恐陨越。承蒙诸位关爱支持,幸免怨尤,谨此道谢。并候
大安

弟邵建寅谨启
一九九五年二月廿五日

辞职信寄出后,校联的同仁没有同意我的请求,只好再做下去。2003年11月,校联成立十周年,我们举行了盛大的庆典活动。

十年之后,他们还是留我做指导员,我要辞职,他们不让,又给我发了聘书。

庆典活动结束后,等到过了新年,2004年2月,我又一次写信辞职。

我写道:

菲华校联诸位同仁:

首先我要向诸位拜个晚年,恭祝诸位新春纳福、百事顺

遂。也要向诸位提出一些感受和期盼。

（一）菲华校联成立十周年，在菲华教育史上竖起了另一个重要的里程碑。去年十一月八、九日以"春风十里，绿遍天涯"为主题之大型综艺晚会轰动了整个华社，而透过校际的合作演出，更为华文教育带来了生机，足证只要齐心协力，必能众志成城。期盼同仁持续和衷共济、亲爱精诚，来承担摆在面前更重大的责任。

（二）菲华校联立会宗旨之一为改善教职福利。者番借本会成立十周年会庆，筹募"菲华校联华文教职福利基金"。得到华社全力支持，迄今已募得菲币三千六百五十万元，将孳息作为华文教职紧急医疗补助金。理事会已再厘订更周延之基金保管及运用条例，希望能更有效地嘉惠在职及退休之教职员。福利基金筹募成功也是众擎易举的例子。

（三）十年来在诸位戮力同心牺牲奉献之下，校联做了许多工作，也有了一定的成效。盼望诸位在以往十年的经验基础上，发挥六个工作小组的功能，抓紧机遇，争取资源，继续推动各种方案，诸如：师资的短期、长期培训，教师中文电脑培训、周末才艺进修、校际教学观摩、教材教法之相互支持、多媒体教学之采用、教育专题讲座、校际互访、定期举办全菲华文教学交流、参加国际教育会议。配合商总主持之长期师资培训及由大陆院校征聘汉语支教志愿者直接进入课堂授课等计划。大家求大同去小异，在同一目标之下发扬蹈厉、竭诚合作，不争胜、不斗气，为华文教育的前途而拼搏，则华文教育必能扶摇直上，再创辉煌。

（四）"高山仰止，景行行止，虽不能至，心向往之。"华文教育是仰之弥高的伟大事业，是永远做不完的"希望工程"，但相信只要诸位同仁群策群力，同心同德，锲而不舍，心向往之，就必能攀登高峰,完成使命。

弟年事已高,是身退之时。辱蒙不弃轻材,再聘为指导员,抱歉不能接受,谨将聘书奉还,尚祈鉴谅。十年来愧无建树,朝乾夕惕,祗虞陨越,叨承关注支持,幸免愆尤。谨致谢忱,并候

大安

弟邵建寅谨启

二〇〇四年二月十四日

这一次我是坚决不从了。后来我就没有再担任指导员。为什么?你还有新人要培养。我不能再挡在那里。他们还要我做,我说不要。有什么大的事,我们可以商量,但是平常的事情我不参与了。

但是,校联的同仁还是安排我担任校联的咨询委员。后来又安排我做荣誉理事长。而且,从此他们就没有再聘请指导员了。

校联现在也还是存在一些问题,要不断努力。

2013年11月,校联成立二十周年。校联非常重视二十周年的庆典活动,早在6月份就组建了庆典筹备委员会,恭请陈永栽博士为名誉主席、李荣美先生为主席。策划了一系列活动,包括礼访华社团体、发起筹募活动、举办庆祝晚会、开展教育讲座、召开会员代表大会、出版纪念专刊等等。

11月4日,在《世界日报》刊发了庆祝特刊,特刊上刊登了十篇署名文章,还发布了《华文教育终身成就奖获奖人事迹简介》。《简介》里有一段引言,说:

为隆重庆祝菲律宾华文学校联合会成立二十周年,表彰为菲律宾华文教育做出杰出贡献的人士,菲华校联决定:授予陈永栽博士、邵建寅教授、李荣美主席、黄呈辉特使等四人"华

文教育终身成就奖"。现定于二〇一三年十一月七日(星期四)晚七点整假马尼拉大饭店举行菲华校联成立二十周年庆典晚会和颁奖典礼。届时,恭请中国驻菲大使馆马克卿阁下莅会致词并担任"华文教育终身成就奖"颁奖嘉宾,校联名誉主席邵建寅教授担任晚会主讲人。下面特将四位"华文教育终身成就奖"获奖人的事迹简介如下:

……

他们给我这么高的荣誉,愧不敢当。

十篇署名文章中,有我的一篇,标题是《不积跬步　无以至千里》。

文中,我回顾了菲律宾华文教育的历史进程,讲到菲化之后,大家突破困境,探索路向,我1990年提出的主张"培养德才兼备又拥有华人气质的菲律宾公民,使之既能保留中华文化的优良品质,又能发扬中华民族勤俭简朴、勇敢创业的传统美德,成为菲律宾的标准公民,携手共建富足康乐的大社会"有幸地引致共识,二十多年来得到众多教育同仁的赞同和采纳,并以之为共同努力推广的目标。

我这篇文章的重点,在于强调:

菲律宾华文教育的革新还是一条漫漫修远的路,教师专业化问题一直是我们的近忧与远虑。不过近十年来,在海内外热心人士的关注和协助下,华文教育已有了一些新的机遇。一些以前没有做或已开始进行但成效不彰的方案现在可以再规划了,兹列举其重点,作为校联新届主持人的参考:

(1)东盟华文学校的新机遇

……中国—东盟十国自由贸易区已于去年正式成立,成功运作,成果斐然。在近期内,华文华语将成为中国和东盟十国双方或多方沟通必需的工具,海外华文教育的价值于焉提高。而海外华文学校将为整个新的经济体系储备所需人才。长此以往,海外华文教育将不单是语言和文化导向的教育,亦将是兼有经济功能和效益导向的教育。因此,海外华文教育在理念和行动上必须有所改革、有所创新,无论是师资、设备和教材都应迎合资讯、电脑、生命科技、微奈米科技以及其他现代科技的发展而作适当的调整。这应是再来十年菲华校联应着眼的一个重点。尤其要与东盟十国华校同气相求,同声相应,以期收"他山之石可以攻玉"之效。

(2)志愿者教师与外派教师方案

2003年4月27日在国家汉办的指导下,菲华商联总会与福建师范大学签订协议,启动"菲律宾模式"的华文教育方案以来,以福建师大为首的37家中国大学参加这个方案,被派来菲的志愿者也增加到每年平均400人,约占菲律宾华校现职教师的17%。这些志愿者教师对菲律宾教育影响甚大,第一,增强本土华文教师之实力及积极性,从而促进教师专业化,纾解以往一师难求之困境。第二,对华文教学起了推动及带头之作用。第三,参与华社有关教育之活动,掀起华社汉语热潮。在商总与晋总鼎助之下,如何保持汉办志愿者教师及国侨办外派教师之长期稳定为校联应着眼之另一重点。

(3)培养本土华文师资方案

a.1955年中正学院首创培养本土华文师资计划。……1955年为纾解本土华文教师匮乏问题,开办二年制华侨师范专科学校,五十多年来中正栽培合格本土华文教师计1250人,包括师专500人,中正文史教育系300人,中正高中毕业辅修教育课程者300人,60年代保送台湾深造者150人,合计1250人,其中一半已退休,尚留在第一线辛勤耕耘的,约600人,占全菲现职华文教师25％。

b.2004年4月5日中正学院与福建师范大学合作设立四年制2＋2华文师范系。前两年在马尼拉中正学院修读,后两年在福州福建师范大学完成。并快马加鞭赶于2004年6月11日在中正上课。中正豁免生员全部学杂费,并津贴每人每月五千菲币。条件只要求生员学成后在任何菲律宾华文学校任教三年,但不仅限于中正学院。

c.2013年1月12、13日,中正学院在马尼拉举办"东南亚本土汉语师资培养高端研讨会",邀集马来西亚、印度尼西亚、新加坡、两岸三地,菲律宾各地区之学者专家,以及菲律宾教育部官员参加。并由福建师范大学海外教育学院沙平院长、厦门大学海外教育学院郑通涛院长、香港大学文学院施仲谋副院长、新加坡南洋理工大学教育学院吴英成院长等著名专家主持讨论,收效甚丰,咸认此种论坛有定期举行之必要。

d.2013年9月25日第十二届世界华商大会在成都举行,在华商与中华文化论坛上,菲律宾商总名誉理事长庄前进、印度尼西亚中华商会常务副主席张锦雄、泰国华文民校协会永远名誉主席梁冰、泉州华侨大学校长贾益民等就各地区华文教育发展现状及其症结展开讨论,为中华文化之传承出谋献策。他们都有类似的意见,就是(1)外派教师是华文传承的重要环节,但要长期稳定,才能保持其高质量。(2)要积极推动教师本土化,教材本土化,从而保障华文传承,推动中华文化走向世界。

e.2013年10月10日菲华商联总会理事长施文界宣布,商联即将遴选60名优秀中学毕业生前往中国接受为期四年之大学本科师范教育。该方案旨在将年轻华文教师种子送往中国进行专业化的深造和培养,从而建立一支优秀的本土华文教师队伍。

综上所述,积极培养本土华文师资已是大势所趋,而这个方针应是今后校联该着眼的第三重点。

菲律宾华文教育虽然今不如昔但也有乐观的一面。近年来生机渐露,各校主持人排除万难,致力于教薪的调整、教学素质的提高、教材教法之改进。而商总、晋总、宗联、各宗亲会、中华商会、工商总会、陈延奎基金会、首都银行基金会、各文教基金会、华文教育研究中心、各校校友会、宿务无名氏、其他无名氏,以及其他侨团热心人士、社会大众纷纷表示关心支持。或举办师资培训班,或资助教师出国进修,或资助学生参加教育夏令营,或照顾教师福利,或赞助校舍扩建,或奖励优秀学生、优秀教师、优秀校长。在物质上和精神上给予教师莫大鼓励,也提高了教师的地位,种种义举非常难能可贵。

今年7月7日国侨办主任裘援平访问金边的端华学校,端华是柬埔寨潮州会馆创办的。是世界上学生最多的海外华文学校,开设小学、初中和电脑会计专修班,有学生14000人,其中80%是华裔。裘主任表示:"目前有五千万华人华裔遍布170个国家和地区,有阳光的地方就有华人,有华人的地方就有华校。为了留住中华民族的根,为了留住中华文化的魂,为了留住祖籍国的情,一代代侨胞艰苦奋斗,兴办了形式不同的华人学校,你们应该以此自豪。"

文章的最后,我强调:

诸位,海外华文教育的时代意义是重大的,时代使命是神圣的,时代任务是艰巨的,但"不积跬步,无以至千里",我们必须继续坚定地迈进革新的每一小小的半步。我们不但倾心于汉语全球化,更向往中华文化全球化。诸位,为了我们的根,为了我们的子孙后代,为了海外华文教育的将来,希望华社领袖、热心人士继续指导、继续支持,希望教育同仁继续求突破,继续求创新。我们热切期盼韧性强、气质高的中华种子能在海外继续成长,继续茁壮。来日枝繁叶茂、树大荫广,对地球村各角落做出更深入更长远的贡献。

活动的高潮,是11月7日举办的"菲律宾华文学校联合会成立二十周年庆典晚会暨颁奖典礼"。

晚会开始的时候,大家先唱菲律宾共和国国歌,然后唱中华人民共和国国歌。接着是大会主席、校联常务理事、晨光中学范鸣英校长致辞,还邀请了中国驻菲律宾大使馆孙向阳参赞、校联名誉主席陈永栽博士和我演讲。晚会的文艺节目,有歌舞、舞蹈、武术表演、鼓韵梆曲、独唱、朗诵、手语表演等等。中间穿插颁赠感谢状,分两次,为向校联热心捐献菲币20万元至50万元者,以及100万及以上者,颁赠感谢状。还为陈永栽博士、我、李荣美主席、黄呈辉特使颁发了"华文教育终身成就奖"。

晚会非常成功。

华文教育,从菲化的时候开始,二十多年来,一直在衰退,到了1980年代,已经到了摇摇欲坠的境地。

原因有很多,比如:师资的缺乏、教师待遇的偏低、经费的短缺、教材的陈旧,等等。

最重要的原因是大环境。

菲化后,华校华文课只能下午上,课时被迫缩短,每天华文课程只有两个小时,加上英文课程还在不断增加,作业繁多,学生应付不暇,透不过气来。英文从早上七点上课,直到下午一点半,下午两点接着上华文课。学生吃午饭的时间都很短,谈不上休息。家长们送盒饭到学校或者学生自己带,中午,学生坐在走廊里吃饭,让人看了心里油然起敬,也很难过。有些学生的华文成绩不好,家长也没有办法,不忍心指责,不好强求。有的学生向父母提出停学的要求,父母也无可奈何听其自然,于是学生减少。

还有语言环境问题,华人的第二代,讲汉语的在减少,到第三代,就不多了,"80后""90后"学习汉语就比较吃力了。语言环境发生了变化。家里的人,身边的人,讲汉语的不多,特别是工作之后,在公司里,都讲英语或者菲律宾语,社会上语言环境变化。

家庭问题,有的家长看到学习汉语要付出很多精力,心疼孩子,放弃学习。

还有侨胞心理的变化,觉得现在是落地生根,汉语不学,也能生活。

客观地说,前总统马科斯还是采取了开明的多元文化政策,他不倡行同化。马科斯之后的几位总统,科拉松·阿基诺、拉莫斯、约瑟夫·埃斯特拉达、阿罗约,也都是实行多元文化政策的。

1975年,容许在菲的外籍侨民集体加入菲籍。这个政策对菲华社会的影响是巨大的。以前在菲律宾谋生的中国人,是侨民,没有菲律宾国籍。他们在心理上,抱着过客心态,总是说要落叶归根,不希望终老异乡。现在集体加入菲籍,也叫做"归化",华人于是放弃落叶归根的观念,选择"落地生根"了。华人融入菲律宾大社会的速度加快了。

四十年来,这种多元文化政策,使华裔能够以公民身份积极参与菲律宾的经济社会文化发展和各种公民活动,经济上的种种限制解除了,并且开始进入菲律宾政坛。

华裔的特质是逆来顺受、不畏艰难,在任何恶劣的环境下,都能扎根成长,并且生机旺盛、蕃衍力强。历年菲律宾政府考试,无论是律师、医师、会计师、建筑师、工程师，还是其他行业，华裔都能出人头地，在前十名内，通常占有六名。华裔只占菲律宾总人口百分之一点六，从人口比例来说，有这么好的成绩，足以证明华裔是非常优秀的。

华裔在经商做生意之外，也去从政、从军，从事大众传媒，从事宗教事工，从事科技研究，他们对菲律宾的社会进步和发展做出了巨大贡献，形成广泛深刻和长远的影响。

华裔在归化后，政治上自然要认同菲律宾，遵循政府政策，遵守当地法令，享受同等权利，应尽同等义务。但是在文化上，依然可以认同祖国，保留中华传统伦理，并且带着宽容坚忍、勤劳简朴、勇敢进取的美德，融入菲律宾国家文化，以改造菲律宾国民性，成为建设国家的动力。

我们的地主国真是灾难重重，主要原因是人谋不臧。第一，不爱国；第二，自私自利。要根本解决这个问题，只有从人心的改造着手。

中华气质，体现在一个人身上，就是比较简朴、淳厚、稳重和诚实。还有克勤克俭、孝悌、忠信，以及心胸坦荡、无私无我、热心公益、慷慨助人等等。

新加坡社会现在比较喜欢起用受过华文教育的青年才俊，因为他们无论是言谈、举止，还是思想内涵，都比受英文教育的略胜一筹，这就是他们身上有较好的中华气质。

当然，归化之后，随着客观环境的变化，华人不仅在政治上必须与地主国认同，在文化上，也要认同。这方面要扩大胸襟。华裔是应该保留和弘扬中华文化传统，但是，你落地生根，扎根海外，也要融合菲律宾文化，这样才有利于消除民族之间的隔膜，求大同，存小异。因此，校联在今后如何传播中华文化，也要调整方向。

现在，华裔青年多数人不讲华语。

菲律宾的官方语言是菲律宾语和英语。菲律宾语，即塔加洛语(Tagalog)，或译为"他加洛语""他加禄语""大家乐语"。据2000年人口普查资料显示，7600万菲律宾人口中，2100万以塔加洛语为母语，还有5000万人以塔加洛语为第二语言。华裔青年平时讲菲律宾语(塔加洛语)或英语，华语成为华裔青年要学习的第三种语言。

因为在日常生活和工作中基本上不使用，所以，对华裔青年来说，华语在本地生活中到底有什么用处，也成为一个问题。

在这样的语言环境下，华文教育，也要从传统的偏重于"写"的技巧，转到注重提高"说"的程度；教学方法上，也要由传统的"以教师为中心"，转变到"以学生为中心"。

进入2000年，菲律宾的华文教育环境，开始向有利的方向发展。从政府方面看，总统Arroyo多次强调学习外语的重要性，鼓励菲律宾全国的大专院校开办华语课程。

这几年，菲华侨界社会开始出现一种良好的现象，就是社团、宗亲会、商业界、银行界、体育界、基金会、侨领、社会贤达人士等等，都一致看重和鼓励加强侨校教育。

而且，华文教育已经不限于华人子弟。菲律宾本地人，包括一些政要，也纷纷把子女送到华校，接受华文教育。

这几年，大陆在菲律宾办孔子学院。菲律宾Angeles的孔子学院办得不错，福建师范大学2009年办的。五年来，培养了几百位学生。去年(2015年)孔子学院举办了毕业晚会，参加表演的这些学生，本来都是不会讲华语的菲律宾本地人。学院请了中国大使馆的官员、菲律宾教育部的官员去看了。表演的节目，唱的歌，跳的舞，讲的话，都是中国的。字正腔圆，很不错的。

晚会的主题是Jasmine到Sampaguita。这个主题是他们定的。这个是我一向的主张。菲律宾教育部长也说，Jasmine是你们中国来的种子，到了菲律宾的土壤，接受这边的阳光、空气、水，开出来，成了Sampaguita，变成菲律宾的国花。

晚会结束，我问赵大使，你看这个主题怎么样，这个路线对不对。中国和菲律宾交往已经有1000多年的历史，中菲关系不能受美国人日本人破坏。我们还是继续走，民间团体还是继续走。他点头啊。他知道。

去年，2015年，厦门大学也在菲律宾办了孔子学院。

1993年正月，我们在提出组建校联的同时，还提出组建东南亚地区的华文教育组织。

我们1993年正月去新马泰考察华文教育。所到之处，我们都提出了建立整个东南亚地区华文教育组织的想法，并征求他们的意见。他们的反应，都是赞成。马来西亚的同仁还表示，成立大会和第一届会议，欢迎在马来西亚召开，他们来组织会务。

回来后，我写了一个报告。1993年1月26日，在中正学院的小戏院，我向全体老师和部分家长做了一次报告。这是一个考察情况的报告，讲了我们在新马泰所看到的，他们的体制情况；还提出了我们的建议。我建议成立菲律宾的华文教育全国性组织，不仅如此，我还建议成立东南亚地区的华文教育组织，当时想了一个名称，叫：东盟华文教育协会。这个方案最早是我们提的。

后来，成立了一个"东南亚华文教学研讨会"，两年开一次会。1995年，在新加坡召开了第一届研讨会。

2001年12月7日，第四届东南亚华文教学研讨会在泰国曼谷召开。由泰国华文民校协会主办。我是发起人之一。我在会上做一个演讲，主题为族群融合与华文教育的发展。大概讲了一个小时。

我说：

立足菲律宾,放眼东南亚。按东盟十国,虽政制不同,国情互异,但族群问题及华文教育问题却有其共通之处。

今天我谨以"族群融合与华文教育的发展"为题就正于诸位教育先进和教育同仁。

我讲的第一点是:融合的真谛。我说:

融合是水乳交融,合而为一,目的在拆散族群藩篱,消除种族隔膜,求同存异,相辅相成,为富国裕民而尽心尽力。美国加拿大容许少数民族保留各自的文化,并鼓励它们融合,各尽所能为国效力,成果有目共睹。所以族群融合是国家进步、社会安宁的第一要素。

东南亚各国或多或少都有族群的问题。战后东南亚国家先后独立,就发生了三次严重的"排华事件"。其一是1965年9月30日印度尼西亚发生政变,苏干诺被黜,苏哈托上台,清除异己,大开杀戒,屠戮印共50万人,连累许多无辜的华人子弟;其二是1969年5月13日马来西亚因选举而发生的暴动;其三是1998年也是5月13日,因亚洲金融风暴冲击印度尼西亚官僚资本,导致印币急剧贬值,物价狂升,有关军政要员为转移公愤,不惜煽动并操作大规模普遍化的排华暴乱。

第二点是:政治认同与文化认同。

先侨来菲谋生,咸抱过客心态,不希望终老异乡。到1975年马科斯总统为了解决少数民族的问题,签署法令,容许外侨集体入籍,华人遂放弃落叶归根,选择落地生根,加速融入菲律宾大社会。

华裔归化后,自须在政治上认同菲律宾,遵循国策,遵守法令,忠实作为主流社会的一分子,群策群力谋求国家的繁荣昌盛。在经济上协助菲律宾兄弟重建家园,授以克勤克俭,开源节流之道,有效地解决民生问题。但在文化上仍可认同祖国,保留中华道统,并携同中华美德融入主流社会,以期潜移默化,改造人性,成为建国动力。

第三点:海外华文教育的价值观。

在未来这段时间内,华文华语将成为双方或多方沟通必需的工具,而海外华文教育将为整个新的经济体系提供所需人才,海外华文教育的价值于焉提高。

第四点:海外华文教育的方向。

菲律宾华文教育的大方向,是要栽培拥有中华气质的菲律宾公民,使之既能保留中华文化的优良气质,又能发扬中华民族勤劳俭朴、勇敢创业的传统美德,参与居留地的建国大计,成为菲律宾的标准公民。这就是政治认同和文化认同的结合。这个主张可以放之四海而皆准。因此,我们可以说:海外华文教育的大方向,就是要培植拥有中华气质的各当地公民。这点浅见已引致共识,并蒙诸教育先进及各华文学校首长的采纳与推行,以之为共同努力的目标。

讲到这里,我提出:

应当进一步思考的是:

(1)海外华文教育已经发展成为各当地少数族群的教育。

(2)海外华文教育已经不单是语言和文化导向的教育,而将是兼有经济目的和效益的教育。

(3)海外华文教育的对象将不单是华人华裔,而将涵盖其他族群。

(4)海外华文教育必须与当地华人社会和华文报业密切

配合,互相呼应,谋求长足的发展。

最后,我强调:

最重要的是抓紧中华文化的根,因为没有根,就没有枝叶和花果。在政治认同、文化认同和族群融合的大前提下,海外华文教育在观念上和行动上必须有所变革,有所创新,才能继续发展,才能配合新世纪的需求。

海外华文教育的研讨会,这一次是人最多的,很多大的学校,校长都去了。在会上,我还准备了一个专案,怎么管理华文学校。那天没时间讲,就印了,分发给大家。

我的讲稿,是清早四点起来写的文章。

第八章

晚晴金辉

我很小的时候就来过厦大。

当时是来远足。我们住鼓浪屿,到南普陀远足,就到厦大校区来游玩,因为厦大是一个好的景点,大家都喜欢。那是我八岁九岁的时候,是在1934、1935年左右,非常值得回忆、纪念。

现在还记得,就在那条走廊,我们当它跑道,320米,中间是群贤楼,那边是集美楼,这边是同安楼;这边是囊萤楼,那边是映雪楼。

囊萤映雪、同安集美,取名也很文雅。鲁迅教书的时候就在集美楼,就在主楼的右边。这五座大楼,1921年到现在,没有改变。

现在,无论是漳州校区还是翔安校区,楼房都是五个大楼做一群,翔安是这样,漳州也是这样。

大家都说厦大和武大在争夺校景第一名,我看厦大比较好。武大的地利是东湖,是西湖的六倍,东湖非常美,还有一个珞珈山。可是相比起来还是厦大美,厦大环海,他们没有。我们将来各个校区之间还可以用直升机来往。

我喜欢母校厦大,我还对机电系情有独钟。

萨校长亲手创办的机电系,在1953年全国院系调整时撤销了。我们机电系毕业的校友感到十分可惜,多次提出厦大要恢复机电工程系。

1998年10月,厦大1948级毕业50周年庆典和十届老机电系系友大会,联合在母校举行,座谈会中,校友提名1944级何宜慈、1946级葛文勋、1947级邵建寅和1948级苏林华四人成立发起人小组,推何学长为召集人,建议母校:一、恢复机电工程系,二、创立萨本栋教育科研基金会,三、建立萨本栋微机电中心。

母校接受了我们的建议。1999年7月组建了物理与机电工程学院。

1998年12月我们设立了"萨本栋教育科研基金会",由葛文勋学长负责筹备,总部在美国,推举何宜慈学长担任基金会主席。何学长逝世后,主席由我担任。并选举前校长林祖赓教授担任基金会的总裁。

何宜慈学长,是杰出教育家、实业家。他毕业后留美,在斯坦福大学,得到博士学位。到IBM公司任主管。后来被台湾当局礼聘为新竹科学园区管理局局长,又担任台湾"行政院科技部"副部长,开创了类似美国硅谷那样的科研发展中心,是台湾新竹科学工业园区的创始人。返回美国后,他在北加州硅谷也有自己的事业。他于2003年上半年病逝于美国,享年82岁。

为纪念萨校长,1999年8月,我捐资在母校厦大建了一座楼,命名为"厦门大学萨本栋微机电研究中心",还有一个名字叫"亦玄馆",含有"玄妙深奥,钻研微纳科技;玄同混和,探索浩森时空"的意思。在2002年7月24日,萨本栋恩师百龄诞辰,举行了"亦玄馆"落成启用仪式。我在启用仪式上致辞说:"捐建此楼,一以纪念萨故校长毕生尽瘁科技教育之丰功伟绩,庶几后辈知所效法;一以寄望厦大人独有的务实勤劳之淳朴校风及不畏艰巨之长汀精神,能发扬光大,代代相传。"

亦玄馆有四层,建筑面积4500平方米,2001年8月完工。

我们老机电系系友建议的三件事都实现了。

邵先生夫妇在捐建的厦门大学萨本栋
微机电研究中心——亦玄馆楼前留影

当时我们想,把萨本栋微机电研究中心,建成微机电系统和微传感器领域的一个高起点的实验室。厦大成立了萨本栋微米纳米科学技术研究院。建实验室,我们买的机器都是最先进,最好的。厦门市政府也很鼓励,市政府在初期开办的时候就补助了两千万人民币,初期开动的时候,他们是很鼓励的,市委书记洪永世和市政协主席蔡望怀,都很鼓励。亦玄馆地点是很好的,实验室也够大,可惜后来发展不尽如人意。

现在学校又在亦玄馆成立了一个石墨烯的工业技术研究院。

石墨烯是当今最重要的一种先进材料,它是一种由单层碳原子组成的平面薄膜,只有人类头发直径的十万分之一厚度,是目前世界上已知材料当中最薄而又强度最大的材料。它具有超薄、超轻、超高强度、超强导电性、优异的室温导热和透光性,可望带来触摸屏、储存能量、机电、生物、医学等领域的重大革新。石墨烯是个新东西、好东西,未来发展前景可观。

2014年5月,厦门大学与英国BGT蓝石科技材料公司签署协议。根据协议,引进了诺贝尔奖得主康斯坦丁·诺沃肖洛夫教授,他和他的老师因为研究石墨烯,获得2010年诺贝尔物理学奖。他们代表石墨烯领域世界最高技术水平。

厦大以美国"硅谷"为目标,希望建设一个有国际影响力的"碳谷"。现在第一步,他们主要搞柔性触摸屏、新一代LED照明器件、储能、石墨烯墨水、大数据存储等研究项目。研究院目前设在亦玄馆,诺沃肖洛夫来了厦大,就使用亦玄馆留给我的那间办公室。

诺沃肖洛夫很年轻,1974年出生,他和老师一起获得2010年诺贝尔物理学奖时,只有36岁。据说,他们的这项研究是从铅笔芯得出的,一个关键性设备居然是透明胶带。2004年,在英国曼彻斯特大学工作的诺沃肖洛夫教授和他的老师海姆,在一张涂满铅笔笔迹的纸上,用透明胶带粘来粘去,最终剥离出了石墨烯。他们通过研究发现,石墨烯原子的排列方式独具一格,像一张铁丝网似的,呈六角形阵列,它体积薄,厚度只有头发直径的十万分之一,强度极高,有潜力成为比钢铁坚硬十倍、导电时能量损失很小的新型材料。这个材料如果用在电池上,充满手机电池只需五秒钟,给特斯拉电动汽车充满电,也就五分钟的样子。

目前厦大的研究院就是要研究这一材料在电池、触摸屏、癌症治疗、LED灯、海水淡化等方面的应用。

这个是最新的科技,实际上很有用处,至少有三个用处:第一个,光电;第二个海水淡化;第三医疗,这个东西可以杀菌,据说厦门有的医院已经开始用了。希望能够早一点做出成果来。要急一点。

石墨烯,听说华为也在做,我在香港的报纸上看到,华为在挂牌,股票上市了。现在行情还不行,涨不起市。我想,他们是企业,可能会先取得成功。要发展,就要有财力,但是你靠政府给个几千万,靠几位老师不行,一定要企业化。我们搞微米纳米,花了十二年,没有做有系统的实验,都是零零星星的,小小的,没有大刀阔斧的做法，国家级的都拿不到。这个事，没有做到位。时间浪费了。

萨本栋微机电研究中心，是以萨本栋校长命名的，是用来纪念萨校长，我的恩师。因为萨校长做了很多工作，全是无私的奉献。我那天在讲，他如果不做校长去搞科技研究，我想也是中国第一流的。他的学生在清华的至少有20位。世界级的，就有王淦昌、钱三强、钱伟长、何泽慧、翁文波、林家翘等一大堆，有二十几个。钱三强是中国的原子弹之父邓稼先的老师，萨本栋是钱三强的老师。他如果集中精力做这个科研工作，成就也一定是了不起的。他来厦大当校长，培养了一些人才，但自己的科研顾不上，很可惜。

我当院长是有点急的。这个院长是中正学院院长。我担任中正学院院长期间，手上学生增加了，有7160多人，教职员有600人，整个学校是一个城市，里面有人事的问题，老师的问题，学生的问题，家长的问题，学校发展的问题，很多问题，你非得急性不可，不能慢的。我去管的第二年，就增加了1200个左右的学生。

厦大校友：左起，朱崇实、萨支唐、葛文勋、蔡悦诗、王豪杰、苏林华、邵建寅

邵先生夫妇与厦门大学校长、书记合影

我的文笔不是很好，毕竟是半路出家。厦大建文楼楼志是我写的。林文庆亭的对联是我写的。

朱崇实校长有一次来找我，说：邵老师啊，有件事请你帮忙，请你写对联。我说你们中文系那么多人，不能叫我，我不好出头。他非常坚持，说你是校友，以校友身份来写最好。很勉强。勉强也好，我说朱校长，不用客气，合适你用，不合适你不用，没关系的。结果就写了对联，写得不好的。

对联在面向化学化工学院的这边，内容是："十六载耿耿乎礼门义路，百千年熙熙矣时雨春风。"横批"唯文有庆"。代表对林文庆先生的一种怀念。写的是林文庆先生当校长的这种心意啊，他当校长十六年。特别是，我爸爸有一段时间做他的秘书，帮他做了很多事。

这是我写的厦门大学《亦玄馆志》：

一九三七年抗战军兴，母校内迁闽西长汀，萨本栋博士年方卅五，临危受任，领导师生员工筚路蓝缕、以启山林；沐雨栉风、以建基业,迄一九四五年应邀赴美讲学为止,前后八年。

八年间永朝永夕,辛勤培壅,母校在极端艰困之环境中,犹春风化雨,教者谆谆;弦歌不辍,学子莘莘,由是玉笋班联,英才辈出。一九四一年及一九四二年全国大学学业竞试,厦大脱颖而出,独占鳌头,从而校誉日隆,跻升全国十大名校之首,被誉为加尔各答以东最佳学府。抚今追昔,对萨本栋校长当年高瞻远瞩之创见、鞠躬尽瘁之德范,心焉向往,无限钦迟。

当时在大局黯澹、长夜漫漫中培养出来的自强不息和奋斗的精神,成为今日厦大人不畏艰巨、亟求上进的原动力。母校的勤劳、务实、坚忍、淳朴的校风于焉建立,而以萨本栋校长为核心汇聚而成的勇敢创新、克难拼搏、无私无我、牺牲奉献的长汀精神遂成为厦大人立身处世的准绳和指标。

长汀时期的师友后来在政治、经济、人文、科技各领域俱能出类拔萃、举足轻重;出人头地、各领风骚。其中包括两院院士十五位,美国国家工程院院士一位,大学校长五位,海内外著名专家、学者、教授、工程师、教育家、慈善家、企业家多人,均足为长汀精神之表征。

一九四〇年萨校长手创机电工程系,并躬亲栽培一批才俊,后来成为海峡两岸经济建设之主力,成就卓著,厥功甚伟,堪以告慰萨本栋恩师在天之灵。

中华文化精深博大,源远流长。古有三玄,一曰周易(易经)、二曰老子(道德经)、三曰庄子(南华真经)。三玄者,"玄之又玄,众妙之门",上窥太虚奥秘,下及人际百端。天道人事,兼容并蓄,揭櫫天地与我并生,万物与我为一,是天人合一论之嚆矢。

今者亦玄馆——萨本栋微机电研究中心之创设,立足微观世界;放眼宏观宇宙。玄妙深奥,钻研微纳科技;玄同混和,探索浩森时空,知不能论、辩不能解、远不可极、深不可测,不亦玄乎?斯亦玄欤!宜以亦玄名之。抑有进者,玄机之演绎及归纳,胥赖理论和实践相结合,以是本中心之体制及运作,当以推动高技术和促进产业化为鹄的。

不才忝立萨本栋校长门墙,受益良多,无以为报,敬献此馆,聊表寸衷,一为纪念萨本栋校长自强不息、止于至善之楷模,庶几后学知所效法;一为弘扬长汀精神,期盼厦大人代代相传,为科教兴国而拼搏。兹值本馆落成之际,爰勒石以志之。铭曰:

美轮黉宇　允称亦玄
钻研微纳　探索九天
科教兴国　犹仗仔肩
萨公明训　永矢弗谖

邵建寅　谨识
二〇〇二年七月廿四日

铭文是浓缩的,包含了我为什么要捐建亦玄馆的意思。

你所钻研的是微米纳米,一米的万分之一是一微米,一个微米,有一千个纳米。纳米很小,有多小?一根头发的直径有八万个纳米,非常非常小。现在亦玄馆在研究的石墨烯,它的厚薄,只有一根头发的十万分之一。它隔热,同时又导电,这是一个成就。将来还会继续发展。会是一个方向。石墨烯将来不是"西丽"跟"玛丽",将来有一天是微纳米的世界。宏观世界一直很大,宇宙一直在膨胀,速度又很快,越来越快。可是微观世界越来越小,以前最小的单位是毫米,现在是纳米呀。还会发展,将来纳米不能够量其小,光年不能够量其大。这是单位的问题。

我还捐了一个图书馆给福师大。

我们家两代15人毕业于福州协和大学①。她是福州大学、福建学院、福建师范学院、福建医科大学、福建师范大学的前身。所以，福建师范大学校庆时，我捐献了新图书馆给学校。叫"又玄图书馆"，表达我们邵家对福建协和大学的感恩，回馈母校的栽培。

邵建寅先生捐建的福建师范大学图书馆（又玄馆）

这是福建师范大学校庆时照的照片，很有纪念意义。这里还有一张照片，在又玄图书馆前面拍的，6000人的毕业典礼，很壮观。

又玄图书馆，在旗山，有7层楼，建筑面积为37800平方米，面积是厦大亦玄馆的8倍多，前面有个广场，可以容纳6000人。馆

---

① 福建私立协和大学(Fukien Christian University)是创建于1915年的一所教会大学，由福建基督教六公会联议创办，是今天的福建师范大学、福建农林大学的前身。
1951年1月，教育部接办协和大学和华南女子文理学院，将两校合并成立"福州大学"。原协和大学校区内设福建农学院。1953年福州大学改名为福建师范学院。1972年福建师范学院改名福建师范大学。1970年福建农学院、福建林学院(原福建农学院森林系)合并组建福建农林大学。

福建师范大学在邵建寅先生捐建的图书馆——又玄馆前举行毕业典礼

长介绍说,每天出入图书馆的教授学生有6000人次。图书馆的座位只有2500个,学生都不够坐,就坐在地上、坐在角落里。学生很勤奋的。

又玄图书馆,取名来自《道德经》:"玄之又玄,众妙之门"。因为,图书馆是众妙之门,你只有进入这里,才能窥探学问的堂奥。"江山代有才人出,各领风骚数百年"。这才人从哪里来,就从这图书馆,把他们培养出来。

我写的《又玄图书馆志》,也有一个铭文:

> 巍峨黉宇,冠名又玄,哲思渊薮,智慧泉源,树木十载,树人百年,江山才俊,玉笋班联。

黉宇是学舍。又玄,《老子》说"玄之又玄"。班联,笋生长的时候,是连在一起的,挖笋的时候,是四个五个连在一起的。江山代有才人出,"江是闽江,山是三山,也可说是旗山"。希望又玄图书馆能够培养出一代又一代的才人,好像班联的玉笋一样。

1990年以来,我在母校物理机电工程学院先后设立了"谢玉铭奖教奖学金""朱家炘奖教奖学金",在每年校庆时发放。

1996年4月10日谢玉铭朱家炘萨本栋奖颁奖仪式
前排左二起陈传鸿、周咏棠、朱植梅、邵建寅、苏林华、吴伯僖

我记得1991年受奖的有研究生吴晨旭老师,就是现在的吴晨旭院长,1994年受奖的老师有赖虹凯、许乔蓁、康俊勇。赖虹凯现在做了厦门大学党委副书记和纪委书记,许乔蓁、康俊勇都做了教授了。其他更多的一时想不起来。奖金非常有限,只是表达对受奖人的赏识和鼓励。

2013年4月,我在"谢玉铭奖教奖学金、朱家炘奖教奖学金颁奖礼"上做了一个演讲,题目是"江山代有才人出,各领风骚数百年"。我在演讲中有这样一段话,我说:我要提醒诸位,对于我们的财富和我们的才智,我们只有"使用权",我们没有"所有权",包括你,也包括我。大自然的法则是我们空手而来,也要空手而归。有一天大限来临,我们无法带走我们的钱财产业,也无法带走我们的才能智慧。因此,如何明智地,切实地,有效地,和及时地"使用"我们现在所拥有的，是我们应当思考的问题。

2010年，有人告诉我，厦门大学决定把大南新村7号楼作为校友总会办公场所。那是一个用了好多年的老房子，是1930年代建的房子，要维修一下，装修一下。为了在2011年母校九十年校庆之前装修好，我捐了修缮费。1940年厦大校友总会成立的时候，会员只有八百位，到2010年的时候，已经有二十万人了。厦大九十年来贤人辈出，桃李芳菲，要激励厦大人薪火相传，自强不息，止于至善。做好校友的工作，很重要。我为这座校友楼，题名为"怀贤楼"，希望它真正成为厦大的校友之家。

2017年11月王琰、李秋沅陪同邵先生夫妇在厦大校友会

这个地方本来是华侨的房子，后来他们送给学校，现在都重新装修了。里面安置都差不多，楼上楼下。校友回校，有个地方去。一楼咖啡厅，可以喝茶，喝喝咖啡。有个活动空间。二楼是校友总会工作的地方，有一些设备，但是还不够啊。

2001年，我在山东大学机械工程学院设立"长汀奖学金"，每年奖励优秀学生。那一年4月，我回到厦大，参加建校八十周年校庆，活动结束后，我去了济南。去那里看望弟弟建华一家，和老同学艾兴。

在济南，与我在厦大的同班同学、好朋友艾兴先生相聚。艾兴因为有会议，没有回母校参加校庆。艾兴是山东大学博士生导师、中国工程院院士，他是国际著名的凸面理论、齿轮动态变形、测量等领域的专家。他还带我参观了山东大学先进制造技术实验室和校区。我们谈起母校的"长汀精神"，都觉得那是非常崇高的一种境界，是一种需要传承下去的精神财富。我当时就决定，捐资在山东大学机械工程学院设立"长汀奖学金"，以奖励机械制造学科的优秀大学生和研究生。

邵建寅先生与艾兴先生合影

为什么命名为"长汀奖学金"？我想，一是为纪念母校萨本栋校长自强不息、止于至善的典型，让山东大学的年轻学子了解萨校长、效法萨校长；二是为了弘扬"长汀精神"，让它广泛传播、世代传扬，激励青年学子为科教兴国而努力。

在《山东大学助学协议书》上面，有这样一段话：

为支持教育事业,培养人才,促进国家现代化建设,发扬"勇敢创新、克难拼搏、无私无我、牺牲奉献"之"长汀精神",邵建寅先生倾情教育,捐资在山东大学机械工程学院设立"长汀奖学金",一为纪念原厦门大学萨本栋校长自强不息、止于至善之典型,庶几后学知所效法;一为弘扬长汀精神,冀能代代相传,为科教兴国而拼搏。

现在教育事业做不完。当然,我个人的能力也不够。我们校友每年有很多捐款,大家继续做。我只要有机会,也会帮忙协助,争取海外校友捐助厦大和厦门市、福建省的教育事业。

学长丁政曾、蔡悦诗夫妇,为母校捐建了"建文楼"和"颂恩楼"。

丁政曾是1948年厦大会计系毕业,蔡悦诗是1949年厦大教育系毕业,两人在厦大相识,结婚后一起创业,后来成为泰国纺织业著名的实业家。我和他们在学校就认识,不仅是校友,还是教友,还是好朋友。

蔡悦诗的家在上海。她爸爸在上海办厂,后来搬到香港,再搬到泰国。蔡悦诗1945年考入厦大和沪江大学。她选择念厦大。1946年夏天转学上海基督教沪江大学;在沪江大学开学上课后,她总觉得一无是处,心中若有所失。勉强挨过十天,终于决定退学重回厦大。

蔡悦诗生长在基督教家庭,参加了教会在厦大的团契活动。我们是在团契认识的。

1949年她家搬到香港,刚去的时候,在金马伦道,房子不大,把两套房子打通,一间住男生,一间住女生。她家的人也不少,兄弟姊妹,吃饭坐不下,分两桌,做几个菜,像在自己家里一样。他们家后来在香港买了大房子。

当时从厦门到香港,有定期的轮船航班,坐船要走两天一夜。

后来有飞机,双引擎的,两个螺旋桨,飞四个小时。我们坐船去,船泊在尖沙咀,人再坐小船上岸。金马伦道在尖沙咀。

去菲律宾,手续在厦门的菲律宾领事馆办,等手续要三个月。其间,我到香港找临时工。香港没有领事馆,还要回厦门办。当时去香港不要手续。

我和内人,和他们夫妇,两家人,一直是好朋友。

我们很要好,既不是普通朋友,也不是男女朋友。她捐的建文楼,我们一起选址、规划,本来不是这个地方,后来选了这里。

1988年,他们捐资434万元为母校建立了"建文楼",这座楼用来做"厦门大学教职工活动中心",以蔡悦诗女士已故的父亲蔡建文先生的名字命名。建文楼在厦大南校门不远的地方,有七层,一楼厅堂很大,是厦大举办展览的重要场所。

邵建寅先生与蔡悦诗(中)、丁政曾

建文楼落成后,他们要我写一个楼志,我是这样写的:

蔡建文先生原籍福建晋江,生于1899年,卒于1983年。凤怀大志,颖悟过人,克勤克俭,白手成家。先后在菲岛、香港、日本、印度尼西亚、泰国经营工商，懋迁有无，称誉业界。既擅计然之术，得其精髓，豁然贯通。复效陶朱聚散其财，博施济众，造福桑梓；捐资兴学，泽裕后昆。

夫人吴淑贞，淑慎贞正，女宗典型；坤仪芳徽，闾里共称；训子义方，宇内扬名；芝兰玉树，瑞霭盈庭。

先生令次媛悦诗女士，1949年毕业本校教育系，秉承父志，热心兴学。有鉴于母校尚缺教职工活动中心，乃偕夫婿丁政曾校友捐建此楼，以其先尊之名名之，回馈母校，嘉惠员工，善莫大焉。兹值本楼落成之际，爰勒石以志之。铭曰：

巍然黉舍　允怀建文
肯堂肯构　美奂美轮
没世遗爱　挹芳扬芬
高风仰止　道范长存

厦门大学　立
一九九八年四月六日

建文楼建好的时候，给蔡悦诗留了一套房间，房号738。学校想把它扩大一点，2008年重修了一次，改在现在这一间，房号752，有三个房间。她还没住过新的这间。学校在亦玄馆有给我一个房间，因为过来吃饭不方便，我就说学校你做活一点，我来厦大，你给我一间建文楼的房间住就行。学校说，蔡悦诗的房间她没有来住，你先住吧。结果她开玩笑说，建寅啊，我要跟你算账。我说算什么账啊？她说你住我房间不付我房租。我说我才要跟你算账，我不付房租，那我替你看房子，你怎么算哪？

我们总是见面就要抬杠，开玩笑啦，跟兄弟姊妹一样。

1998年，他们又为母校捐建了颂恩楼。那一次，厦大召集校友商量八十周年校庆的事，说规划在芙蓉湖的边上建一组楼群，五座楼，中间一座主楼，二十一层，边上四座副楼，每座六层。欢迎校友捐建。

我记得在克立楼六楼607开会，要拍板，林祖赓校长主持。蔡悦诗，我，吴伯僖，几位都参加了。拿着图片，要征求意见。我是校友身份，蔡悦诗也是校友身份，她还有一个身份，就是希望她能够捐助一点，看她怎么捐啦。

厦大七虎——七位属虎的校友，前排左起，蔡悦诗、邵建寅

林校长的意思是说，最好每个校友都行动，都包括在内，大家有份。这也没有错。可是我有意见，不能这样捐。我说，捐钱是一门学问，你放给大众捐，如果只捐了一半，钱不够，你怎么办？大家捐钱都不喜欢超过别人。我说，我的看法是，我们有5座楼，一座主楼21层，边上还有4座6层的。这样子，林校长，找5个人，一个人一座。之后，大楼的广场、水池和其他设备，由广大校友一起来捐，这样比较好。因为主楼起来了，其他会有人捐的。这样又省力气。林校长同意了。

当时要拍板，我问有没有人选。当时的人选，目标就是蔡悦诗。蔡悦诗泰国生意做得好。

蔡悦诗问我的意见。我说悦诗啊,有些事,你今天没有做,明天也许就没有机会做了。你今天要捐,明天不一定有机会捐。你要想好。我觉得她当时有80%的(可能)要捐。她说,哦好好好,等下我打一个电话给政曾。我说,我知道了,我知道你的意思了。你明天早上给林校长一个消息,说你要捐,拿下来。当时是2000万人民币。她说你先不要说。

当时的办法是,募捐2000万,教育部再补助2000万,一共4000万,21层。决定了。

后来,金融风暴,林校长有点挂意,不知道泰国影响怎么样。我说林校长,我个人可以给你担保,蔡悦诗讲的一句话就是一句话,不会变的,你不用挂意。

后来蔡悦诗知道了,打电话说,校长,是否我把未交余款一笔汇过来?

起初等设计什么的,部分耽搁了一段时间。我说我敢担保,没事。

之后,悦诗不止十次告诉我:建寅啊,捐这座大楼很及时,捐得很对,变成地标。我说,我不是告诉你吗,你今天不做,明天你可能就没有机会做了。她听懂了。

当时有个小条件,蔡悦诗说,二十楼,给她使用,做什么,礼拜天做礼拜。当时学校也答应了。可是后来校方觉得,在这个地方做礼拜堂可能不太方便,所以就在学校隔壁,在西面,买一个房子,代替二十楼。现在那个地方还闲着,蔡悦诗还没有使用,她来看了地点。蔡悦诗有点失望,但是她也不讲。她家庭是很虔诚的基督教家庭。现在二十楼学校就已经在使用了。

颂恩楼编为嘉庚楼群的三号楼,却是嘉庚楼群的主楼。政曾、悦诗拿定主意后,为这座楼取名"颂恩",意在颂扬母校奖掖栽培之恩。有人说,他们夫妇都信教,也包含有宗教方面的意思,我觉得这也是可以成立的。颂恩楼高21层,建筑面积21000平方米,1998年6月开工,2001年4月竣工。现在是校部机关、一些研究院的办公用房和教学用房。这座楼是厦大校园目前最高的楼,是跨世纪的标志性建筑。

他们又要我写楼志。这一次我这样写:

　　天行健,君子以自强不息。

　　丁政曾、蔡悦诗伉俪拳拳服膺"自强不息,止于至善"之要旨,捐建此楼,取名颂恩,以颂母校奖掖栽培之恩;以赞天道化育万物之德;以彰易理生生不息之功。木本水源,裕后光前。爱校情殷,殊足矜式。爰勒石志之,以垂久远。

厦门大学　立
二〇〇一年四月

2008年,悦诗病重,我赶到曼谷,送她最后一程。

1999年她丈夫丁政曾去世的时候,我夫妇两个专程从加拿大到曼谷,参加出殡。

她临去世的时候,我们也专程到曼谷,住在她住的医院。她的医院是有给病人亲属住的地方,她病房在五楼,我们在八楼。

我记得那是2008年5月31日,清早。四点多。楼下打电话来了,说你的朋友快过去了。他们已经通知了她的孩子,可是恐怕来不及,因为在清早。我们是最近的,从8楼到1楼,换一个电梯到5楼。就在她身边,看着她过世。很可惜。很可惜。

她满身都是病,她说她是"空心菜",身体里面很多东西都没有,割掉了。她是开玩笑啊,时常讲笑话,我们一见面就讲笑话,讲笑话之外,就是吵架。跟兄弟姊妹一样。她跟我同龄。很可惜。

悦诗走后当晚,我写了《多少前缘多少情——悼念悦诗》:

悦诗走了,她安详地走了。天不憖遗,草木衔悲。

她一向是那种要以短暂但踏实的人生换取永久光彩夺目那一刹那的人。

她不曾浪费生命,她一生没有白活。虽则在历史长河里,她只像电光石火,一闪既逝,但这颗划过太空的耀眼流星,却已在宇宙中留下不可磨灭的痕迹。她掌握她绚烂多姿的那一弹指,而且光华四射。

在家庭里,她是温顺体贴的贤妻,教子义方的慈母。

在公司里,她是宽严并济,克己待人的老板。

在学校里,她是嘻嘻哈哈,人见人爱的"大众情人"。

在医院里,她是勇敢乐观,置生死于度外的病人。

在社会上,她是胸襟广阔,悲天悯人的慈善家。

在宗教信仰方面,她是心口如一,亲亲仁民的虔诚基督徒。

这些都是她独特的完美的一面。她的缺点,如果有的话,就是她的优点太多。

她处世好像剑胆侠骨的大丈夫;待人如琴心柔肠的小娘子。

她睿智、幽默、直爽、坦荡、善良、真挚、热心、多情。

她的多情不局限于友情,而是面向全人类的大爱。

她无私无我,她的一生只有付出。唯其无私,才能超脱物累,不受名利的羁縻和驱策;唯其无我,才能虚己归零,才能上与造物者游,下与外死生,无终始者为友,而逍遥在海阔天空的自由境界。

她博施济众,救困扶危,倾资兴学,奖掖后进。从厦门大学的"建文楼"、"颂恩楼"、"亦玄馆"以至福建师范大学的"又玄图书馆"的捐建,我们都是彼此最贴心的顾问。我曾经为她撰写"建文楼志"和一百字的"颂恩楼志"。我们莫逆于心,互相策励,为母校百年树人大计稍尽绵薄。

我们六十二年的交情一如高山流水,峨峨洋洋,许多温馨往事,犹紧记心头;何能淡忘笃行楼前凤凰荫下少年十五二十时编织的美梦,那从大德记眺望鹭海茫茫烟波碧空尽处的孤帆远影,那南普陀雄浑从容发人深省的暮鼓晨钟,那九龙江口圭屿的绚丽夕照。我们曾经一起长大,一同探索人生,在那青春跳跃的岁月里。

六十二年来,我们情逾手足,肝胆相照,虽身处异地,但灵犀相通。若问世间缘为何物,则缘是相逢,缘是相知,缘是相惜。而我们两家相知相惜六十载,已算是缘定终身了。

一九九九年十月,一九四九届同学毕业五十周年,悦诗要我为她们谱写《金禧纪念歌》,调寄李叔同的《送别》。歌分三节,"和"词如下:

"五十年　喜相逢　相逢笑语中　往事依稀梦几重　今宵谁与共。"

人有悲欢离合,月有阴晴圆缺,此事古难全。缅怀往日,宁不依依。

一九九八年我重游温哥华,在 Halloween 前夕,午夜梦回,不能入寐,忽忆 Till we meet again 一曲,旋律委婉,节奏优美,感人至深,不能自己,爰填就《古今谁免余情绕》一词,略抒所怀,以龚定盦句为主体,不避续貂之嫌,因情寄意,信笔而行,初不计文字之工拙也。词曰:

"未济终焉心缥缈　百事翻从缺陷好　吟到夕阳山外山　古今谁免余情绕。"(龚自珍诗句)

红霞向晚心缥缈　绚烂何如隐晦好　山外夕阳冉冉去不尽余情绕!

回首前尘,多少前缘多少情。余情尽在不言中。

李白诗云:"桃花流水窅然去,别有天地非人间。"如今悦诗恬然无忧,淡然无虑,徜徉于青山翠谷,蓝天白云,别有天地非人间的仙境,了无牵挂。桃花流水窅然去,怀想伊人,在水一方。溯洄从之,道阻且长,溯游从之,伊人宛在水中央。

在我们惋惜一颗明星陨落的同时,我们更当珍惜它掠过夜空那一刹那迸发出来的璀璨火花。

二〇〇八年五月卅一日午夜

一篇文章,说不尽心中感慨和思绪。

她做的这两件事,捐建建文楼、颂恩楼,她很满意,很满足,不止十次告诉我说,很值得。捐钱之前我们之间有讨论,我说你今天不做可能明天就没机会,很多事都如此。

我曾经带中正校友团访问东南亚、北京、上海、福州、厦门。访问厦大的时候,我说,要看到教育的重要,这有关我们自己的后代;我希望,你们中间能出一两位陈嘉庚。有的是比较热心,厦大有八幢建筑物,是与中正有关的人士捐的。今后也许还会有。

菲律宾校友洪文炳,在厦大八十周年校庆的时候,他捐了一座祖营楼,在主楼颂恩楼的右边。他说希望将来他再捐第二座。现在他过世了。他的家族,洪文炳的儿子做了两任菲律宾众议员。不是天生菲人可以竞选众议员。众议员有 200 多个。他做了两任,到任满以后,他叫他太太去竞选,又做了三任。这样他们家就五任了。后来太太满任了,不能做了,他又去竞选。这一次朱校长到马尼拉去参加孔子学院揭牌仪式,2015 年 10 月,我们请他吃饭,我通知洪文炳的儿子,请他来,他儿子夫妇两个,都来了。席间,他当众表明,说,他会继承他爸爸的遗志,希望在厦大百年大庆的时候再捐一座。他太太不会说中国话,他会讲汉语,会讲厦门话，五十几岁。朱校长到马尼拉，我通知他。他很帮忙。移民局很啰嗦，我们去接机，不能进去的。以前有迎宾处，接贵宾的，现在有很多手续，很啰嗦。他说，可以，我派人去。直接到移民处接。送飞机也是一样。他主动提出去送。像他老爸的样子，很热心。

洪文炳跟我好朋友哦。洪文炳也是厦大校友。当时他准备南渡到菲律宾，刚好厦大要考试，厦大的陈列甫教授到马尼拉去做校长，他介绍洪文炳报考厦大，他参加了考试，被录取，考完了，文炳南渡了，没有来上课，这样也算厦大校友。他很热心。

纪华盛在福建省建筑公司担任董事长，去马尼拉建桥梁，盖房子，到菲律宾组建公司。菲律宾规定，董事会成员，最多40%是外籍，最少60%是菲籍。人不够。找到我，请我和洪文炳去做他们的董事，我说可以呀，这样人就够了。总共5个人嘛，我们两个就是40%。我们这个董事不管事的。

吴伯僖，厦大研究生院院长。他们要建高能物理研究所，需要两百万人民币，就问我，问我能不能介绍，我说我试试看。

华盛去马尼拉招商的时候，我请他吃饭，也请了洪文炳。我就和洪文炳说，厦大有这样一个方案，要200万，你看有没有兴趣，他很干脆，一口就答应，也没有问高能物理具体情况，做什么用的。就答应了。

我打电话给吴伯僖，他很高兴，在清洁楼的旁边，可建一个办公楼，洪文炳看了很满意，可是防火空间没有达到标准，不能用。这个地方现在做了海外教育学院。物理系旁边有个仓库，在以前的学生公社旁边，学校想把它拆了，盖实验室。后来学校又改变主意，不拆了。到了建设嘉庚楼群的时候，林祖赓校长说，现在好，可以跟洪文炳讲一下，是否大楼留着给他，用他的名字，不过要加钱，总共400万。我认为加钱应该没有什么问题。校长问我能不能联系一下，我说好。我打了电话。一说，他立刻同意了。他说，老兄啊，你主意啦，你主意。很干脆。文炳的孩子，我们倒不是很亲密的，可是他们很留意，自动讲，要继承爸爸遗志，还要再捐一座。

嘉庚楼群，我说，五座楼，一个人捐一座，其他广场什么的大家捐，我们做成了。当然也有失误，当时没有把广场下面做成地下停车场。如果做了，可以做三到四层，差不多可以停车300辆。厦大以后会没有地方泊车。当时想改，没改成，很可惜。现在要改就费事了，你看"厦大一条街"底下的地下车库，只能停100多辆。

现在我们厦大校友，想要把厦大校园再扩大一点，大家捐了很多钱，继续做，大家做。

我捐款从来不用自己的名字，不喜欢这一套。我的能力是有限的，自夸不好，不需要。

萨校长说，你事情还没有做的时候不要自己夸张；做好之后，不要光比好的成绩，还要检讨，失败在哪里，是不是十全十美。

萨校长功劳很大，他做人非常实际的，讲实效不宣传的，我们应当学习他的作风。你失败了，你要检讨；你成功了，你还要自己检讨。因此你可能做得更好，这是他的作风。他认为即使你已经做成功了，你也不需要讲。

我的意思也是一样，要遵从他的教训，在外面办商业也好，办教育也好，都要低调，越低越好。我想这样是对的。

昨天（2016年4月7日），在厦大物理机电学院谢玉铭、朱家炘教授奖教奖学金颁奖典礼上，我有一个演讲。

一开始我就说，我是哪一级哪一届，从今年校庆开始，我年龄要改制了。我们有英制，有公制，有华制，计算长度有英里、公里、市里（华里），一公里等于两华里，两市里。我要把年龄改制。一公岁等于两市岁，所以，从今天开始，我只有45岁，公岁。大家就笑。我说有什么好处呢？我们的想象力可以丰富了，压力可以没有了，还有好几十年可以使用了。我讲笑话啦。大家大笑。

这个奖项,到今年是第 27 年,最早的获奖者包括赖虹凯副校长、吴晨旭院长、康俊勇教授、许乔蓁教授等人,他们现在都是厦大的当权人物。奖金不多,只代表对获奖人的尊重和欣赏。

我在演讲的第一部分,讲龙虾的汰旧换新。

第二部分讲老鹰的韬光养晦。

第三部分,我讲了一个关于半杯水的道理。我说,

厦大今年是九十五华诞,再过五年就是一百周年。有一句话说"行百里者半九十",我以为也可以说"行百里者半九五",我们还是有一段路好走。

一个杯子,倒了半杯水,可以说是半满,也可以说是半空。满与空是心态上不同的反应,是理性和感性迥异的领悟。

半满代表过去,代表已完成的任务;半空却代表未来,代表还当负起的使命。

半满也许可以代表一个人的辉煌灿烂阶段的结束;半空却代表一个充满愿景阶段的开始。

半满代表怀古的感受;半空却代表创新的挑战。

半满积累美妙的回忆;半空却弥漫绚丽的期望。

但满与空是一个分界,人不能永远沉湎于半满的回忆之中;人必须善用那半空的余地。

我们切盼厦大人努力求突破,努力求创新,好好珍惜这还是半空的时间和机遇;好好使用这还有半空的空间和资源。在未来的五年,努力发挥潜能迎接挑战,一心一德共创未来。

我只讲了 15 分钟,听众 300 位左右。大多是中年教师和职员,40 岁上下,都是当前在干事的人。反应还不错。

这些朋友都是中年的朋友,也是很重要的对象。

我现在能做什么？讲讲思想，传播给他们，我的想法，对事情的看法。这一次，强调了要突破，要创新。

年轻人，我鼓励他，要创业。

下面我讲一点我的教育理念。

有人对我有一些评价，我也始终以这个自勉。他们说我是"一个实事求是的机电工程师，一位英华内敛的教育工作者，一位埋首经籍的读书人，一位低姿态的平凡商人，一位知其不可而为的愚者"。这几句话，印在《中正五年》这本书的封二上。

第一句，我念的是机电工程，到第四年级分为四个组，机械方面是制造跟动力组，电机方面是电力跟电讯。我在机械制造组。所以我是机械工程师。

第二句，英华内敛的教育工作者。我希望成为一个薪火相传的烛薪。庄子说："指穷于为薪，火传也，不知其尽也。"这句话在《庄子·养生主》这篇文章里面。"指"，就是脂肪的"脂"。古人用动物的脂肪，包裹着木柴，用来烧火，叫做"薪"。薪有两种，一种是取其光，用来照明，叫做"烛薪"，一种叫"爨薪"，取其热，在厨房里用来烧火。庄子说："火传也，不知其尽也"，你烧的火把，无论是"烛薪"还是"爨薪"，"薪"会烧完，但火种传下来了，你的火种是烧不完的。庄子的话，很深沉的。一个人的寿命有限，有一天会死，但你的精神思想还是可以继续下去。所以我们的工作，应当是这种工作。因为人的生命是有限的，但我们的文明要通过教育传下去。教育工作者就要做"烛薪"和"爨薪"。

我另外一本书，《天人有爱》，封二上面也有三句话，我做教育工作，也以这三点自勉，也是这些好朋友的评价。

第一句，"一位培植 Jasmine 绽放 Sampaguita 的倡行者"。

什么意思？中国的茉莉花叫 Jasmine，菲律宾的国花叫 Sampaguita，其实它们是同一种花。我用这一点来比喻菲律宾的华文教育。中国的 Jasmine 种子被迁徙移植到菲律宾的土地里，接受菲律宾的阳光、空气、水分、养料，往下扎根，向上生长，开出 Sampaguita，变成菲律宾的国花。种子是中华的种子，开出来的花是菲律宾的国花。你把这个种子，移到不同的地方，它在那边能够适应环境，又能够改造环境，然后开花，变成菲律宾的国花。就这个意思，把华人形象化。中华文化到了异地，变成异地文化。你要把中国文化带到异地，还要让它在异国他乡生根发芽成长，变成异地文化中的组成部分。

我接任中正院长的时候，拉萨大学，就是我小女儿读书的学校，有一个 China Study（中国研究），请我去演讲，题目是《社会变革与菲律宾华人文学》。在《中正五年》这本书里有收录。华人文学是华人写的文章，但不只限于华文，可以是西班牙文写的，也可以是英文写的。我在演讲中有提到茉莉花 jasmine 和菲律宾国花 Sampaguita，提到这个问题。种的是中华的种子，我们的种子气质高。栽在别人的土地里，先去适应环境，第二步再去改造环境，在那边生长，吸收阳光、空气、水分、养分，开出来，是它的国花。茉莉花的好处是有暗香，不是很浓，中华文化就是有暗香的文化，到那边开出来，就变成他们的国花了，为他们增添美丽。

那天的演讲会上，有一个资深记者叫 Isagani Cruz（伊萨克斯·甘尼·库瑟），他后来担任菲律宾的新闻部长，他作了总结，说谢谢邵先生，这是一个很好的比喻。我们是把茉莉 Jasmine 变成菲律宾国花 Sampaguita，发出暗香，芬芳弥漫菲律宾大地。这是我的教育理念，在办学校、做生意，始终都是这个理念，把我们中华的种子变成他们的国花。所以这个 Cruz 先生他说很好。

第二句，"一位族群融合、环球和谐、中华文化全球化的推行者"。

我始终主张族群融合①。我们住别人的土地，他们给我们很多的方便。在这个地方，我们应当和原住者彼此默契彼此帮忙，把这个国家建好。和谐啦。把中国文化推行到全球化，这第二点是比较世界化的。

第三句，"一位以宇宙为心、以人为本、以天人合一为标的教育先行者"。

这是人家对我的勉励、对我的评价。这个层次就更高了，讲宇宙与人。

这三点也是我的理念，第一点是菲律宾，第二点是全世界，第三点是天人。这天人合一，孔子也在讲，老庄也在讲，墨子也在讲，易经也在讲，都是讲天人合一。我们主张应当以宇宙为心，以天人合一为经，以人际兼爱为纬，来编织一个雍雍穆穆的和谐世界。

有一篇文章里，我讲到基督教伦理和儒家伦理的比较。

儒家伦理有2500年，基督教伦理有2000年，这是它们很相似的地方。基督教是要出世再入世，一定要先出世。台湾有个慈济，是信佛教的，他们做了很多工作，就是出世入世的工作。这种工作基督教教会做得不够，比慈济少很多，应当再努力。慈济做得很好，他们开医院，现在还要开大学，做了很多救济的工作，全世界哪

---

① 族群融合：早在宋朝，中国人就开始陆续移民菲律宾。中国移民在菲律宾历史发展进程中发挥了积极的作用。旅菲华人在1975年以前大多数没有加入菲律宾国籍，直到1975年中菲建交后，当时的菲总统马科斯决定华人可以集体加入菲籍，成为菲律宾公民。旅菲华人由中国侨民而变为菲律宾华裔。从那时起，有了菲律宾公民待遇的华人，在菲律宾开始了一个新的发展时期。一些人由原来的小业主转变为大型企业主和进出口商，并涌现出一批成功人士。而多数菲律宾华人刚取得菲律宾国籍，不太重视认同与融合问题，加上菲律宾政局动荡，排华和绑架华人事件时有发生。因此，推动入籍菲律宾华人及其下一代认同菲律宾，融合于菲律宾主流社会，成为菲籍华人有识之士的强烈呼声和奋斗目标。

里有风灾水灾地震,他们就到哪里出钱出力,这是一个宗教团体应当做的。基督教在这方面,我时常讲,是有做,但做得不够,教友应该互相勉励,多做这些工作。基督教没有一个像慈济影响力这么大的团体。

我有一篇"服务社会的教会"的演讲,是菲律宾中华基督教会附属的一个团体请我去演讲,我讲这个题目。我认为,全宇宙最终是儒家的大同世界。现在中国也在讲大同,先讲小康,小康还没有达到,当然离大同还有很远的距离。大同世界基本是仁和爱,仁是寓于内心的,爱是表现在外的。儒家讲仁,基督教讲爱。就像一把刀有两面,儒家是这一面的。孔子的仁表现出来就是爱,很简单的道理。这是中国儒家的最高境界,大同世界。所以胡锦涛主席上台就提倡小康社会,小康社会是进入大同世界的前一步,这是可以做到的,只要用到适当的地方。现在这个贪污现象,过一段时间就会慢慢停下来,大家专心专力来做,以期达到大同世界。这是最终的。不一定我们这一代人可以看到,第二代、第三代人希望可以看到,只要大家努力。

清朝有个历史家和诗人赵翼,他有一首诗,说"李杜诗篇万口传,至今已觉不新鲜。"唐朝的韩愈对李白杜甫非常推崇。可是经过一千年,到清朝的赵翼,他不同意韩愈太过尊崇李白杜甫,所以他说"李杜诗篇万口传,至今已觉不新鲜。江山代有才人出,各领风骚数百年"。

我经常提到这首诗,意思是想说,江山代有才人出,一代胜过一代。现在的孩子很聪明,只要不走歪路,孩子是很聪明的。可以各领风骚数百年。

我在福师大图书馆《又玄馆志》里有写,希望又玄馆出来的才人,能够一代又一代地,各领风骚。福州有闽江,有三山(于山、乌山、屏山),有江有山。经过又玄馆训练培训,人才辈出,可以各领风骚。就这个意思。青年学子要能求创新,能求突破。

又玄图书馆馆长告诉我,你捐这个图书馆非常值得,每天有6000人进出,有教授有学生。我去看了一次,是2008年,建好第二年,2500个座位坐得满满的,其他坐不下的学生就坐在地板上面,坐在那里,一边放着参考书,一边念书。这样非常好的。所以我说,希望闽江和三山代有才人出,各领风骚数百年。

庄子说"人生也有涯,而知也无涯",也是一句鼓励的话。

厦大的校歌是郑贞文先生写的,当时他是厦大教务长。他本来是福建省教育厅厅长。来厦大时他写了校歌。他写的校歌歌词很好:"学海洋洋,谁欤操钥发其藏"①。很早就有的校歌,在举行建校仪式当天,陈嘉庚先生就公布了的校歌。到"文革"时代没有唱,一直到1997年,我的同班同学李联欢参加校庆时带来了校歌,跟校长讲,请大家再唱校歌。

唐朝刘长卿有首诗:"泠泠七弦上,静听松风寒。古调虽自爱,今人多不弹。"②有的人自视清高,每天弹旧调,应当求新创新,特别是小孩,要教他们创造力。因此在课班里,你不要以老师为主,我时常告诉我的同事,要以学生为主来教学生。不是大学,就是中小学。你要让学生有发挥的机会,要让他们去思考,能够创新能够思考。美国的教育比较成功,他们的中学小学里常常让学生自己发表意见。老师有什么问题,他们争着举手发言,这个很好。菲律宾学校也一样。中国学生比较保守,不敢讲话。这样不对的。所以我时常勉励这些老师,说你们要培养学生的创造力,应当求突破。

---

① 厦门大学校歌:郑贞文作词,赵元任作曲。"自强!自强!学海何洋洋!谁欤操钥发其藏?鹭江深且长,致吾知于无央。吁嗟乎!南方之强!吁嗟乎!南方之强!自强!自强!人生何茫茫!谁欤普渡驾慈航?鹭江深且长,充吾爱于无疆。吁嗟乎!南方之强!吁嗟乎!南方之强!"

② 唐朝诗人刘长卿的古诗作品《弹琴》。

我们的祖宗，邵雍邵康节先生，他是易理专家，1011年出生，他跟程颐、程颢同时，今年（2015年）他是1004岁。

邵雍，他的诗是没有烟火气的，有禅味。举两首为例：

"月到天心处，风来水面时；一般清意味，料得少人知。"①这种环境，有的人不会体会也不会欣赏，人生减少了很多很可贵的意味。

还有"美酒饮教微醉后，好花开到半开时。这般意思难名状，只恐人间都未知。"②好酒喝到三分，你喝到醉醺醺的就没有味道了；好花含苞未放最好看，全开了就不美；这般意思难名状，你让我形容，我形容不出那个意思；只恐人间都未知，就怕很多人都不知道这个意思。这表示一个人修养到一个阶层了，他是能够体会到这个宇宙间很多很美妙的事物。

这个意思我有在我的学术演讲里讲过。我说人生有三态：第一个是，你想得到的你得不到；第二种是，你想得到的你得到了。它的原意是说，人生有两大悲剧，一是你得不到，二是你得到了，都是悲剧。而且后者是比前者更大的不幸，你得到了反而变成悲剧了。我有讲，在那本书，《中正五年》。

这第一种心态，看苏东坡的诗《观潮》③："庐山烟雨浙江潮，未到千般恨不消。及至到来无一事，庐山烟雨浙江潮"。庐山烟雨，很出名的。在庐山，雨啊雾啊，下来的时候你看不到你的手指了。

---

① 邵雍的这首诗题为《清夜吟》。

② 邵雍这首诗标题为《安乐窝中吟》，全诗为："安乐窝中三月期，老来才会惜芳菲。自知一赏有分付，谁让黄金无子遗。美酒饮教微醉后，好花看到半开时。这般意思难名状，只恐人间都未知。"

③ 这首北宋苏轼的诗，题为《观潮》。是东坡居士在晚年亲笔写给小儿子苏过的一首诗。此时苏轼结束了长期流放的生活，从一个踌躇满志、一心从政报国的慷慨之士，慢慢变成一个从容面对、参透生活禅机的风烛老人。听说小儿子将去就任中山府通判，写下此诗送给他。不久苏轼病逝。这首诗从字面看很简单，但却蕴含着深刻的哲理。

钱塘江潮，每年农历八月十八，大潮来到的时候，万马奔腾，大家都要看。"庐山烟雨浙江潮，未到千般恨不消。"你还没有看到的时候，你很着急地要看，其实到了那里看看，没有什么东西。

2006年，邵先生夫妇参加友人金婚庆典

人生第二种心态，是龚自珍的诗："未济终焉心缥缈，百事翻从缺陷好。吟道夕阳山外山，古今谁免余情绕？"[①]这是另一种心态。"未济"，是易经六十四卦的最后一卦。它的前面一卦是"既济"。易经演绎到六十四卦，再下去后面没有了，已经完了，诗人觉得心里非常落寞，觉得没有寄托了，所以"世事翻从缺陷好"。这是第二种心态。

---

① 这是清朝诗人龚自珍的系列诗《己亥杂诗》其中的一首，题为《渔沟道中题壁一首》。

讲到人生的两大悲剧：一种，你得到的，像苏东坡的句子：庐山烟雨浙江潮，未到千般恨不消……你没到，你想看，可是你到来，你不如不看。这是得到了的心态。另一种，龚自珍是还没有得到的心态，"未济终焉心缥缈……"，你拿不到的，你还有余情，这是第二种心态。两种心态都不对，都是悲剧，可是他说第一个悲剧比第二个大，你得到了，失落感更厉害。

第三种心态，是邵雍的诗。我的那个祖宗邵雍讲啊，"美酒饮教微醉后，好花看到半开时。……"美酒你别喝醉，三分就好，微醉，好花你看它半开，这是第三种心态。这第三种心态才是对的。它在中间，将到未到，将得未得，大家要去体会。有一次我在中正与一班老校友讲这个问题，你们要好好去想，你们是哪一种心态。

在夜深人静的时候，仰望着天空的星星，面对无垠的宇宙，我们应该仔细思想：将人占有的空间与宇宙的浩瀚相比，只是渺沧海之一粟，非常微小；以人的生命与宇宙的永恒相比，只像电光石火，转瞬即逝。人既活在宇宙之中，就应该明了生命的真谛和价值。

我今年（2016 年）90 岁了。

从我的职业来看，我当过公务员，当过老师，当过工程师，办过企业，做过生意；后来又回来做教育工作者，当过教授，当过校长，当过学院的董事长和校联的指导员。

我当公务员、当老师的时间都不长；办企业做生意取得了一点点成功，可以让我衣食无忧，还能拿出些钱来做一些力所能及的事；但我觉得，我一路走过来，所做的事情，最有意义的，就是教育。

有人称我是机电工程师，是商人，是学者，是教育工作者，都没有错。这里面，我最看重的是教育工作者这个头衔，而且我觉得我自己做得最有意义的事，就是教育工作。我自己检讨，办教育，是我的人生目的和人生价值取向。

教育事业的收获过程比较漫长。

美国诗人朗费罗（Henry Wadsworth Longfellow）曾经写过一首诗，标题是：The Arrow and the Song…

可以译为《箭与歌》。

我念英华中学的时候，初中，我们的老师教我们这首歌。彼得·安德森，英国人，他教的。他还在班上叫我站起来背诵，我还记得很清楚。

内容有三节：

(1) I shot an arrow into the air,
　　It fell to earth, I knew not where;
　　For, so swiftly it flew, the sight
　　Could not follow it in its flight…

(2) I breathed a song into the air,
　　It fell to earth, I knew not where;
　　For who has sight so keen and strong,
　　That it can follow the flight of song?

(3) Long, long afterward, in an oak
　　I found the arrow, still unbroke;
　　And the song, from beginning to end,
　　I found again in the heart of a friend.

翻译成中文（这是我爸爸的译文）：

第一节：我射一箭　飞驰长空
　　　　比其下坠　杳焉无踪
　　　　杳焉无踪　不知所止
　　　　眼比鹰瞵　能及飞矢

第二节：我无意中　浅唱低歌
　　　　高山流水　何处寻它
　　　　那有明眼　晶晶灼灼
　　　　追彼飞声　迹其着落
第三节：岁月频更　年华迢递
　　　　橡树枝头　宛然原矢
　　　　刻羽流征　旧时歌声
　　　　歌声何自　自我良朋

　　第一节是"无的放矢"，我们射出的箭，没有目标，不知所终。
　　第二节是"曲高和寡"，我们浅唱低吟的歌声，没有知音，没有回应。宋玉答楚王问："客有歌于郢中者，其始曰'下里巴人'，国中属而和者数千人；其为'阳阿薤露'，国中属而和者数百人；其为'阳春白雪'，国中属而和者不过数十人；引商刻羽，杂以流征，国中属而和者，不过数人而已。是其曲弥高，其和弥寡。"

邵建寅夫妇（中间坐者）和儿子（二排左一）、大女儿（二排右一）及孙辈合影

可是有一天,很久很久以后的一天,你却在橡树枝干上,找到你过去射出的那一支箭,好端端地插在树干上,没有折断;也是很久很久之后的一天,你听见了久违的歌声,从头到尾,已经存留在你的好朋友心中。

华文教育工作者要多做一些没有报偿的奉献,只求耕耘,不问收获。你不必为你射出的箭没有踪迹,你唱的歌没有回应,你的工作没有人欣赏,你的主张没有人支持而烦恼。因为总有一天,你将找回你的箭,你将找到你的知音,而你将明白,你以前所做的并没有白费,你以前的期盼并没有落空。

第九章

人生感悟

现在讲一讲我的几点人生感悟。

一、三天

我常说,流光易逝,人生苦短。我们的一生只有三天,就是昨天、今天和明天。今天曾经是昨天的明天,但今天即将成为明天的昨天。我们已经有了越来越多的昨天,我们只有越来越少的明天,而我们的今天又何等短促。因此,我们可以怀恋昨天,我们可以寄望明天,但我们必须把握有限的今天。分秒必争地负起未竟的使命,完成未了的工作。

二、快然自足

俗谚说:"事能知足心常乐,人到无求品自高。"林则徐说:"海纳百川,有容乃大;壁立千仞,无欲则刚。"唯有"知足",始能"有容乃大",唯有"无求",始能"无欲则刚"。唯有"心常乐"又"品自高",才能像陶渊明采菊东篱,寄傲南窗;也才能像王羲之在《兰亭集序》里所说的"快然自足,曾不知老之将至!"不过,我要改他一字,就是"快然自足,曾不知老之已至!"

范仲淹《岳阳楼记》有"不以物喜,不以己悲"之句,唯有我们大彻大悟,超越物外,才能快然自足地徜徉于蓝天白云、青山绿水、别有天地非人间的仙境。

三、人生四得

在人生道路上,我们免不了会有四"不",就是"放不下、想不开、看不透、忘不了"。这四"不"或大或小,形成大家的精神压力。对付这四"不",我们当学习把它们改成四"得",就是"放得下、想得开、看得透、忘得了",唯有这样,我们才能心灵舒泰,身体健康。

《庄子·渔父篇》记载:"人有畏影恶迹而去之走者,举足愈数而迹愈多;走愈疾而影不离身。自以为尚迟。疾走不休,绝力而死。不知处阴而休影,处静以息迹,愚亦甚矣!"有一个人很惧怕自己的影子,也很讨厌自己的足迹,而想一走了之。可是他举足越数,足迹越多;走得越快,影子追得越紧,还自以为跑得不够快,更发足狂奔,最后力竭而死。不知道只要走进树阴,就可摆脱影子;静止下来,就可摆脱足迹,真是愚不可及。

我们如果患得患失,劳力劳心,凡事放不下、想不开、看不透、忘不了,那么由四"不"累积而成的压力一定很大。这些压力如影随形,阴魂不散,要想解脱,必须安静下来,徐图应付良方,然后重新出发。

四、极大与极小

海外华文教育需要才人,就是需要有才华、有襟怀、有操守、有意愿、有决心以教育事业为事业的才人。

微积分里有所谓极大和极小,1或任何常数除以极大,等于极小；1或任何常数除以极小，等于极大。分母越大，商数越小；分母越小，商数越大。我们的自我是分母，自我越大，我们的工作效果就越小；自我越小，我们的工作效果越大。如果我们能虚己归零，则我们的工作效果就会无限大。举例证之：教育工作虽然卑微，但积土为山，积水成海，旦暮积，谓之岁，其成果是积累而成的。教育工作虽然好像沧海一粟，微不足道，也像电光石火，一瞬即逝，但沧海一粟与喜马拉雅山、电光石火与亿万光年是可以等量齐观的。只要我们能像中空的竹节，空无一物；只要我们能像中通的莲茎，空无一物；只要我们能虚己归零，能顿悟"菩提非树、明镜非台"的真谛，进入无的世界；而最重要的，只要我们能及时掌握那沧海一粟、那电光石火，则这些无穷的极小将累积而成无穷的极大，沧海一粟将累积而成宇宙，而电光石火将累积而成永恒。因此师道弘扬者不要妄自菲薄，因为师道看似极小，却是极大。

五、One World, One Dream

2008年奥运会的主题是 One World, One Dream。"同一个世界，同一个梦想"，是多么吸引人，多么鲜明，多么响亮，多么美妙的口号。我们寤寐以求的，应是以天人合一为经，以人际兼爱为纬，来编织一个雍雍穆穆的和谐世界。但一个美梦的最终实现需要你，需要我，需要地球村的每一个分子的真诚合作和不断的努力。

后记

缘起与价值

2015年2月,我从工作岗位退休。几个月后,接到好友陈仲义教授打来的电话,说他在所供职的厦门城市职业学院,新成立了一个"口述历史研究中心",邀我为"中心"出点力,介绍一些做口述历史的经验和方法,帮助他们起步。我想,口述历史采集出版和学术研究,是自己在岗时一直大力推动的一项工作,可谓兴趣范围之内,而介绍经验、出出主意,也在自己能力范围之内,所以就应允下来。后来讨论工作计划的时候,陈教授建议我也做一本书,采访邵建寅先生。

邵先生是我景仰已久的前辈。早些年,我们在采编出版厦门第一本口述历史专著《亲历厦门解放》之后,接着组织采编出版了第二本口述历史专著《我的鼓浪屿往事》,书中有一篇李秋沅女士采访整理的文章,讲的就是邵先生家族的故事。作为这本书的执行主编,我认真地拜读了秋沅女士的文章,为邵先生一家的故事深深打动。邵先生的祖父,因为信奉基督教,被族人赶出故乡同安,之后的近百年里,邵家繁育五代二百余人,第二代、第三代多有从事教育事业,而且颇有成就,其中居然有校长10位,教授10位。这在鼓浪屿、在厦门,乃至南洋,传为佳话。

因此,能为邵先生做一本口述历史专著,在我来说,也觉得是非常有意义的事，可谓"使命光荣"。

邵先生不能确定祖父离开同安乡村的具体时间。他估计应该在 1895 年祖父 24 岁之前。这个时间节点，在厦门、在鼓浪屿有特殊意义。从 1890 年，到 1941 年太平洋战争爆发，鼓浪屿在中国的战乱环境下偏安一隅，有 50 年左右的黄金发展时期。而鼓浪屿的发展，也推动了厦门现代城市的形成和发展。邵先生一家正是在这个时间段兴旺发展起来的。

为什么这段时间无论厦门社会还是市民家庭都能够快速发展？个中缘由，一直是历史学家、社会学家、文化学者感兴趣的话题。我以为，鼓浪屿，是中国从传统的农耕文明向现代的工商文明转型过程中，社会发展的一个独特的成功范本。而邵先生一家的传奇事例，则是其中的生动一页，堪称典型。记录邵家在这段时间的经历，对我们研究鼓浪屿，能够提供具体感性从而也是最有说服力的一份资料。

然而，邵先生的故事并没有局限在鼓浪屿，他自己有着更加广阔的国际舞台。仅仅为了亲情，他 1947 年厦门大学毕业后，放弃留校机会，到新加坡和父亲生活在一起；1949 年原本想再去新加坡，又应五叔的邀约，去了马尼拉，并且在那里开拓了自己富有传奇色彩的成功人生。这一段南渡经历，也有别于以往传统意义上的"下南洋"，是新一代年轻知识分子的海外创业生涯，自有其时代色彩和命运轨迹。邵先生的经历，是研究新一代知识分子华侨的生动事例。同时，还是研究海外华文教育历史的翔实资料。

随着采访的深入，我愈发觉得，邵先生的故事非常感人。一个出生于基督教家庭的温文尔雅的读书人，历经战乱流离，坚持向学，成长为一名中学、大学教师；到了异国他乡，先是读书、教书，然后再去生意场上打拼，经商办实业，做得风生水起；之后应邀重返教育界，为复兴菲律宾华文教育披肝沥胆探索新路，成为菲律宾华文教育界乃至东南亚地区华文教育界的领军人物;晚年又积极参与母校厦门大学以及与邵家有几代渊源的福建师范大学的建设,不仅自己捐资建楼,设立奖教金,而且为其他校友捐资助教,发挥了关键性的影响和十分积极的作用。

我觉得,鼓浪屿之子邵先生的人生是极其成功的。在他娓娓道来的讲述中,曾经的波澜壮阔变得风平浪静,已经没有多少戏剧性,但是我们却依然从中读出他人格的刚毅和高尚,见识他思想的睿智和胸怀的广博。

在采访写作工作结束的时候,鼓浪屿申遗成功。我以为,鼓浪屿能够成为世界性的文化遗产,不仅是因为它的老房子,而且是因为生活在这些老房子里的人以及他们创造的文化。在这个人群中,邵先生是可以称得上其中翘楚的。

认同与传承

菲律宾独立之后,民族主义思潮汹涌澎湃。和许多刚刚获取独立自主权力的国家一样,政府不断采取措施,实行本土化,也就是"菲律宾化",限制在本国居住的外籍人士的权益,以保障本民族的利益。历史记载,华人从有宋一代开始迁居菲律宾,但是几百年来一直保持"落叶归根"传统,没有入籍。进入20世纪,华人占菲律宾人口约1%,但是在当时菲律宾的外籍人口中,却占到90%以上的比例。所以,"菲化"政策对华人的影响最大。到了1970年代初期,在菲华侨已经是举步维艰,难以为继。所幸1975年出现了转折,时任总统马科斯签署第270号法令,容许在菲华人集体转籍。华人纷纷加入菲籍,融入菲律宾社会主流。转籍,在中国的传统语言中,也称"归化"。

归化后的华人,身份转变了,成为了菲律宾的国民,菲国的一个少数民族。从客居异国的华侨，变为定居国的国民，按说，思想观念也要随着转变。传统的"落叶归根"，要转变为"落地生根"，才能融入菲律宾主流社会，与国民身份相当。但是观念的转变并不容易，当时华人社会有种种不同想法。

此时，身为华侨群体中具有影响力的知识分子，邵先生响亮地提出，菲律宾华人，一定要理清"两个认同"的关系，即：对地主国的政治认同和对祖籍国文化认同之间的关系。他指出：菲律宾华人，在政治上要认同地主国，要遵循政府的政策，要遵守政府的法令，要享同等权利，要尽同等义务，要以地主国的利益为利益。在经济上，要尽心竭力，协助菲律宾兄弟重建家园，授予开源节流之道，帮助他们尽早脱离困境，走上康庄大道。但在文化上，应该认同祖籍国的文化，保留自己的少数民族的文化，让它传承发展。这不仅让华人保持优秀的中华气质，也有利于菲律宾国家文化更加多采多姿。

基于这样的理念来审视菲律宾华文教育，邵先生认为，教育的目标有二，一是发展完美的人格，二是培养健全的公民；菲律宾华文教育的路向，就是"栽培拥有中华气质的菲律宾公民"。让他们既能保留中华传统伦理，又能发扬中华民族勤劳俭朴、勇敢创业的美德，参加居留地的建国大业。

邵先生的这一主张，在当时彷徨低迷的菲律宾华文教育界，振聋发聩。为了更加形象地说明这个理念，邵先生用了一个比喻，茉莉花自印度传入中国，华侨移植菲岛，后来成为菲律宾国花。茉莉花深具华人气质，冰清玉洁，暗香悠然，受人欢迎。华文教育，就是要把来自中国的茉莉花，栽培成为菲律宾的国花。这个比喻不仅华人明白易懂，而且获得了菲律宾官员的赞许。

今天，邵先生提出的这个路向，已经为菲律宾绝大多数华文学校采纳和认同，并且得到东南亚国家许多华文学校的移植。

作为一校之长，经过商海历练的邵先生，自然不乏办好学校的思路和办法，但是他并没有把目光局限在自己的学校。他同时关注着菲律宾全国，关注着东南亚的华文教育。

于是，1993年，邵先生发起组织成立"菲律宾华文学校联合会"（简称"校联"）。由全菲律宾120个华文学校以会员学校身份参与组成，以"宣扬中华文化，发展华文教育，促进全菲华文学校合作，改善华文教师福利"为宗旨。通过联络华文学校，团结起来，发挥整体力量，一同为华文教育的前途努力，造福菲华社会。

由菲律宾绝大多数华文学校组成的"校联"，选举邵先生担任咨询委员和唯一的指导员。头十年，邵先生不负众望，为"校联"的有效运作和长期发展，打下了体制机制和物质的坚实基础，铸就了"校联"长久的凝聚力。后来，年近八十的邵先生辞去了指导员一职，但是他依然为校联奉献着。他是校联成员心目中永远的指导员。2018年11月，校联举办成立二十五周年纪念活动，特别为邵先生颁发感谢状，称"邵咨询委员建寅先生长期担任本会指导员，悉力支持、关怀华文教育工作，共策菲华校联不朽之基业，做出无私无我的奉献，令人感怀于心"。值得一提的是，我注意到校联二十五周年活动的logo（标识）上，有"盈盈茉莉·春满南天"八个字，这正是邵先生当年的比喻和期望啊！

在提出组建"校联"的同时，邵先生还提出组建东南亚地区的华文教育组织。他多次带领学校同仁到东南亚华校考察，在学习他人经验的同时，向东南亚的同行提出组织东盟华文教育协会的建议，泰、马、新三国华文教育界领袖都赞同这个建议。后来由于种种原因，最终成立了"东南亚华文教学研讨会"，每两年召开一次会议。1995年，在新加坡召开了第一届研讨会。

身在异国他乡的邵先生，以他不懈的努力，为中华文化血脉的异域传承奔忙着。一位本科读机电专业、研究生读数学专业的"理工男",在商海打拼了三十多年的成功企业家和商人,回到华文教育界,谱写了自己人生的华彩乐章,做出了自己认为最有意义的事业,成为菲律宾华文教育界公认的领袖人物。直到今天,他还在积极提倡菲律宾华人青年的华文写作,2018年11月,他亲临中正学院,为菲华文学馆捐赠一百万披索,作为文学馆的活动基金。

进入1990年代,邵先生的目光,同时还回望着母校——厦门大学。他在母校出资设立奖教金,又参与发起设立"萨本栋教育科研基金会"。还为母校修建楼房,甚至动员其他校友为母校捐建了颂恩楼等大楼,为母校发展助力。此外,他还将目光投向福建师范大学,捐建了该校标志性的图书馆大楼,投向山东大学,设立了"长汀奖学金"。就在我完成采访整理工作,开始写这篇后记之时,又听到消息,邵先生在2017年初,为厦大捐资120万元人民币。

在所有文稿即将送出版社的时候,2018年12月,九十多岁高龄的邵先生应邀返厦,专程前来参加厦门第二中学举行的"英华书院建校120周年、毓德女学建校148周年纪念大会",老人坐轮椅赶到会场,拄着拐杖走上主席台,向母校捐赠人民币一百万元,指定用于学校图书馆建设。

收获与感恩

采访工作在2015年6月开始。当时邵先生已经八十九岁,依然精神矍铄,谈笑风生。为了做好采访和整理工作,我阅读了大量资料,其中包括邵先生的两本著作《中正五年》和《天人有爱》,又专程到马尼拉与邵先生讨论修改初稿,并且参观了中正学院和校联办公场地,听取学院和校联同仁对邵先生事迹的介绍和评说。

直到送出版社之前,经过邵先生几番校阅补充,本书得以完稿。面对这超过十五万字的文稿,有一种沉甸甸的收获喜悦;但是，仔细想来，又还觉得在某些地方有些遗憾。

邵先生为人低调，在回忆往事的时候，讲老师多，讲别人多，讲自家少；讲工作多，讲生活少；讲为什么要这样做的多，讲怎么做的少。尽管我多次强调要讲父母、讲自己、讲细节，但邵先生不为所动。这就使得很多原本想了解的事、想知道的细节，没有挖到，特别是邵先生在鼓浪屿时期的家庭生活和校园生活、在长汀和海外的工作与生活细节。

而且，有些篇章也比较简略。比如邵先生办企业的经历。他总是谦虚地说，自己的企业都是小企业，不值得一提。我反复动员，说，办企业这一段，在先生的职业生涯和人生历练中，是很重要的一个阶段，时间超过三四十年，是青壮年时期的主要工作；通过办企业，而且最多的时候手上同时有九家企业，先生开阔了眼界、历练了经验、积累了资金、建立了人脉、形成了声望，为后来做好华文教育工作和捐资助教打下了坚实的基础。几经劝说，邵先生这才简略谈了一下，还多次强调，自己的企业不大，办企业在自己的经历中不是很重要。

对自己的经历，邵先生最看重的，就是从事教育，特别是华文教育。邵先生大学本科读的是工科，研究生读的是数学，但是，邵先生却有极为深厚的中国历史文化修养。在菲律宾，邵先生做过大量的演讲，他自己估计有五百场左右。我们在他的著作中看到，这些演讲，立论高远，有理有据，逻辑清晰，旁征博引，言辞精当；特别是，他引经据典时，运用了大量中国古代典籍中的文章片段、人物故事和诗词曲赋，俨然是一位饱读诗书的渊博学者和鸿儒形象。他的许多演讲，是在他担任中正学院院长之前作的，对象也以马尼拉的华人为主。因此我想，邵先生从事海外华文教育，实际上在他重返中正之前。他在新加坡的中学任教，在马尼拉的中学任教，以及他的这些专题演讲，都是他海外华文教育生涯的组成部分。加上他担任院长、担任校联指导员的成功经历，以及晚年的捐资助教，组成他完整的教育生涯。仔细思量，我觉得邵先生在教育界，既是学科专家，又是行政行家，既是演讲名家，又是慈善大家，是名副其实的教育全才。

我为自己能够亲近邵先生感到庆幸。在了解他的经历、品德、学识和业绩，特别是他的幽默个性和博大胸怀之后，早已过了追星年纪的我，觉得发现了后半生做人做事新的参照坐标。

为此，在这里要特别感谢邵先生，这不仅因为，没有他的支持与配合，采访整理工作是没法进行的。更是因为，要感谢他以自己九十多年的人生经历，为我们晚辈树立了看齐的标杆。

其次要感谢李秋沅女士和她的母亲李文芳阿姨。

秋沅的口述历史文章《校长云集的邵氏家族》中，有邵先生兄妹关于当年家庭生活和毓德女学的回忆。时过境迁，无法再次采访他们，而这些内容对于邵家和邵先生又不可或缺，需要大段引用。为此我主张本书署名要加上她，被她多次很坚定地婉拒。在此要特别向读者说明，并向秋沅女士致谢。

李文芳阿姨是邵先生的表妹，秋沅的母亲。她为我的采访整理提供了极大的帮助，特别是，她提供了许多极其珍贵的邵家老照片，丰富了本书的视觉信息，令我十分感激。

还要感谢厦门市教育局原副局长许十方先生和厦门市图书馆原副馆长陈峰先生，我在他们合作的大作《鼓浪屿的教育》一书中得益匪浅。为了进一步了解鼓浪屿的教育情况，我把这本自己当年参与组织编写的鼓浪屿历史文化丛书之一，又认真细读一遍。

还要感谢福建师范大学在马尼拉支教的范启华教授，他为本书撰写了介绍邵先生事迹的长文。我在马尼拉期间，他热情周致地陪同我实地参观并介绍情况。

感谢所有为本书提供过帮助的人们！

邵先生说,他喜欢美国诗人朗费罗的一首诗《箭与歌》,他认为,华文教育工作者要多做一些没有报偿的奉献,就像你对着丛林射出一支箭,别指望将来能够找到它的踪影,就像你面向旷野唱过一首歌,别指望日后能够听到它的回响。但是,你可能有一天,会看见自己以前射出的箭还扎在某棵树上,会听见自己以前唱出的歌在朋友口中传唱。在结束这篇后记的时候,我衷心祝福已经九十高龄的邵先生更加健康长寿,继续带着我们,一道去聆听那穿越时空返回耳边的旧时歌声,一起去发现那支很久很久以前射出的箭。

王 琰

2017 年 10 月 18 日初稿

2018 年 12 月 28 日补记